Udo Moewes · Dirk Richelmann **Bayerische Bauordnung im Bild**

Bayerische Bauordnung im Bild

Praxisgerecht erläutert und grafisch umgesetzt

4., aktualisierte Auflage

mit 336 Abbildungen und 24 Tabellen

+

Dr. iur. Udo Moewes
Regierungsdirektor

Dipl.-Ing. Dirk Richelmann
Freischaffender Architekt und Stadtplaner

RM Rudolf Müller

Bibliografische Information der Deutschen Nationalbibliothek
Die Deutsche Nationalbibliothek verzeichnet diese Publikation in der Deutschen Nationalbibliografie; detaillierte bibliografische Daten sind im Internet über https://dnb.de abrufbar.

4., aktualisierte Auflage 2026

Maßgebend für das Anwenden von Normen ist deren Fassung mit dem neuesten Ausgabedatum, die bei der Beuth Verlag GmbH, Burggrafenstraße 6, 10787 Berlin, erhältlich ist. Maßgebend für das Anwenden von Regelwerken, Richtlinien, Merkblättern, Hinweisen, Verordnungen usw. ist deren Fassung mit dem neuesten Ausgabedatum, die bei der jeweiligen herausgebenden Institution erhältlich ist. Zitate aus Normen, Merkblättern usw. wurden, unabhängig von ihrem Ausgabedatum, in neuer deutscher Rechtschreibung abgedruckt.

Aus Gründen der besseren Lesbarkeit wird bei Personenbezeichnungen und personenbezogenen Hauptwörtern die männliche Form verwendet. Entsprechende Begriffe gelten im Sinne der Gleichbehandlung grundsätzlich für alle Geschlechter. Die verkürzte Sprachform hat nur redaktionelle Gründe und beinhaltet keine Wertung.

Wir freuen uns, Ihre Meinung über dieses Fachbuch zu erfahren. Bitte teilen Sie uns Ihre Anregungen, Hinweise oder Fragen per E-Mail: fachmedien.architektur@rudolf-mueller.de mit.

Lektorat: Gabriele Oldenburg, München
Covergestaltung: Inga Lämmlein Grafikdesign, Rodgau
Satz und Umschlagerstellung: Satz+Layout Werkstatt Kluth GmbH, Erftstadt
Druck und Bindearbeiten: Westermann Druck, Zwickau
Printed in Germany

ISBN 978-3-481-05014-6 (Buch-Ausgabe), Produktionscharge *001
ISBN 978-3-481-05015-3 (E-Book als PDF)
ISBN 978-3-481-05016-0 (Buch + E-Book), Produktionscharge *001

Geleitwort

Die Bayerische Bauordnung wurde zuletzt gleich dreimal novelliert. Änderungen traten zum 1. Januar, zum 1. Juli und zum 1. Oktober 2025 in Kraft.
Zum 1. Januar wurden u. a. die Schwellen für Sonderbauten angehoben und der Kreis verfahrensfreier Vorhaben erweitert. Erleichterungen gab es zudem bei brandschutzrechtlichen Anforderungen. Viel Aufmerksamkeit erregten die Verfahrensfreiheit von Dachgeschossausbauten zu Wohnzwecken und die Erleichterungen bei Aufstockungen zur Schaffung von Wohnraum.
Mit der Novelle im Juli 2025 wurde u. a. der Einbau einer weiteren Wohnung in bestehende Gebäude verfahrensfrei gestellt.
Seit 1. Oktober greifen die umfassenden Änderungen bei dem kommunalen Satzungsrecht. Als Paradigmenwechsel kann die Neufassung der Anforderungen an Stellplätze gelten: Stellplätze können nur noch dann gefordert werden, wenn die Gemeinde dazu eine Satzung erlassen hat. In der Anlage zur GaStellV sind nun Obergrenzen für die jeweilige Anzahl der Stellplätze genannt, über die die gemeindliche Satzung nicht hinausgehen darf. Gravierende Änderungen gab es auch hinsichtlich des Regelungsinhalts von Freiflächengestaltungs- bzw. Grünordnungssatzung sowie der Spielplatzsatzung.
Die häufigen Änderungen stellen alle am Bau Beteiligten vor große Herausforderungen. Die 4. Auflage der „Bayerische Bauordnung im Bild" hilft – insbesondere auch bei so grundlegenden und vielfältigen Änderungen –, die Vorschriften rechtssicher umzusetzen, indem sie in bewährter Weise den „trockenen" Rechtstext übersichtlich und leicht verständlich in Wort und Bild erläutert!

München, im November 2025

Prof. AA Dipl. Lydia Haack
Präsidentin der Bayerischen Architektenkammer

Hinweise zum Download-Angebot

Zu diesem Buch stehen exklusiv für Buchkäufer begleitende Vorschriften auf https://www.baurecht-im-bild.de/by-download4/ zum Download bereit (siehe S. 202).

Zum Öffnen der Seite ist ein Kennwort erforderlich.
Ihr persönliches Kennwort lautet: **Y38t&7sT**

Inhaltsverzeichnis

Einführung

Die „Bayerische Bauordnung im Bild" wendet sich an Architektinnen und Architekten sowie Entwurfsverfasserinnen und Entwurfsverfasser, die beruflich mit der Errichtung oder der Änderung baulicher Anlagen befasst sind. Das Buch erläutert die Vorschriften in Wort und Bild: Praxisnahe Autorenhinweise und zahlreiche Abbildungen helfen, die Gesetzestexte schneller und leichter zu erfassen.

Die Bauordnung für Bayern regelt die ordnungsrechtlichen Anforderungen, die bei Bauvorhaben in Bayern zu beachten sind. Eine Bauordnung enthält den zentralen Kern des Bauordnungsrechts und ist jeweils auf Landesebene geregelt. Als Gesetz formuliert sie teilweise sehr komplexe Vorschriften, die von den Entwurfsverfassenden und den Bauherrinnen und Bauherren vollständig verstanden und umgesetzt werden müssen. Ziel der Bauordnung ist es, die öffentliche Sicherheit und Ordnung zu gewährleisten und damit insbesondere Gefahren für Leib und Leben sowie Sachschäden zu vermeiden; darüber hinaus sollen qualitative Baustandards sowie gesunde und sichere Wohn- und Betriebsverhältnisse gewährleistet werden.

Das vorliegende Buch erläutert die einzelnen Vorschriften mithilfe von textlichen Anmerkungen und Hinweisen sowie grafischen Darstellungen und Tabellen in verständlicher Art und Weise. Die Abbildungen veranschaulichen die teilweise komplexen Texte und lassen den thematischen Schwerpunkt des jeweiligen Artikels auf einen Blick erkennen – ein großer Nutzen bei der Fülle der Vorschriften. Das Ergebnis: Die Baupraktikerin und der Baupraktiker erhalten eine konkrete Hilfestellung für den Umgang mit den gesetzlichen Vorgaben der Bayerischen Bauordnung und Antworten auf die im Berufsalltag auftretenden Fragen.

Mit der Novelle der Bayerischen Bauordnung von 2025 sind klarstellende Formulierungen redaktioneller Art eingefügt und auch inhaltliche Änderungen eingebracht worden. Im Wesentlichen beziehen sich diese auf:

- die Verfahrensfreiheit – es erfolgte eine Ausweitung auf weitere Bauvorhaben; ferner sind die Grenzen für Sonderbauvorhaben erleichtert worden;
- die Nutzungseinheiten – in der Gebäudeklasse 4 sind Einheiten mit mehr als 400 m^2 möglich;
- das Aufstocken und der Dachgeschossausbau – Erleichterungen dahingehend, dass die bisherige Gebäudeklasse mit deren materiellen Anforderungen weitgehend beibehalten werden kann;
- der Verfahrensablauf – Bauanträge werden nunmehr bei den unteren Bauaufsichtsbehörden eingereicht;
- die Vollständigkeitsprüfung – hier ist eine Prüfung innerhalb drei Wochen vorgesehen;
- die Stellplatzpflicht – kann durch eine kommunale Satzung bedarfsgerechter vorgegeben werden.

Die vorherigen Änderungen des Gesetzgebers zum Februar 2021 und Januar 2023 betrafen die Abstandsflächentiefe, die nach der Größe der Gemeinde differenziert betrachtet wird, die Abstandsflächen von Giebeln, die im Allgemeinen in der reellen Form abgebildet werden, sowie Erleichterungen zum Wohnungsbau.

Die 4. Auflage der „Bayerischen Bauordnung im Bild" umfasst die Änderungen des Gesetzgebers die überwiegend bis zum 1. Januar 2025 in Kraft traten. Grundlagen der Änderungen sind das erste bis dritte Modernisierungsgesetz, die darauf abzielten, das Bauordnungsrecht zu verschlanken. Diese Gesetze enthalten die Änderungen zu der BayBO. Zum 1. Oktober 2025 trat als letzte Änderung die neue Regelung zum Stellplatzrecht in Kraft.

Weitere begleitende Vorschriften und Aktualisierungen zur „Bayerischen Bauordnung im Bild" stehen auf der Internetseite des Verlags www.baurecht-im-bild.de kostenfrei zum Download zur Verfügung.

Berlin und Köln, im Oktober 2025

Dr. Udo Moewes und Dirk Richelmann

Gegenüberstellung von Titelbezeichnungen

Titel in:	BayBO 2021	BayBO 2025 unter Berücksichtigung der letzten Änderungen vom 1. Oktober
Art. 7	Begrünung, Kinderspielplätze →	**Begrünung**
Art. 44a		**Solaranlagen**
Art. 82a		**Feste Abstandsvorschriften für Windenergieanlagen**
Art. 82b		**Windenergiegebiete**

Gegenüberstellung von Titelbenennungen der Artikel in der BayBO von 2021

Lesehinweis mit Beispiel

Die „Bayerische Bauordnung im Bild" zeigt links die einzelnen Artikel der BayBO 2025 und stellt diesen praxisnahe Autorenhinweise und Auszüge aus ergänzenden Vorschriften rechts gegenüber. Komplettiert werden die Texte durch erläuternde grafische Darstellungen. Die blauen Marken oben rechts auf den rechten Seiten führen durch die einzelnen Abschnitte des Buches.

Abstandsflächen/Abstände

Art.	Links steht der Gesetzestext der neuen BayBO 2025.	In der mittleren Spalte stehen erläuternde Zeichnungen der Autoren.	Diese Spalte enthält blau hervorgehobene, praxisnahe Autorenhinweise.

Art. 6 (5a) [1]Abweichend von Abs. 5 Satz 1 beträgt die Abstandsfläche in Gemeinden mit mehr als 250.000 Einwohnern außerhalb von Gewerbe-, Kern- und Industriegebieten sowie festgesetzten urbanen Gebieten 1 H, mindestens jedoch 3 m, wenn die nähere Umgebung überwiegend durch Gebäude der Gebäudeklassen 1, 2 und 3 geprägt ist.

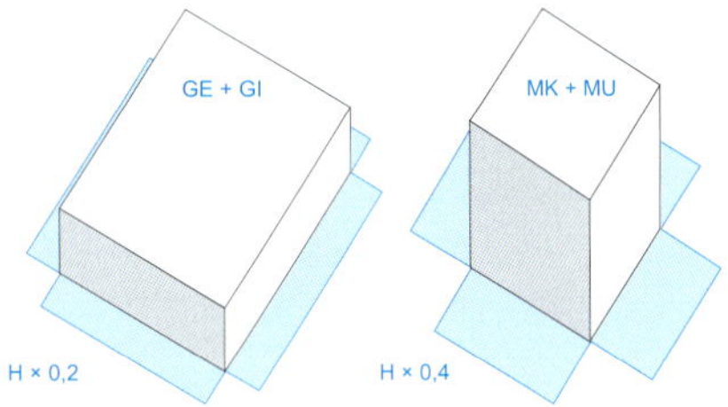

Zu Art. 6 (5a) Satz 1
Abstandsflächen Gewerbe- und Industriegebiete (links) sowie Kern- und urbane Gebiete (rechts) in Gemeinden mit mehr als 250.000 Einwohnern

Wichtige Änderung
Zu Art. 6 Abs. 5a Satz 1

Neu hinzugekommen ist das Tatbestandsmerkmal im letzten Halbsatz, dass die nähere Umgebung überwiegend durch Gebäude der Klassen 1 bis 3 geprägt sein muss, damit die Regelung greift. Weiterhin muss es sich um eine Gemeinde mit mehr als 250.000 Einwohnern handeln.

Die Tiefen der Abstandsflächen betragen in:

- Gewerbe- und Industriegebieten 0,2 H (siehe Abs. 5 Satz 1),
- Kerngebieten und urbanen Gebieten 0,4 H (siehe Abs. 5 Satz 1),
- allen anderen Gebieten 1,0 H,

jedoch immer mindestens 3,0 m.

Bayerische Bauordnung (BayBO)

in der Fassung der Bekanntmachung vom 14. August 2007 (GVBl. S. 588, BayRS 2132-1-B), die zuletzt durch die §§ 4 und 5 des Gesetzes vom 25. Juli 2025 (GVBl. S. 254) geändert worden ist.

Inhaltsübersicht

Fünfter Teil
Bauaufsichtsbehörden, Verfahren

Abschnitt I
Bauaufsichtsbehörden

Abschnitt II
Genehmigungspflicht, Genehmigungsfreiheit

Abschnitt III
Genehmigungsverfahren

Abschnitt IV
Bauaufsichtliche Maßnahmen

Abschnitt V
Bauüberwachung

Sechster Teil
Ordnungswidrigkeiten, Rechtsvorschriften

Siebter Teil
Ausführungsbestimmungen zum Baugesetzbuch

Achter Teil
Übergangs- und Schlussvorschriften

Erster Teil
Allgemeine Vorschriften

Art. 1
Anwendungsbereich

Art. 1 (1) [1]Dieses Gesetz gilt für alle baulichen Anlagen und Bauprodukte. [2]Es gilt auch für Grundstücke sowie für andere Anlagen und Einrichtungen, an die nach diesem Gesetz oder in Vorschriften aufgrund dieses Gesetzes Anforderungen gestellt werden.

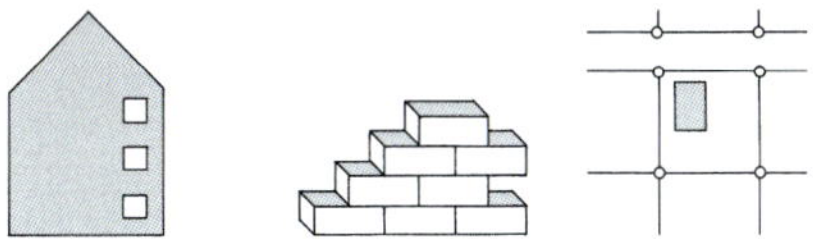

Zu Art. 1 (1)
Bauliche Anlagen, Bauprodukte, Grundstücke

Zu Art. 1 Abs. 1
Die Vorschrift enthält den Grundsatz des weiten Anwendungsbereichs der Bayerischen Bauordnung (BayBO). Zu den Definitionen der

- baulichen Anlage siehe Art. 2 Abs. 1
- Bauprodukte siehe Art. 2 Abs. 11

Zu Grundstücken siehe insbesondere Art. 4 bis 8.

Art. 1 (2) Dieses Gesetz gilt nicht für

1. Anlagen des öffentlichen Verkehrs sowie ihre Nebenanlagen und Nebenbetriebe, ausgenommen Gebäude an Flugplätzen,
2. Anlagen, die der Bergaufsicht unterliegen,
3. Rohrleitungsanlagen sowie Leitungen aller Art, ausgenommen in Gebäuden,
4. Kräne und Krananlagen,
5. Gerüste,
6. Feuerstätten, die nicht der Raumheizung oder der Brauchwassererwärmung dienen, ausgenommen Gas-Haushalts-Kochgeräte,
7. Einrichtungsgegenstände, insbesondere Regale und Messestände.

Zu Art. 1 Abs. 2
In Abs. 2 werden Vorhaben aufgelistet, die anderen Gesetzen unterliegen und bei denen die BayBO daher nicht greift.

Zu Art. 1 Abs. 2 Nr. 1
Private Verkehrsanlagen (einschließlich Brücken und Durchlässen) fallen in den Anwendungsbereich der BayBO, sind jedoch gemäß Art. 57 Abs. 1 Nr. 8 genehmigungsfrei gestellt. Zu Seilbahnen siehe Richtlinie 2000/9/EG.

Zu Art. 1 Abs. 2 Nr. 2
Siehe Bundesberggesetz (BBergG): Gebäude im Zusammenhang mit dem BBergG unterliegen dem Anwendungsbereich der BayBO. Überdeckte bauliche Anlagen in Stollenbauwerken sind keine Gebäude, da sie nicht selbstständig benutzbar sind (§ 2 Abs. 2).

Zu Art. 1 Abs. 2 Nr. 3
Leitungen sind ober- oder unterirdische Einrichtungen zum Transport von Stoffen oder Energie. Masten und Leitungsunterstützungen unterliegen dem Anwendungsbereich der BayBO, sind jedoch nach Art. 57 Abs. 1 Nr. 5 teilweise genehmigungsfrei.

Zu Art. 1 Abs. 2 Nr. 4
Neben Kränen und Krananlagen unterliegen auch Kranbahnen dem Anwendungsbereich der BayBO. Zusätzlich sind hier insbesondere das Produktsicherheitsgesetz und die Arbeitsschutz- und Unfallverhütungsvorschriften zu beachten.

Zu Art. 1 Abs. 2 Nr. 5
Hinweise zur Nutzung, Prüfung und Sicherung von Gerüsten enthalten die „Technischen Regeln für Betriebssicherheit – Gefährdungen von Beschäftigten durch Absturz bei der Verwendung von Gerüsten" (TRBS 2121 Teil 1).

Zu Art. 1 Abs. 2 Nr. 7
Auszug aus: Vollzugshinweise zur BayBO in der Fassung vom 29. August 2018

„Einrichtungsgegenstände sind keine baulichen Anlagen und fallen nicht in den Anwendungsbereich der BayBO. Bisher waren hier Messestände in Messe- und Ausstellungsgebäuden beispielhaft genannt. Nunmehr wird der Grundsatz klargestellt und durch Beispiele – Regale und Messestände – erläutert. Für Einrichtungsgegenstände gelten die Regelungen des Arbeitsschutzes. Das schließt nicht aus, dass auch Regale und Messestände im Einzelfall bauliche Anlagen sein können: Regale, die Teil der Gebäudekonstruktion sind, als Rettungsweg dienen oder z. B. auf Freiflächen von Einzelhandelsbetrieben errichtet werden, sind bauliche Anlagen. Gleiches gilt für Messestände, wenn sie nicht als Einrichtungsgegenstände, sondern im Freien aufgestellt werden; sie werden dann im Regelfall fliegende Bauten und somit ausführungsgenehmigungspflichtig sein."

Art. 2
Begriffe

Art. 2 (1) [1]Bauliche Anlagen sind mit dem Erdboden verbundene, aus Bauprodukten hergestellte Anlagen. [2]Ortsfeste Anlagen der Wirtschaftswerbung (Werbeanlagen) einschließlich Automaten sind bauliche Anlagen. [3]Als bauliche Anlagen gelten Anlagen, die nach ihrem Verwendungszweck dazu bestimmt sind, überwiegend ortsfest benutzt zu werden, sowie

1. Aufschüttungen, soweit sie nicht unmittelbare Folge von Abgrabungen sind,
2. Lagerplätze, Abstellplätze und Ausstellungsplätze,
3. Campingplätze und Wochenendplätze,
4. Freizeit- und Vergnügungsparks,
5. Stellplätze für Kraftfahrzeuge.

[4]Anlagen sind bauliche Anlagen sowie andere Anlagen und Einrichtungen im Sinn des Art. 1 Abs. 2 Satz 2.

Zu Art. 2 (1) Satz 1
Bauliche Anlage mit Erdboden verbunden

Zu Art. 2 (1) Satz 3
Bauliche Anlage überwiegend ortsfest genutzt

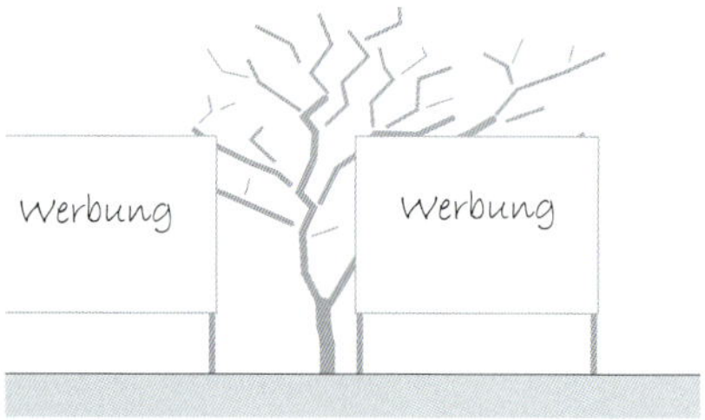

Zu Art. 2 (1) Satz 2
Werbeanlagen

Zu Art. 2
Die Vorschrift enthält für die gesamte BayBO maßgebliche und zentrale Festlegungen von Rechtsbegriffen (Legaldefinitionen).

Zu Art. 2 Abs. 1 Satz 1
Definitionsmerkmale einer baulichen Anlage:
- mit dem Erdboden unmittelbar verbunden
  - feste Verbindung: z. B. Gebäude und Masten
  - unmittelbar: keine Gegenstände in oder an Gebäuden
  - durch eigene Schwere ruhend: z. B. Verkaufsstände, Tanks; nicht jedoch Gegenstände, die leicht bewegt werden können (z. B. Mobiliar)
  - überwiegend ortsfest benutzt: z. B. abgestellte Wohnwagen, Verkaufswagen, Restaurantschiffe; nicht jedoch Fahrzeuge
- aus Bauprodukten: siehe Art. 2 Abs. 11
- hergestellt: künstlich, d. h. durch Menschenhand geschaffen; nicht jedoch Naturprodukte, Pflanzen, Landschaftsbestandteile

Zu Art. 2 Abs. 1 Satz 2
Werbeanlagen sind laut Legaldefinition alle Anlagen, die der Ankündigung oder Anpreisung dienen, ungeachtet dessen, ob eine Gewinnerzielungsabsicht verfolgt wird.
Werbeanlagen sind teilweise verfahrensfrei gestellt (Art. 57 Abs. 1 Nr. 12).

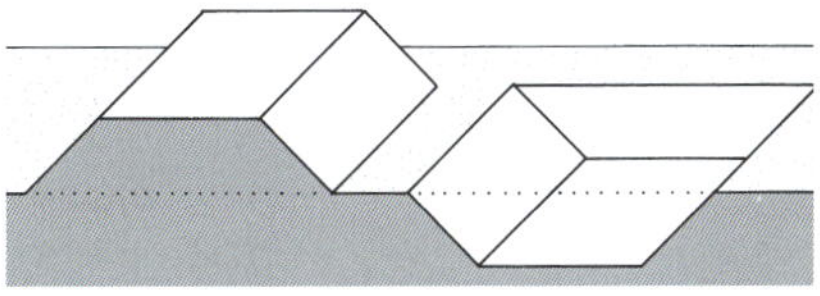

Zu Art. 2 (1) Satz 3 Nr. 1
Aufschüttungen und Abgrabungen

Zu Art. 2 Abs. 1 Satz 3 Nr. 1
Aufschüttungen und Abgrabungen sind auf Dauer angelegte Veränderungen der natürlichen Geländeoberfläche durch künstliche Niveauveränderung (Erhöhung oder Absenkung).

Zu Art. 2 Abs. 1 Satz 3 Nr. 2
Gemeint sind Flächen außerhalb von Gebäuden, die dazu geeignet oder bestimmt sind, Gegenstände für gewisse Zeit aufzunehmen

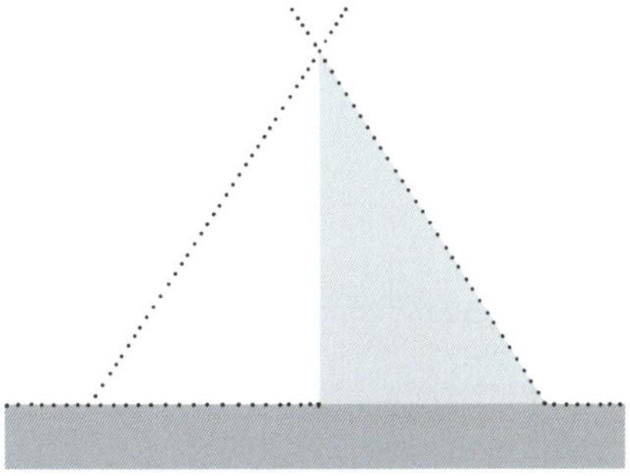

Zu Art. 2 (1) Satz 3 Nr. 3
Camping- und Wochenendplätze

Zu Art. 2 Abs. 1 Satz 3 Nr. 4
Zu den Sonderbauten zählen auch Freizeit- und Vergnügungsparks (Art. 2 Abs. 4 Nr. 16).

Zu Art. 2 Abs. 1 Satz 3 Nr. 5
Siehe die Definition in Art. 2 Abs. 8. Stellplätze können auch bereits unter Art. 2 Abs. 1 fallen.

Art. 2 (2) Gebäude sind selbständig benutzbare, überdeckte bauliche Anlagen, die von Menschen betreten werden können.

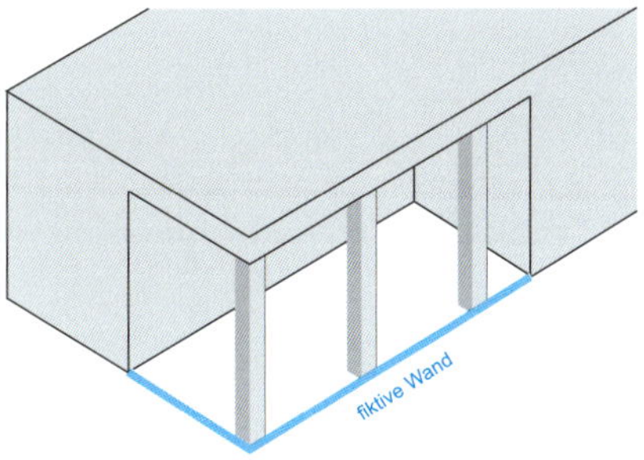

Zu Art. 2 (2)
Umbauung (fiktive Wand)

Zu Art. 2 Abs. 2
Wesentliches Merkmal eines Gebäudes ist die Umbauung, d. h. eine seitliche Begrenzung. Dazu zählt auch eine nur durch Stützen u. Ä. markierte, offene „fiktive Wand", nicht jedoch eine schirmartige Überdachung auf einer Mittelstütze.

Art. 2 (3) [1]Gebäude werden in folgende Gebäudeklassen eingeteilt:

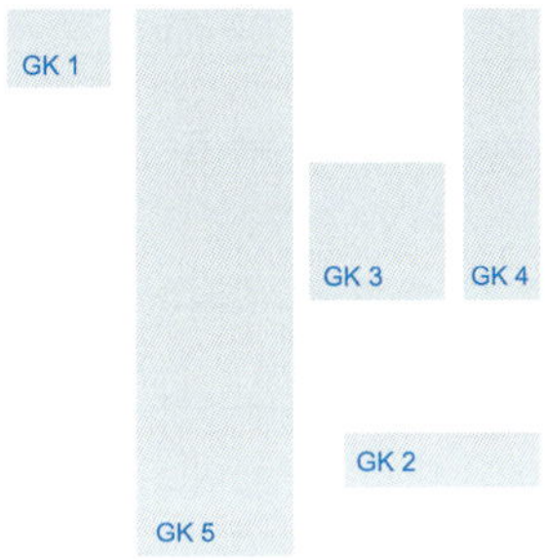

Zu Art. 2 (3)
Einteilung in fünf Gebäudeklassen

Zu Art. 2 Abs. 3 Satz 1
Die Einstufung in Gebäudeklassen ist zentral für viele weitere rechtliche Anforderungen wie z. B.

- Brandschutz und
- bautechnische Nachweise.

Ein Gebäude ist eindeutig einer bestimmten Gebäudeklasse zuzuordnen. Die Einordnung kann nicht vertraglich ausgehandelt werden. Die Klassifizierung richtet sich nach einer Kombination aus Gebäudehöhe, Anzahl und Größe der Nutzungseinheiten sowie der Nutzungsart. Letztere bestimmt sich bei gemischtgenutzten Gebäuden nach dem Schwerpunkt der Nutzung. Die Einstufung als Sonderbau ist für die Klassifizierung ebenso irrelevant wie die Geschosszahl.
Die Regelung ist kaskadenartig aufgebaut: Sofern eine untere Klasse nicht greift, ist auf die jeweils höher gelegene zurückzugreifen. Gebäudeklasse 5 hat insofern eine Auffangfunktion.

1. Gebäudeklasse 1:
   a) freistehende Gebäude mit einer Höhe bis zu 7 m und nicht mehr als zwei Nutzungseinheiten von insgesamt nicht mehr als 400 m^2 und
   b) land- oder forstwirtschaftlich genutzte Gebäude,

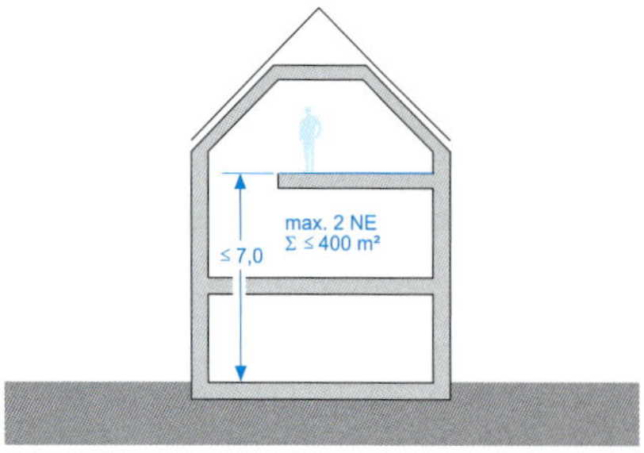

Zu Art. 2 (3) Nr. 1
Gebäudeklasse 1

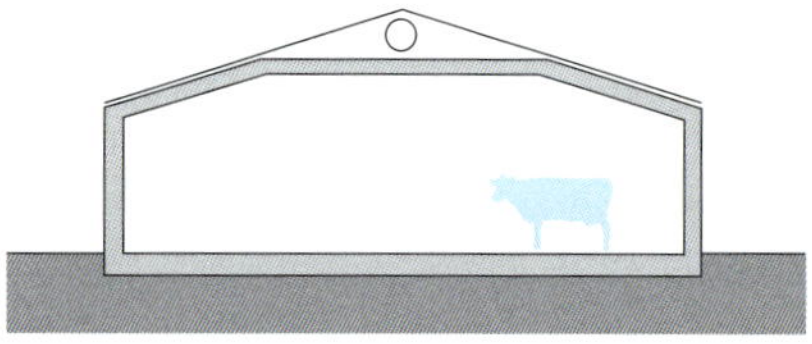

Zu Art. 2 (3) Nr. 1
Gebäudeklasse 1

Zu Art. 2 Abs. 3 Nr. 1

Die Gebäudeklasse 1 umfasst v. a. frei stehende Ein- und Zweifamilienhäuser. Die Klasse ist in Buchstabe a nicht auf bestimmte Nutzungen (z. B. Wohnen) beschränkt. Nicht frei stehende Gebäude, mit Ausnahme von land- oder forstwirtschaftlich genutzten Gebäuden, gehören mindestens der Gebäudeklasse 2 an.

2. Gebäudeklasse 2:
   Gebäude mit einer Höhe bis zu 7 m und nicht mehr als zwei Nutzungseinheiten von insgesamt nicht mehr als 400 m^2,

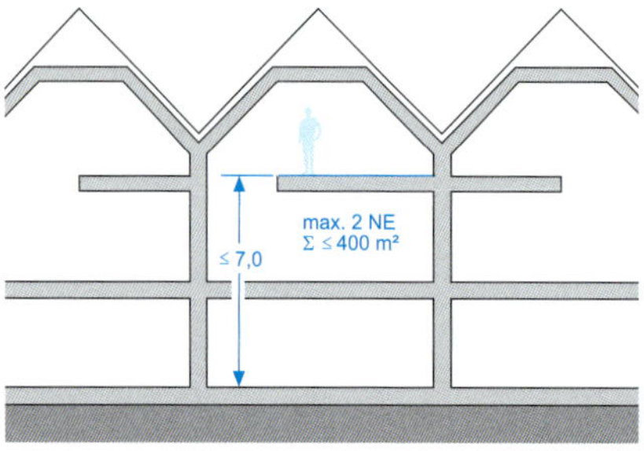

Zu Art. 2 (3) Nr. 2
Gebäudeklasse 2

Zu Art. 2 Abs. 3 Nr. 2

Gebäudeklasse 2 umfasst nicht frei stehende Gebäude mit einer Höhe bis zu 7 m. Anzahl und Größe der möglichen Nutzungseinheiten sind begrenzt.

Bei einem Doppelhaus (Haus, das aus zwei aneinandergebauten Gebäuden besteht) muss jede Doppelhaushälfte ein selbstständiges Gebäude sein (Kennzeichen dafür: z. B. getrennte Hauseingänge). Die zwei selbstständigen Gebäude sind aneinandergebaut. Die jeweiligen Doppelhaushälften müssen nicht auf zwei getrennten Grundstücken stehen.

3. Gebäudeklasse 3:
   sonstige Gebäude mit einer Höhe bis zu 7 m,

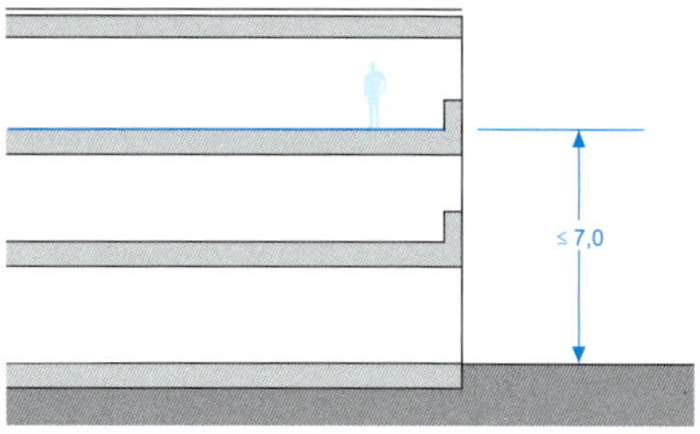

Zu Art. 2 (3) Nr. 3
Gebäudeklasse 3

Zu Art. 2 Abs. 3 Nr. 3

Gebäudeklasse 3 fängt alle Gebäude mit bis zu 7 m Höhe auf, ungeachtet der Anzahl und Größe der Nutzungseinheiten.

4. Gebäudeklasse 4:
   Gebäude mit einer Höhe bis zu 13 m und Nutzungseinheiten oder Teile von Nutzungseinheiten, die durch Außen- oder Trennwände nach Art. 27 Abs. 2 Nr. 1 begrenzt sind und über von anderen Teilen unabhängige Rettungswege nach Art. 31 Abs. 1 verfügen, mit jeweils nicht mehr als 400 m²,

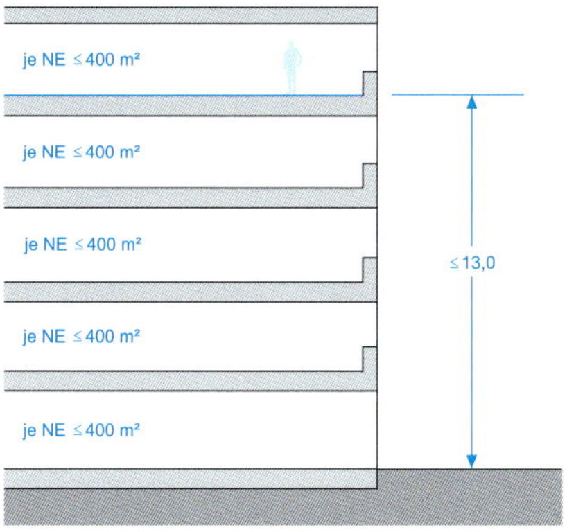

Zu Art. 2 (3) Nr. 4
Gebäudeklasse 4

Wichtige Änderung
Zu Art. 2 Abs. 3 Nr. 4
Gebäudeklasse 4 fängt alle Gebäude mit bis zu 13 m Höhe auf, ungeachtet der Anzahl der Nutzungseinheiten. Allerdings ist die jeweilige Größe der Nutzungseinheiten auf 400 m² begrenzt. Nutzungseinheiten können größer als 400 m² ausgeführt werden, wenn sie durch Außen- oder Trennwände begrenzt und feuerwiderstandsfähige Bauteile in Bereiche kleiner gleich 400 m² unterteilt werden. Bereiche müssen je zwei unabhängige Rettungswege aufweisen.

5. Gebäudeklasse 5:
   sonstige Gebäude einschließlich unterirdischer Gebäude.

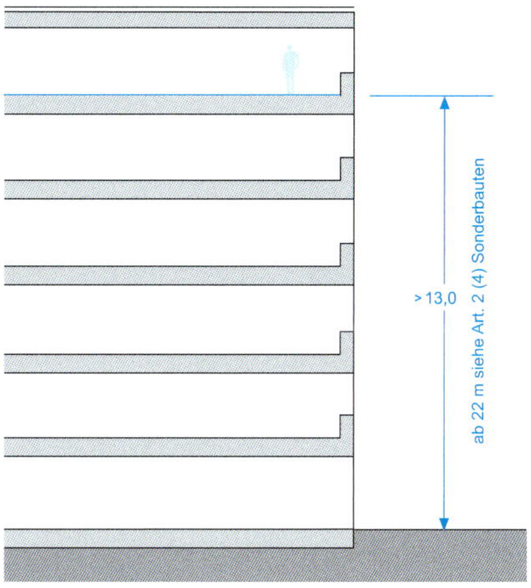

Zu Art. 2 (3) Nr. 5
Gebäudeklasse 5

Zu Art. 2 Abs. 3 Nr. 5
Gebäudeklasse 5 fängt alle Gebäude auf, die nicht bereits einer niedrigeren Klasse zuzuordnen sind.
Außerdem zählen zu dieser Klasse auch selbstständige unterirdische Gebäude. Unterirdisch ist ein Gebäude, wenn es keine oberirdischen Geschosse hat.
Hochhäuser (Gebäude mit einer Höhe nach Art. 2 Abs. 3 Satz 2 von mehr als 22 m) sind Sonderbauten (Art. 2 Abs. 4 Nr. 1). Ihr Bau und Betrieb wird in der Richtlinie über die bauaufsichtliche Behandlung von Hochhäusern (HRR: Hochhaus-Richtlinien) geregelt.

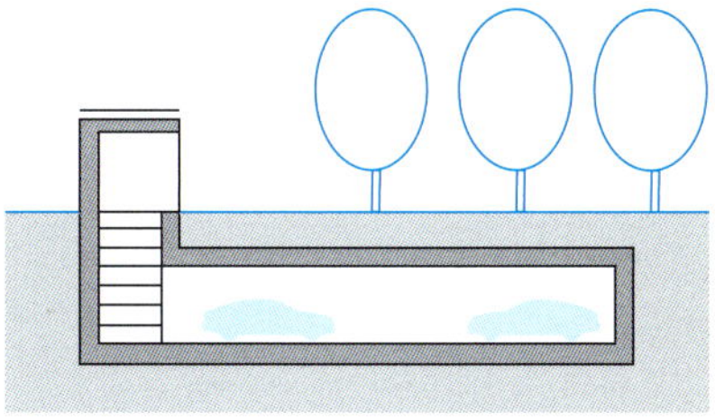

Zu Art. 2 (3) Nr. 5
Selbstständige unterirdische Gebäude

²Höhe im Sinn des Satzes 1 ist das Maß der Fußbodenoberkante des höchstgelegenen Geschosses, in dem ein Aufenthaltsraum möglich ist, über der Geländeoberfläche im Mittel. ³Bei der Berechnung der Flächen nach Satz 1 bleiben die Flächen im Kellergeschoss außer Betracht.

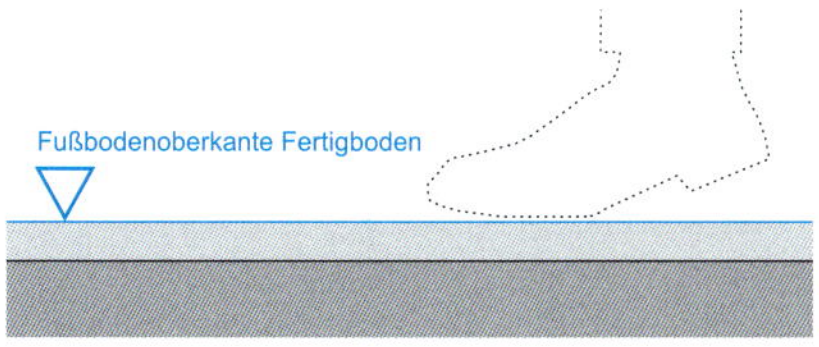

Zu Art. 2 (3)
Fußbodenoberkante

Zu Art. 2 Abs. 3 Satz 2
Die Regelung ist allein maßgeblich für die Bestimmung der Gebäudeklasse nach Satz 1 und nicht auch für Zugänge und Zufahrten für Rettungsfahrzeuge der Feuerwehr oder Rettungswege.

Parameter für die Höhenbestimmung:
- Fußbodenoberkante Fertigboden des höchstgelegenen Geschosses, in dem ein Aufenthaltsraum möglich ist
- Höhenlage im Mittel

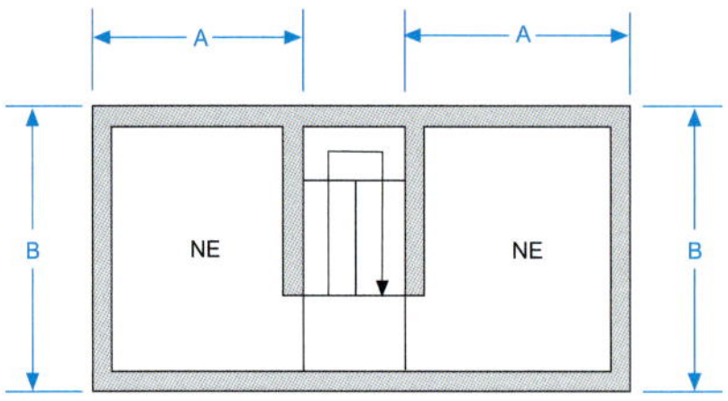

Zu Art. 2 (3)
Brutto-Grundfläche (BGF) der Nutzungseinheiten (NE) = A × B

Parameter für die Berechnung der Brutto-Grundfläche:

- Die Brutto-Grundfläche ergibt sich aus der Summe der Grundflächen aller Grundrissebenen der Nutzungseinheiten (Netto-Grundfläche + Konstruktionsgrundfläche).
- Kellergeschossflächen werden nicht mitgerechnet.
- Die DIN 277-1 „Grundflächen und Rauminhalte im Bauwesen – Teil 1: Hochbau“ ist als Technische Baubestimmung zu beachten.

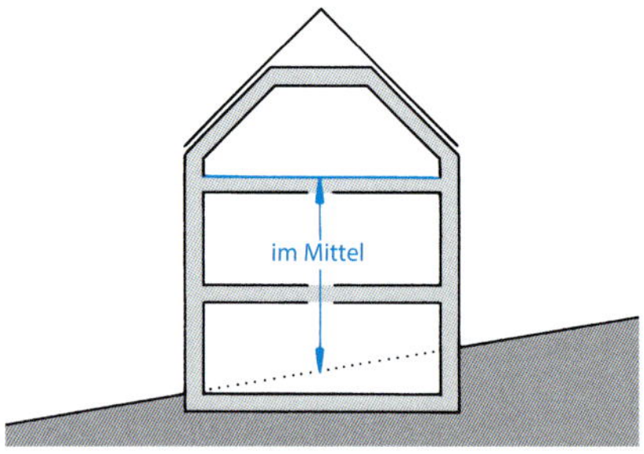

Zu Art. 2 (3)
Geländeoberfläche im Mittel

Zu Art. 2 Abs. 3 Satz 2

Es ist die vorhandene natürliche Geländeoberfläche zugrunde zu legen.

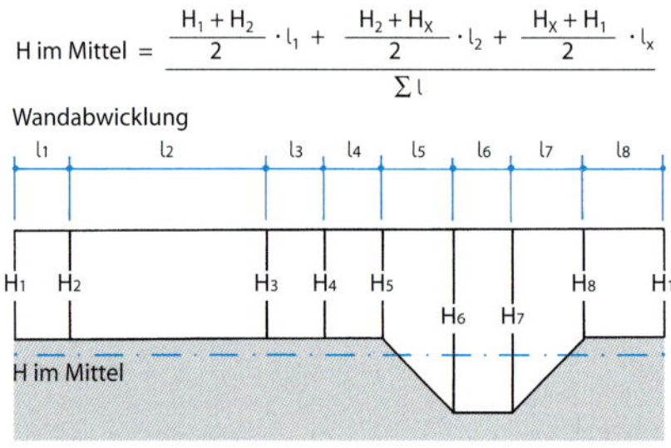

Zu Art. 2 (3)
Mantelflächenverfahren

Merkmal \ Gebäudeklasse	1	2	3	4	5	Sonderbau
Brandschutzanforderung an Wände	KG: feuerhemmend	feuerhemmend	feuerhemmend	hoch feuerhemmend	feuerbeständig	
Anzahl der Nutzungseinheiten	max. 2	max. 2	–	–	–	erfüllt mind. einen Tatbestand gemäß Art. 2 Abs. 4
Fläche der Nutzungseinheiten	gesamt ≤ 400 m²	gesamt ≤ 400 m²	–	jede Nutzungseinheit ≤ 400 m²	–	
Höhe	≤ 7,0 m	≤ 7,0 m	≤ 7,0 m	≤ 13,0 m	> 13,0 m	z. B. > 22,0 m

Zu Art. 2 (3)
Merkmale der Gebäudeklassen

Art. 2 (4) Sonderbauten sind Anlagen und Räume besonderer Art oder Nutzung, die einen der nachfolgenden Tatbestände erfüllen:

1. Hochhäuser (Gebäude mit einer Höhe nach Abs. 3 Satz 2 von mehr als 22 m),
2. bauliche Anlagen mit einer Höhe von mehr als 30 m,

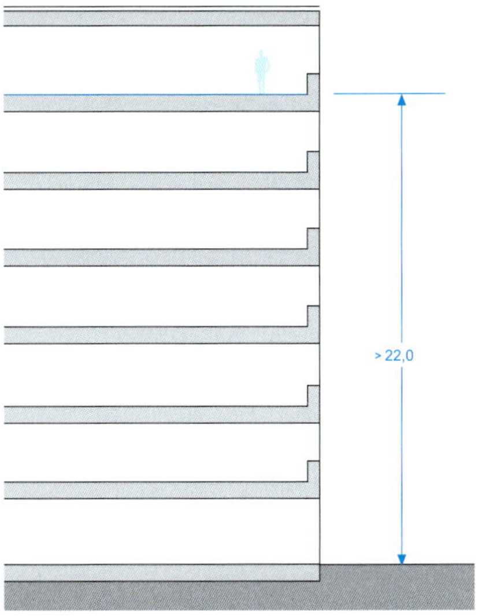

Zu Art. 2 (4) Nr. 1
Hochhaus

3. Gebäude mit mehr als 1.600 m² Fläche des Geschosses mit der größten Ausdehnung, ausgenommen Wohngebäude und Garagen,

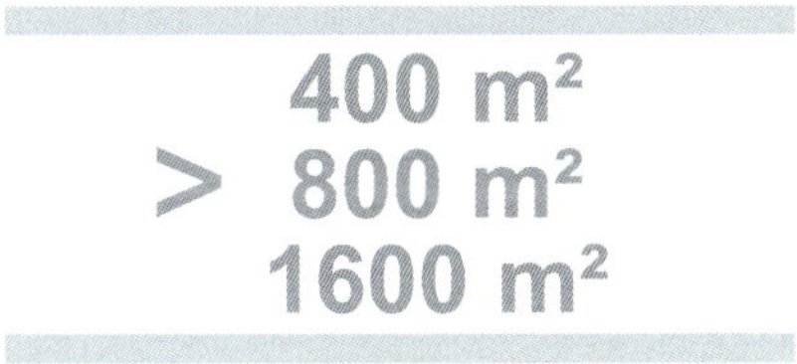

Zu Art. 2 (4) Nr. 3–5
Zu beachtende Flächen bei Sonderbauten

4. Verkaufsstätten, deren Verkaufsräume und Ladenstraßen eine Fläche von insgesamt mehr als 800 m², bei erdgeschossigen Verkaufsstätten mehr als 2.000 m², haben,
5. Gebäude mit Räumen, die einer Büro- oder Verwaltungsnutzung dienen und einzeln mehr als 400 m² haben,
6. Gebäude mit Räumen, die einzeln für eine Nutzung durch mehr als 100 Personen bestimmt sind,
7. Versammlungsstätten
   a) mit Versammlungsräumen, die insgesamt mehr als 200 Besucher fassen, wenn diese Versammlungsräume gemeinsame Rettungswege haben,
   b) im Freien mit Szenenflächen sowie Freisportanlagen jeweils mit Tribünen, die keine fliegenden Bauten sind und insgesamt mehr als 1.000 Besucher fassen,

Zu Art. 2 (4) Nr. 4
Erleichterung bei erdgeschossigen Verkaufsstätten beachten

Zu Art. 2 Abs. 4

Der Katalog der Sonderbauten umfasst Anlagen, bei denen ein besonderes Gefahrenpotenzial erwartet werden muss, z. B. durch

- Größe der Anlage,
- Zahl der sich dort aufhaltenden Personen und
- Schutzbedürftigkeit der sich dort befindenden Personen.

Der Begriff „Sonderbauten" hat eine verfahrenssteuernde Wirkung. Sonderbauten sind zwingend im Baugenehmigungsverfahren nach Art. 60 zu behandeln. Dies eröffnet die Möglichkeit, nach näherer Maßgabe des Art. 54 Abs. 3 besondere Anforderungen zu stellen oder über die Abweichungsregelung des Art. 63 Abs. 1 (kompensatorische) Erleichterungen zuzulassen.

Nr. 1 bis 3 beziehen sich auf Höhe oder Ausdehnung des Gebäudes, prinzipiell ungeachtet seiner Nutzungsart. Nr. 4 bis 10 stellen auf die Nutzungsart ab, die in Kombination mit einer bestimmten Anzahl an Personen eine Gefahr darstellen kann. Nr. 11 bis 17 stellen auf Nutzungsarten ab, bei denen mit einer größeren Anzahl an Personen zu rechnen ist, die besonders hilfs-, betreuungs- oder schutzbedürftig sind. Nr. 18 bis 20 enthalten atypische Bauten.

Der Katalog ist systematisch abschließend; außerhalb gibt es keine weiteren Sonderbauten. Allerdings enthält Nr. 21 einen Auffangtatbestand, mit dem unbenannte Sonderfälle erfasst werden, der jedoch nicht zur Ausweitung der in Nr. 1 bis 20 geregelten Fälle herangezogen werden kann.

Zu Art. 2 Abs. 4 Nr. 3

Für Garagen gilt die Verordnung über den Bau und Betrieb von Garagen sowie über die Zahl der notwendigen Stellplätze (GaStellV: Garagen- und Stellplatzverordnung).

Zu Art. 2 Abs. 4 Nr. 4

Die Regelung gilt nicht für Messe- und Ausstellungsbauten.

Zu Art. 2 Abs. 4 Nr. 6

Die Regelung umfasst auch Kirchen.

Zu Art. 2 Abs. 4 Nr. 7

Erfasst sind ortsfeste, auf Dauer angelegte Anlagen mit tribünenartiger Anordnung der Besucherbereiche (z. B. Freilichttheater, Anlagen für Rennsport, Reitbahnen, Sportstadien).

8. Gaststätten
   a) mit mehr als 60 Gastplätzen in Gebäuden, soweit sie nicht ausschließlich erdgeschossig sind,
   b) mit mehr als 100 Gastplätzen in Gebäuden, soweit sie ausschließlich erdgeschossig sind, oder
   c) mit mehr als 1.000 Gastplätzen im Freien,

Zu Art. 2 (4) Nr. 8
Erleichterung bei erdgeschossigen Gaststätten beachten.

9. Beherbergungsstätten mit mehr als 30 Betten,

Zu Art. 2 (4) Nr. 9
Erleichterung bei Beherbergungsstätten.

10. Spielhallen mit mehr als 150 m^2,
11. Gebäude mit Nutzungseinheiten zum Zweck der Pflege oder Betreuung von Personen mit Pflegebedürftigkeit oder Behinderung, deren Selbstrettungsfähigkeit eingeschränkt ist, wenn die Nutzungseinheiten
    a) einzeln für mehr als sechs Personen bestimmt sind,
    b) für Personen mit Intensivpflegebedarf bestimmt sind oder
    c) einen gemeinsamen Rettungsweg haben und für insgesamt mehr als zwölf Personen bestimmt sind,
12. Krankenhäuser,
13. sonstige Einrichtungen zur Unterbringung von Personen sowie Wohnheime,

Zu Art. 2 (4) Nr. 10
Spielhallen

Temporäre Veranstaltungen (z. B. Weihnachtsmärkte, Straßen- und Volksfeste, Werbeveranstaltungen) zählen nicht dazu. Bei diesen kann es sich aber um genehmigungsbedürftige Fliegende Bauten (Art. 72) und solche nach der Verordnung über den Bau und Betrieb von Versammlungsstätten (VStättV: Versammlungsstättenverordnung) handeln.

Wichtige Änderung
Zu Art. 2 Abs. 4 Nr. 8
Die Nummer 8 wurde systematisch gegliedert und inhaltlich verändert. Es wird nunmehr differenziert zwischen Gaststätten, deren Gastplätze sich nicht ausschließlich im Erdgeschoss (a), ausschließlich im Erdgeschoss (b) oder im Freien (c) befinden. Bei rein erdgeschossigen Gaststätten ist die Frage der Brand- und Standsicherheit weniger sicherheitsrelevant, weil die Selbstrettung wesentlich leichter ist.
Für Beherbergungsstätten und Spielhallen wurden eigenständige Nummern gebildet (siehe Nr. 9 und 10).

Wichtige Änderung
Zu Art. 2 Abs. 4 Nr. 9
Beherbergungsstätten wurden in die gesonderte, neue Nr. 9 ausgegliedert. Die Zahl der notwendigen Betten zur Auslösung des Sonderbautatbestandes wurde auf 30 erhöht.

Zu Art. 2 Abs. 4 Nr. 10
Die Regelung ist inhaltsgleich zur Sonderbaupflichtigkeit von Spielhallen der früheren Nr. 8.

Zu Art. 2 Abs. 4 Nr. 11 bis Nr. 21
Ab Nr. 11 bis Nr. 21 ist der Katalog der Sonderbauten in der aktuellen BayBO angepasst und ergänzt worden.

Zu Art. 2 Abs. 4 Nr. 11
Die selbstständig zu betrachtende Nutzungseinheit muss dem Zweck der Pflege oder Betreuung gewidmet sein. Gezählt werden nur Patienten, nicht jedoch Pflege- oder Betreuungspersonal. Die Pflegebedürftigkeit oder Behinderung beinhaltet, dass die Personen zumindest ambulante Pflege- oder Betreuungsdienstleistungen benötigen; die Selbstrettungsfähigkeit dieser Personen ist regelmäßig eingeschränkt.
Mehrere Nutzungseinheiten sind nur dann zusammen als Einheit zu betrachten, wenn sie baulich miteinander verbunden sind.
Nutzungseinheiten, die nicht dem Zweck der Pflege oder Betreuung gewidmet sind, aber gleichwohl entsprechende Personen beherbergen, sind keine Sonderbauten.

14. Tageseinrichtungen für Kinder, Menschen mit Behinderung und alte Menschen, in denen mehr als zehn Personen betreut werden,

15. Schulen, Hochschulen und ähnliche Einrichtungen,

16. Justizvollzugsanstalten und bauliche Anlagen für den Maßregelvollzug,

17. Freizeit- und Vergnügungsparks,

Zu Art. 2 (4) Nr. 14
Tageseinrichtungen, etwa für Kinder

Zu Art. 2 Abs. 4 Nr. 14
Tageseinrichtungen mit bis zu zehn betreuten Personen gelten nicht als Sonderbauten.

18. fliegende Bauten, soweit sie einer Ausführungsgenehmigung bedürfen, sowie Fahrgeschäfte, die keine fliegenden Bauten und nicht verfahrensfrei sind,

Zu Art. 2 Abs. 4 Nr. 18
Zur Genehmigung Fliegender Bauten siehe auch Art. 72.

19. Regale mit einer Oberkante Lagerguthöhe von mehr als 7,50 m,

20. bauliche Anlagen, deren Nutzung durch Umgang mit oder Lagerung von Stoffen mit Explosions- oder erhöhter Brandgefahr verbunden ist,

21. Anlagen und Räume, die in den Nrn. 1 bis 19 nicht aufgeführt und deren Art oder Nutzung mit vergleichbaren Gefahren verbunden sind, ausgenommen Wohngebäude, die keine Hochhäuser sind.

Zu Art. 2 Abs. 4 Nr. 21
Wohngebäude sind nach dieser Vorschrift keine Sonderbauten, auch wenn dort Personen mit Pflegebedürftigkeit oder Behinderung wohnen.

Art. 2 (5) Aufenthaltsräume sind Räume, die zum nicht nur vorübergehenden Aufenthalt von Menschen bestimmt oder geeignet sind.

Zu Art. 2 Abs. 5
Wann ein Aufenthaltsraum möglich ist (siehe auch Art. 2 Abs. 3 Satz 2), wird teils unterschiedlich beurteilt: Entscheidend ist die objektiv vorhandene Möglichkeit eines Einbaus. Die Definition ist u. a. relevant für:

- Bestimmung der Höhe bei Gebäudeklassen
- Erforderlichkeit von zwei unabhängigen Rettungswegen
- Mindesthöhen von Räumen und Fenstern

Zum früheren Begriff des Vollgeschosses siehe auch Art. 83 Abs. 6 (Übergangsvorschriften) oder folgenden Auszug.

Auszug aus: Art. 2 Abs. 5 in der bis zum 31. Dezember 2007 gültigen BayBO in der Fassung vom 4. September 1997
„[1]Vollgeschosse sind Geschosse, die vollständig über der natürlichen oder festgelegten Geländeoberfläche liegen und über mindestens zwei Drittel ihrer Grundfläche eine Höhe von mindestens 2,30 m haben. [2]Als Vollgeschosse gelten Kellergeschosse, deren Deckenunterkante im Mittel mindestens 1,20 m höher liegt als die natürliche oder festgelegte Geländeoberfläche."

Art. 2 (6) Flächen von Gebäuden, Geschossen, Nutzungseinheiten und Räumen sind als Brutto-Grundfläche zu ermitteln, soweit nichts anderes geregelt ist.

Zu Art. 2 (6)
Die DIN 277 ist bei der Berechnung der Brutto-Grundfläche zu beachten.

Zu Art. 2 Abs. 6
Gemeint sind Brutto-Grundflächen im Sinn der DIN 277-1. Nutzbare Dachflächen werden nicht berücksichtigt.

Art. 2 (7) [1]Geschosse sind oberirdische Geschosse, wenn ihre Deckenoberkanten im Mittel mehr als 1,40 m über die Geländeoberfläche hinausragen; im Übrigen sind sie Kellergeschosse. [2]Hohlräume zwischen der obersten Decke und der Bedachung, in denen Aufenthaltsräume nicht möglich sind, sind keine Geschosse.

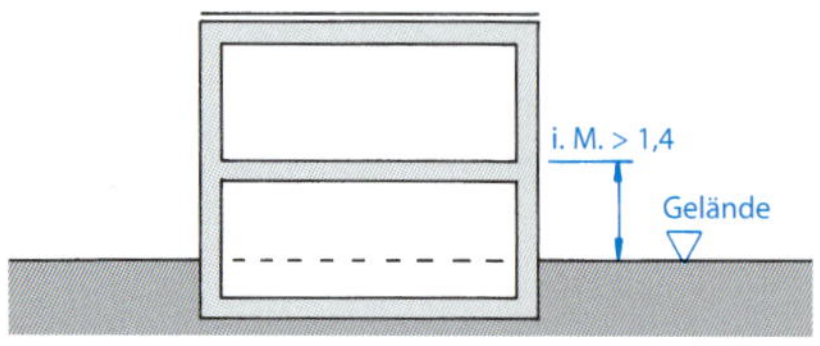

Zu Art. 2 (7)
Oberirdische Geschosse

Art. 2 (8) [1]Stellplätze sind Flächen, die dem Abstellen von Kraftfahrzeugen außerhalb der öffentlichen Verkehrsfläche dienen. [2]Garagen sind Gebäude oder Gebäudeteile zum Abstellen von Kraftfahrzeugen. [3]Ausstellungs-, Verkaufs-, Werk- und Lagerräume für Kraftfahrzeuge sind keine Stellplätze oder Garagen.

Zu Art. 2 Abs. 8
Zu den Anforderungen an Garagen und Stellplätze siehe Art. 47 und die GaStellV.

Art. 2 (9) Feuerstätten sind in oder an Gebäuden ortsfest benutzte Anlagen, die dazu bestimmt sind, durch Verbrennung Wärme zu erzeugen.

Zu Art. 2 (9)
Frei stehende Feuerungsanlagen

Zu Art. 2 Abs. 9
Zu den Anforderungen an Feuerstätten siehe Art. 40 und die Bayerische Feuerungsverordnung (BayFeuV).
Frei stehende Feuerungsanlagen sind von der Definition ausgenommen.

Art. 2 (10) Barrierefrei sind bauliche Anlagen, soweit sie für Menschen mit Behinderung in der allgemein üblichen Weise, ohne besondere Erschwernis und grundsätzlich ohne fremde Hilfe zugänglich und nutzbar sind.

Zu Art. 2 Abs. 10
Die Grundanforderungen an barrierefreies Bauen regelt Art. 48. Nähere Einzelanforderungen ergeben sich aus DIN 18040 „Barrierefreies Bauen – Planungsgrundlagen" (Teil 1 und 2), welche auch in die Liste der Technischen Baubestimmungen aufgenommen und mit der dort beschriebenen Anlage zu beachten ist.

Art. 2 (11) Bauprodukte sind

1. Produkte, Baustoffe, Bauteile, Anlagen und Bausätze gemäß Art. 2 Nr. 2 der Verordnung (EU) Nr. 305/2011, die hergestellt werden, um dauerhaft in bauliche Anlagen eingebaut zu werden,
2. aus ihnen vorgefertigte Anlagen, die hergestellt werden, um mit dem Erdboden verbunden zu werden,

wenn sich deren Verwendung auf die Anforderungen nach Art. 3 Satz 1 auswirken kann.

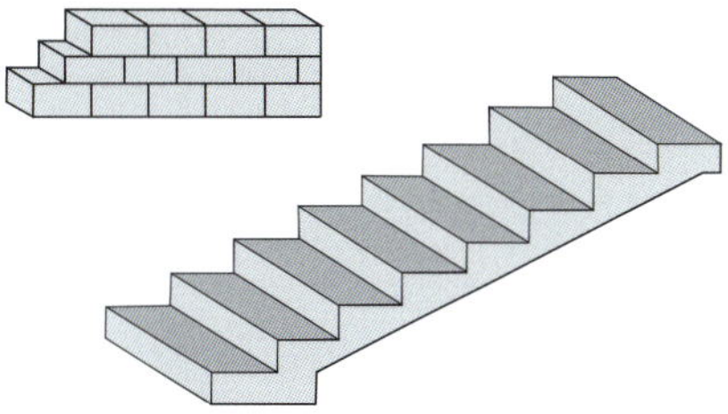

Zu Art. 2 (11)
Baustoffe und Bauteile

Zu Art. 2 Abs. 11

- Baustoffe sind z. B. Steine, Beton, Holz, Glas und Stahl.
- Bauteile sind z. B. Türen, Fenster, Treppen und Fertigbauteile.
- Anlagen sind z. B. technische Gebäudeausstattungen für Heizung, Sanitär und Elektrik sowie Aufzüge.

Keine Bauprodukte sind z. B. Maschinen oder Mobiliar.

Art. 2 (12) Bauart ist das Zusammenfügen von Bauprodukten zu baulichen Anlagen oder Teilen von baulichen Anlagen.

Zu Art. 2 Abs. 12
Bauarten sind z. B. der Mauerwerks-, Beton-, und Holzbau sowie Systemprodukte (z. B. für den Wärmeschutz).

Art. 3
Allgemeine Anforderungen

Art. 3 [1]Bei der Anordnung, Errichtung, Änderung, Nutzungsänderung, Instandhaltung und Beseitigung von Anlagen sind die Belange der Baukultur, insbesondere die anerkannten Regeln der Baukunst, so zu berücksichtigen, dass die öffentliche Sicherheit und Ordnung, insbesondere Leben und Gesundheit, und die natürlichen Lebensgrundlagen nicht gefährdet werden. [2]Anlagen müssen bei ordnungsgemäßer Instandhaltung die Anforderungen des Satzes 1 während einer dem Zweck entsprechenden angemessenen Zeitdauer erfüllen und ohne Missstände benutzbar sein.

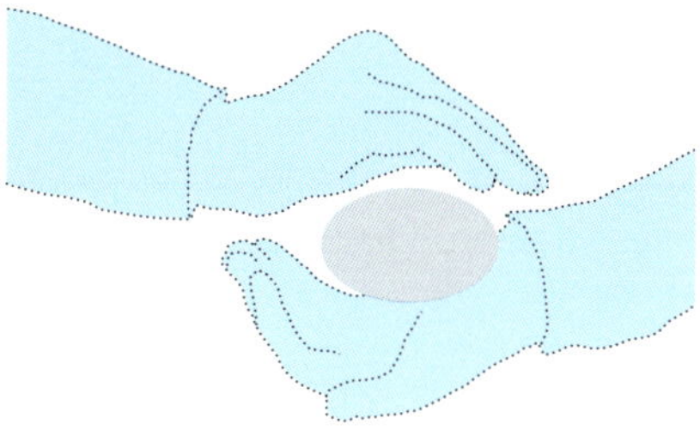

Zu Art. 3
Lebensgrundlagen, Sicherheit und Ordnung nicht gefährden

Zu Art. 3
Die Vorschrift ist eine Grundanforderung des Bauordnungsrechts, auch als Maßstab für Erleichterungen. Sie dient allgemein als Auslegungshilfe für unbestimmte Rechtsbegriffe in der BayBO.
Öffentliche Sicherheit umfasst die Einrichtungen des Staates, die geschriebene Rechtsordnung sowie die Rechtsgüter Einzelner (insbesondere Leben, Gesundheit und Eigentum).
Öffentliche Ordnung meint die ungeschriebenen Verhaltensregeln, die nach der jeweiligen sozialethischen Mehrheitsauffassung für ein gedeihliches Miteinander als unabdingbare Voraussetzung angesehen werden. Der Begriff der öffentlichen Ordnung wird von der Rechtsprechung im Baurecht nur selten bemüht, da die öffentliche Sicherheit bereits regelmäßig tangiert ist und insofern vorgeht.

Zweiter Teil
Das Grundstück und seine Bebauung

Art. 4
Bebauung der Grundstücke mit Gebäuden

Art. 4 (1) Gebäude dürfen nur unter folgenden Voraussetzungen errichtet werden:

1. Das Grundstück muss nach Lage, Form, Größe und Beschaffenheit für die beabsichtigte Bebauung geeignet sein;
2. das Grundstück muss in einer angemessenen Breite an einer befahrbaren öffentlichen Verkehrsfläche liegen.

Zu Art. 4 Abs. 1 Nr. 2

Parameter für die Bemessung der Breite sind insbesondere:

- Zweckbestimmung des Bauvorhabens
- Fahrzeugbreiten von Rettungsfahrzeugen
- zu erwartendes Verkehrsaufkommen.

Art. 4 (2) Abweichend von Abs. 1 Nr. 2 sind im Geltungsbereich eines Bebauungsplans im Sinn der §§ 12 und 30 Abs. 1 des Baugesetzbuchs (BauGB) und innerhalb eines im Zusammenhang bebauten Ortsteils (§ 34 BauGB) nicht erforderlich

1. die Befahrbarkeit von Wohnwegen begrenzter Länge, wenn keine Bedenken wegen des Brandschutzes oder des Rettungsdienstes bestehen,
2. die Widmung von Wohnwegen begrenzter Länge, wenn von dem Wohnweg nur Wohngebäude der Gebäudeklassen 1 bis 3 erschlossen werden und gegenüber dem Rechtsträger der Bauaufsichtsbehörde rechtlich gesichert ist, dass der Wohnweg sachgerecht unterhalten wird und allgemein benutzt werden kann.

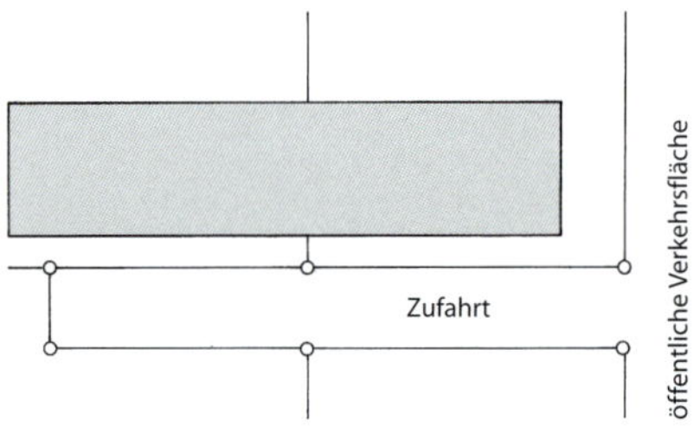

Zu Art. 4 (2)
Öffentlich-rechtlich gesicherte Zufahrt

Zu Art. 4 Abs. 2

Im Regelfall sind Wohnwege von „begrenzter Länge" 60 bis 80 m lang und mindestens 3 m breit.

Art. 4 (3) Im Außenbereich genügt eine befahrbare, gegenüber dem Rechtsträger der Bauaufsichtsbehörde rechtlich gesicherte Zufahrt zu einem befahrbaren öffentlichen Weg.

Art. 5
Zugänge und Zufahrten auf den Grundstücken

Art. 5 (1) [1]Von öffentlichen Verkehrsflächen ist insbesondere für die Feuerwehr ein geradliniger Zu- oder Durchgang zu rückwärtigen Gebäuden zu schaffen; zu anderen Gebäuden ist er zu schaffen, wenn der zweite Rettungsweg dieser Gebäude über Rettungsgeräte der Feuerwehr führt. [2]Zu Gebäuden, bei denen die Oberkante der Brüstung von zum Anleitern bestimmten Fenstern oder Stellen mehr als 8 m über dem Gelände liegt, ist in den Fällen des Satzes 1 an Stelle eines Zu- oder Durchgangs eine Zu- oder Durchfahrt zu schaffen. [3]Ist für die Personenrettung der Einsatz von Hubrettungsfahrzeugen erforderlich, sind die dafür erforderlichen Aufstell- und Bewegungsflächen vorzusehen.

[4]Bei Gebäuden, die ganz oder mit Teilen mehr als 50 m von einer öffentlichen Verkehrsfläche entfernt sind, sind Zufahrten oder Durchfahrten nach Satz 2 zu den vor und hinter den Gebäuden gelegenen Grundstücksteilen und Bewegungsflächen herzustellen, wenn sie aus Gründen des Feuerwehreinsatzes erforderlich sind.

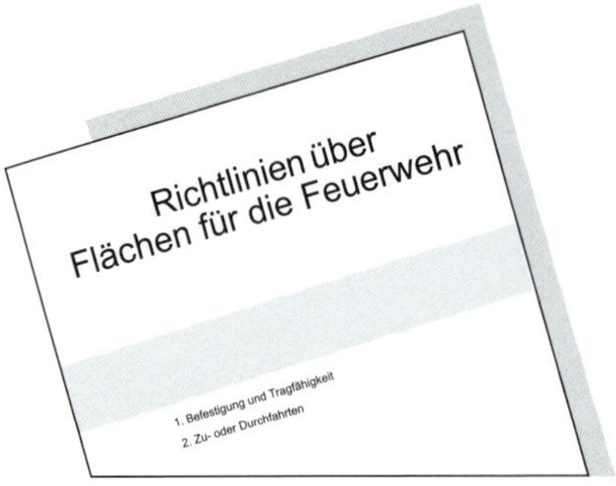

Zu Art. 5 (1)
Richtlinien über Flächen für die Feuerwehr beachten

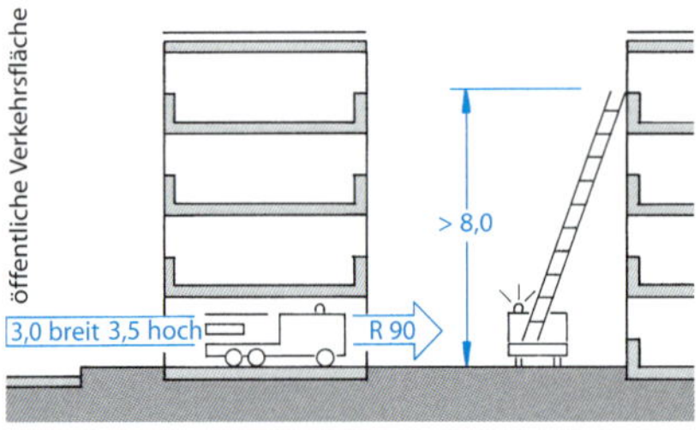

Zu Art. 5 (1)
Zu- oder Durchgänge

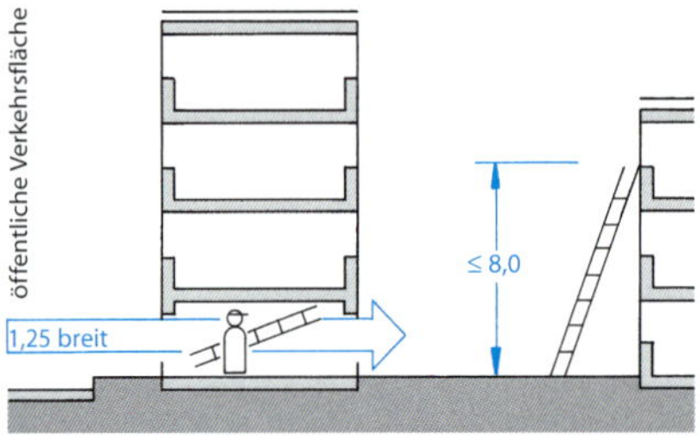

Zu Art. 5 (1)
Zu- oder Durchfahrten

Zu Art. 5

Die Vorschrift greift das Grundanliegen auf, ausreichende Zufahrten und Bewegungsflächen für die Feuerwehr zu gewährleisten. Näheres, insbesondere zu Zu- und Durchfahrten sowie Aufstell- und Bewegungsflächen für Feuerwehreinsätze, wird durch die Richtlinien über Flächen für die Feuerwehr geregelt. Die Richtlinien sind in den Bayerischen Technischen Baubestimmungen (BayTB) aufgenommen und mit der dort beschriebenen Anlage zu beachten.

Ob die Anforderungen eingehalten sind, steht in der primären Prüfverantwortung des Entwurfsverfassers bzw. Fachplaners.

Art. 5 (2) [1]Zu- und Durchfahrten, Aufstellflächen und Bewegungsflächen müssen für Feuerwehreinsatzfahrzeuge ausreichend befestigt und tragfähig sein; sie sind als solche zu kennzeichnen und ständig frei zu halten; die Kennzeichnung von Zufahrten muss von der öffentlichen Verkehrsfläche aus sichtbar sein. [2]Fahrzeuge dürfen auf den Flächen nach Satz 1 nicht abgestellt werden.

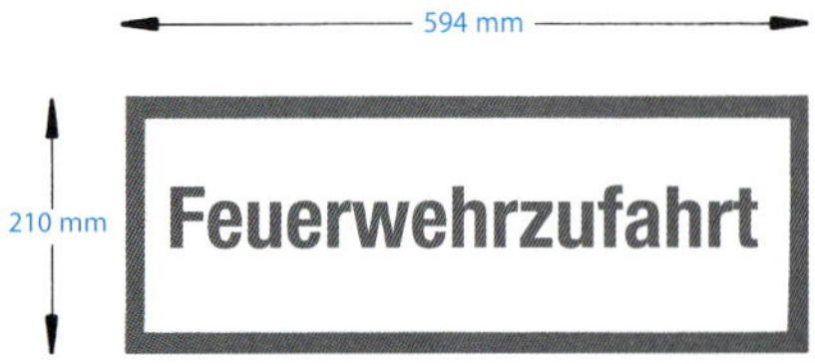

Zu Art. 5 (2)
Hinweisschild für Feuerwehrzufahrt

Zu Art. 5 Abs. 2

Hinweisschilder für Flächen für die Feuerwehr müssen DIN 4066 „Hinweisschilder für die Feuerwehr“ entsprechen (siehe BayTB, Ausgabe Oktober 2018, S. 49).

Um die Voraussetzungen ordnungsrechtlicher Maßnahmen, z. B. beim Verstoß gegen das Halteverbot, zu ermöglichen, werden die im nicht öffentlichen Straßenbereich angebrachten erforderlichen Hinweisschilder amtlich gekennzeichnet. Zuständigkeiten und das Kennzeichnungsverfahren werden in den jeweiligen Gemeinden und Städten in Satzungen festgelegt.

Art. 6
Abstandsflächen, Abstände

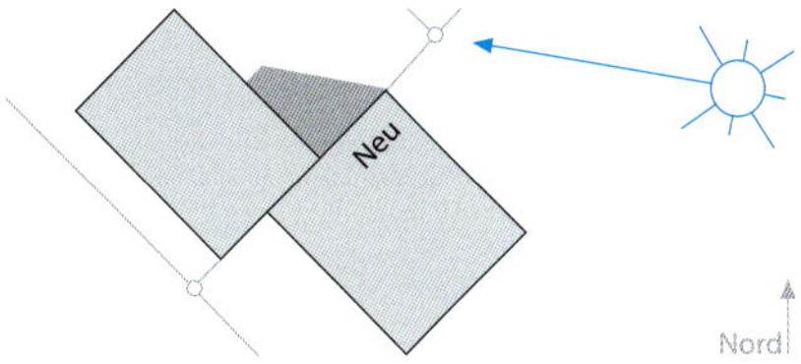

Zu Art. 6
Nachbarschutz, Rücksicht nehmen

Zu Art. 6
Ziele des Abstandsflächenrechts sind der Schutz des Nachbarn (Belichtung und Belüftung), Wohnfrieden und sozialer Abstand. Baulicher Brandschutz ist davon unabhängig immer sicherzustellen.
Regelungen zu Abstandsflächen haben sog. drittschützende Wirkung, geben dem Nachbarn also ein vor Gericht einklagbares Recht darauf, dass der angrenzende Nachbar seine von Rechts wegen vorzusehenden Abstandsflächen einhält.
Allerdings gibt Art. 6 kein Recht auf „ungestörte Aussicht"; dieses kann auch aus anderen Regelungen nicht abgeleitet werden.

Art. 6 (1) [1]Vor den Außenwänden von Gebäuden sind Abstandsflächen von oberirdischen Gebäuden freizuhalten.

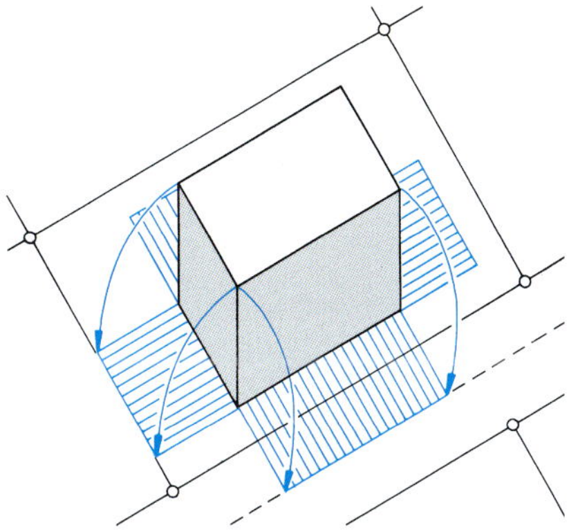

Zu Art. 6 (1) Satz 1
Prinzip Abstandsflächen

Zu Art. 6 Abs. 1 Satz 1
Die Vorschrift legt den Grundsatz fest, dass vor den Außenflächen eines Gebäudes Abstandsflächen freizuhalten sind.

[2]Satz 1 gilt entsprechend für andere Anlagen, von denen Wirkungen wie von Gebäuden ausgehen, gegenüber Gebäuden und Grundstücksgrenzen.

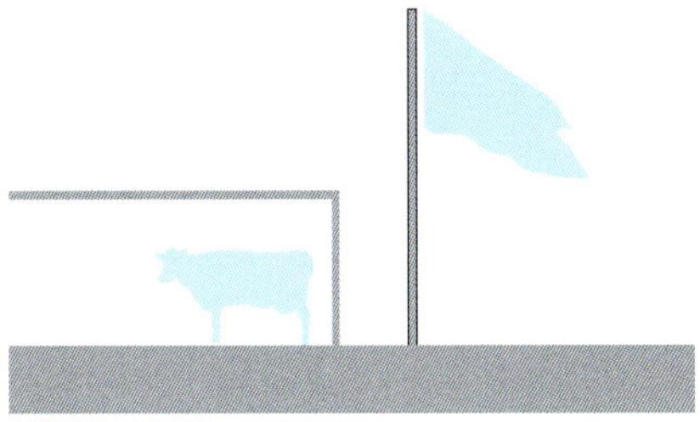

Zu Art. 6 (1) Satz 2
Anlagen mit gebäudegleicher Wirkung

Zu Art. 6 Abs. 1 Satz 2
Gebäudegleiche Wirkung haben Anlagen, die geeignet sind, wie ein Gebäude auf den Nachbarn zu wirken. Indizien hierfür sind: Auswirkungen auf den Brandschutz; Licht-, Luft- und Schalleinwirkungen; sozialer Mindestabstand. Anlagen mit gebäudegleicher Wirkung können z. B. Behausungen zur Unterbringung von Tieren, Gitter- und Fahnenmasten sowie Tribünen sein.

[3]Satz 2 gilt insbesondere nicht für
1. Antennen und Antennen tragende Masten für den Mobilfunk und den Digitalfunk der Behörden und Organisationen mit Sicherheitsaufgaben (BOS) im Außenbereich,
2. Windenergieanlagen im Außenbereich,
3. ebenerdige Terrassen und
4. Wärmepumpen und zugehörige Einhausungen mit einer Höhe bis zu 2 m über der Geländeoberfläche.

Wichtige Änderung
Zu Art. 6 Abs. 1 Satz 3
Durch den neuen Satz 3 werden – nicht abschließend – Regelbeispiele von Anlagen genannt, bei denen keine gebäudegleiche Wirkung anzunehmen ist. Rechtlich gesehen werden diese Anlagen dadurch privilegiert, weil von ihnen keine Abstandsflächen ausgehen. Abweichungen nach Art. 63 sind in diesen Fällen nicht (mehr) erforderlich.

Zu Art. 6 Abs. 1 Satz 3 Nr. 1
Die genannten Anlagen waren bereits abstandsflächenrechtlich privilegiert (ehem. Art. 6 Abs. 7 Satz 1 Nr. 4).

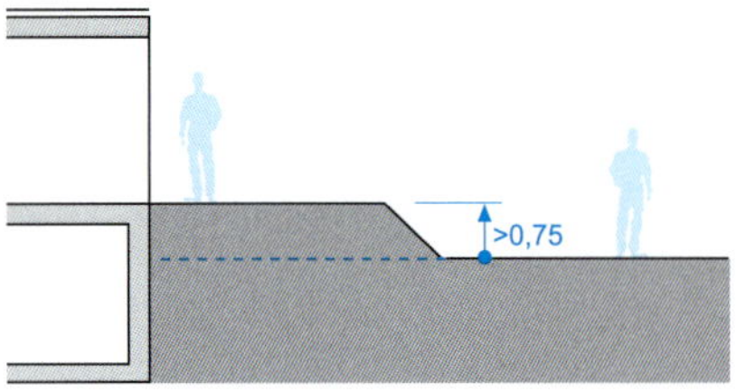

Zu Art. 6 (1) Satz 3 Nr. 3
Abstandsfläche bei Terrassen mit mehr als 75 cm Höhenunterschied

Zu Art. 6 Abs. 1 Satz 3 Nr. 3
Die Regelung ist nicht abschließend. Jede Terrasse bedarf einer Einzelfallbetrachtung.
Ebenerdigkeit liegt nach den Vollzugshinweisen von 2025 vor, wenn die Oberkante der Terrasse in etwa an der Geländeoberfläche endet. Bei unebenem Gelände ist dies erfüllt, wenn Ebenerdigkeit zumindest überwiegend gegeben ist.
Nach den Vollzugshinweisen dürfte ab einer Höhe von 75 cm über der Geländeoberfläche von einer Terrasse regelmäßig Störpotenzial ausgehen und sie damit abstandsflächenpflichtig werden.

Zu Art. 6 Abs. 1 Satz 3 Nr. 4
Wärmepumpen sind als Anlagen der technischen Gebäudeausrüstung verfahrensfrei (Art. 57 Abs. 1 Nr. 2 lit. b). Unberührt bleibt die bauplanungsrechtliche Anforderung, dass Wärmepumpen das Gebot der Rücksichtnahme beachten müssen.
Im Fall eines nachträglichen Einbaus und wenn zum Zeitpunkt der Genehmigung nicht feststeht, welche Wärmepumpe verwendet wird, ist laut den Vollzugshinweisen 2025 davon auszugehen, dass handelsübliche Wärmepumpen dieser Anforderung entsprechen.

[4]Eine Abstandsfläche ist nicht erforderlich vor Außenwänden, die an Grundstücksgrenzen errichtet werden, wenn nach planungsrechtlichen Vorschriften an die Grenze gebaut werden muss oder gebaut werden darf.

BauNVO

Zu Art. 6 (1) Satz 4
§§ 22 und 23 BauNVO beachten

Zu Art. 6 Abs. 1 Satz 4
Bauplanungsrecht ergibt sich aus dem Baugesetzbuch (BauGB), der Verordnung über die bauliche Nutzung der Grundstücke (BauNVO) und den Bebauungsplänen. Dieses hat immer Vorrang. Planungsrechtliche Vorschriften, nach denen an der Grenze ohne Abstandsfläche gebaut werden muss, sind in der Regel Vorschriften über die Bauweise nach §§ 22 und 23 BauNVO, z. B.

- geschlossene/offene Bauweise
- Doppelhausbebauung
- abweichende Bauweise mit einseitigem Grenzanbau
- Baulinien

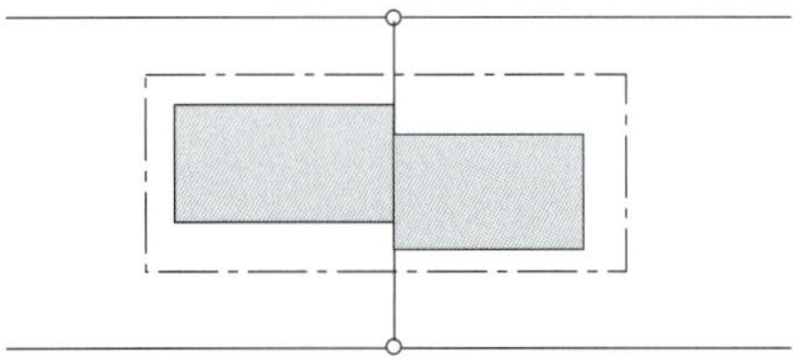

Zu Art. 6 (1) Satz 4
Anbau muss nicht deckungsgleich sein

In Innengebieten ohne Bebauungsplan, demnach im unbeplanten Innenbereich (§ 34 BauGB) kann oder muss ein Gebäude an der Grundstücksgrenze errichtet werden, wenn es sich nur so in die nähere Umgebung einfügt. Ein Anbau muss aufgrund von Art. 6 BayBO aber nicht deckungsgleich mit dem Nachbarbau sein, sondern kann auch versetzt angeordnet werden. Hinsichtlich der Nachbarrechte empfiehlt sich die Einholung einer schriftlichen Zustimmung des Nachbarn.

[5]Art. 63 bleibt unberührt.

Zu Art. 6 Abs. 1 Satz 5 (ehem. Satz 4)
Auszug aus: Vollzugshinweise zur BayBO in der Fassung vom 29. August 2018
„Der Art. 6 Abs. 1 Satz 4 stellt klar, dass es auch für die Entscheidung über Abweichungen vom Abstandsflächenrecht ausschließlich auf die in Art. 63 Abs. 1 Satz 1 Halbsatz 1 genannten Voraussetzungen ankommt: Die Abweichung muss unter Berücksichtigung des Zwecks der jeweiligen Anforderung und unter Würdigung der öffentlich-rechtlich geschützten nachbarlichen Belange mit den öffentlichen Belangen, insbesondere den Anforderungen des Art. 3 Satz 1, vereinbar sein. Auf das von der Rechtsprechung zusätzlich aufgestellte Erfordernis der ‚Atypik' kommt es demnach nicht mehr an."

Art. 6 (2) [1]Abstandsflächen sowie Abstände nach Art. 28 Abs. 2 Nr. 1 und Art. 30 Abs. 2 müssen auf dem Grundstück selbst liegen. [2]Sie dürfen auch auf öffentlichen Verkehrs-, Grün- und Wasserflächen liegen, jedoch nur bis zu deren Mitte. [3]Abstandsflächen sowie Abstände im Sinn des Satzes 1 dürfen sich ganz oder teilweise auf andere Grundstücke erstrecken, wenn rechtlich oder tatsächlich gesichert ist, dass sie nicht überbaut werden, oder wenn der Nachbar gegenüber der Bauaufsichtsbehörde schriftlich zustimmt; die Zustimmung des Nachbarn gilt auch für und gegen seinen Rechtsnachfolger. [4]Abstandsflächen dürfen auf die auf diesen Grundstücken erforderlichen Abstandsflächen nicht angerechnet werden.

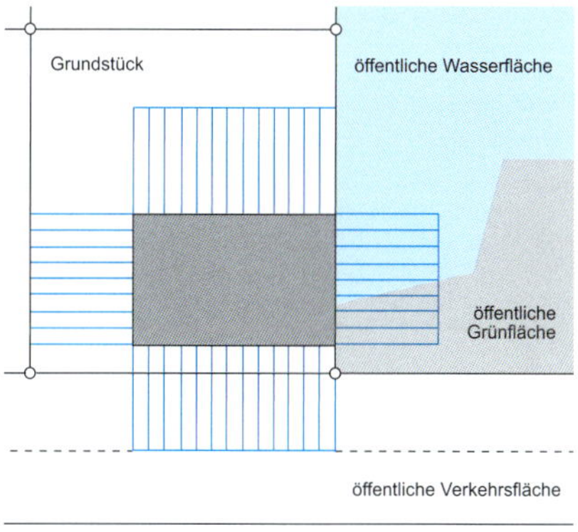

Zu Art. 6 (2)
Abstandsflächen zu allen Seiten

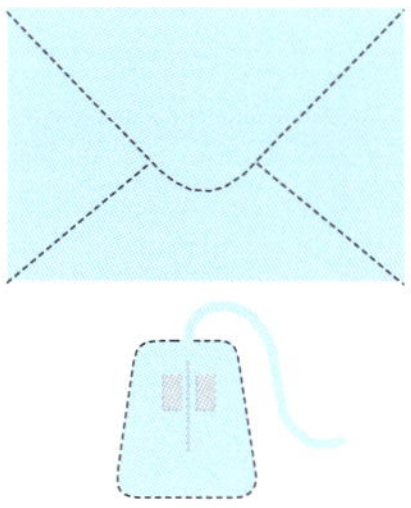

Zu Art. 6 (2)
Schriftliche Zustimmung Nachbar

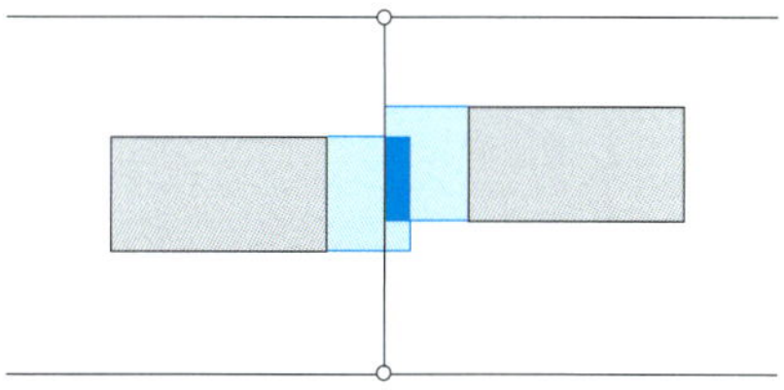

Zu Art. 6 (2)
Unzulässige Nutzung bei einer durch schriftliche Zustimmung gesicherten Abstandsfläche auf einem Nachbargrundstück

Zu Art. 6 Abs. 2
Allgemein gilt, dass Abstandsflächen von allen Seiten eines Gebäudes zu den jeweiligen Grundstücksgrenzen freigehalten werden müssen. Durch den Bezug auf Art. 28 Abs. 2 Nr. 1 und Art. 30 Abs. 2 gilt dies entsprechend für Brandschutzabstände.

Zu Art. 6 Abs. 2 Satz 2
Abstandsflächen dürfen sich auch auf folgenden öffentlichen Flächen bis zu deren Mitte erstrecken:

- Verkehrsflächen,
- Grünflächen und
- Wasserflächen.

Öffentlich sind Flächen, die diesen Zwecken gewidmet sind oder dafür planerisch ausgewiesen sind.

Zu Art. 6 Abs. 2 Satz 3
Ausnahmen vom Grundsatz, dass Abstandsflächen nicht auf dem Nachbargrundstück liegen dürfen, sind nur möglich, wenn eine Überbauung unmöglich ist oder der Nachbar seine schriftliche Zustimmung der Bauaufsichtsbehörde schriftlich zusichert.

Zu Art. 6 Abs. 2 Satz 4
Überlappt die Abstandsfläche eines Nachbarn baulich die Abstandsfläche des anderen Nachbarn (sog. Übernahme), so muss der Bauherr die eigene und die übernommene nachbarliche Abstandsfläche einhalten. Der Planverfasser muss im Lageplan die auf dem zu bebauenden Grundstück und des Nachbargrundstücks liegenden Abstandsflächen darstellen.

Art. 6 (3) Die Abstandsflächen dürfen sich nicht überdecken; das gilt nicht für

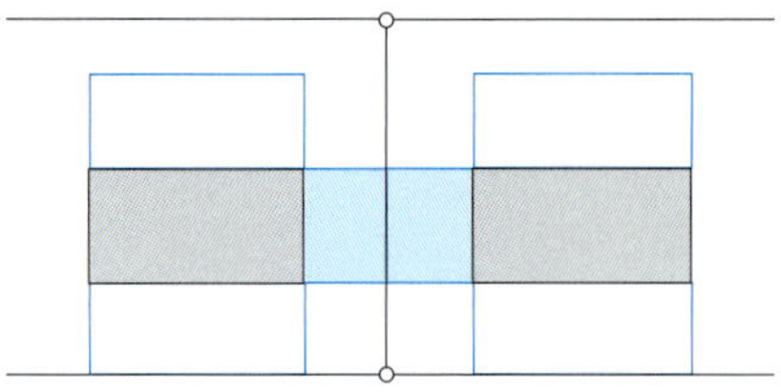

Zu Art. 6 (3)
Keine Überdeckung der Abstandsflächen

1. Außenwände, die in einem Winkel von mehr als 75 Grad zueinander stehen,

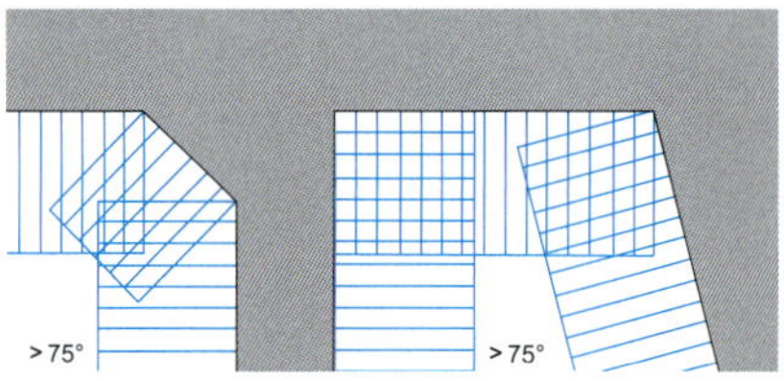

Zu Art. 6 (3)
Zulässige Einfach- und Mehrfachüberdeckungen von Abstandsflächen

Zu Art. 6 Abs. 3 Nr. 1

Das Überdeckungsverbot gilt nicht vor Außenwänden, die in einem Winkel von mehr als 75 Grad zueinander stehen. Eckgrundstücke sind durch diese Vorschrift abstandsrechtlich bebaubar.

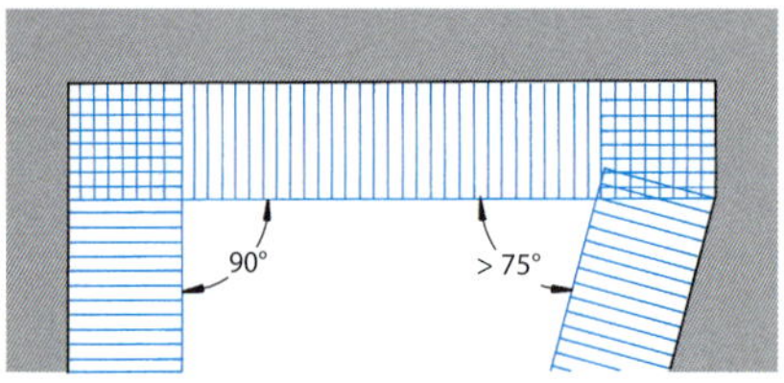

Zu Art. 6 (3)
Zulässige Einfach- und Mehrfachüberdeckung der Abstandsflächen

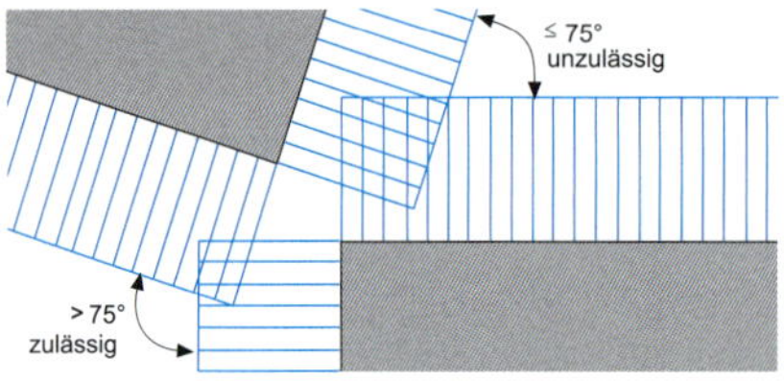

Zu Art. 6 (3)
Zulässige und unzulässige Überdeckung von Abstandsflächen

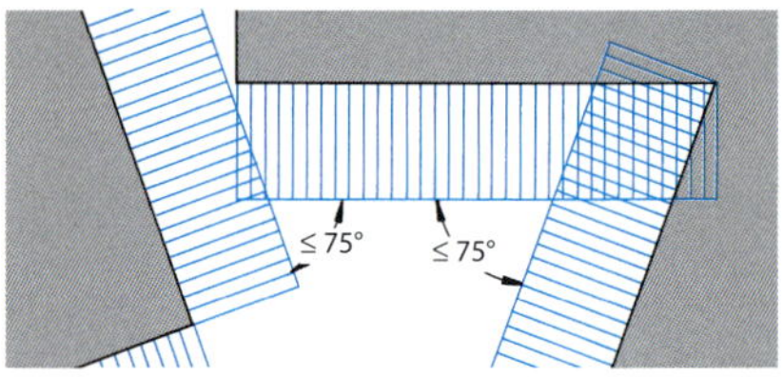

Zu Art. 6 (3)
Unzulässige Überdeckung der Abstandsflächen (Gebäudefläche betroffen)

2. Außenwände zu einem fremder Sicht entzogenen Gartenhof bei Wohngebäuden der Gebäudeklassen 1 und 2,

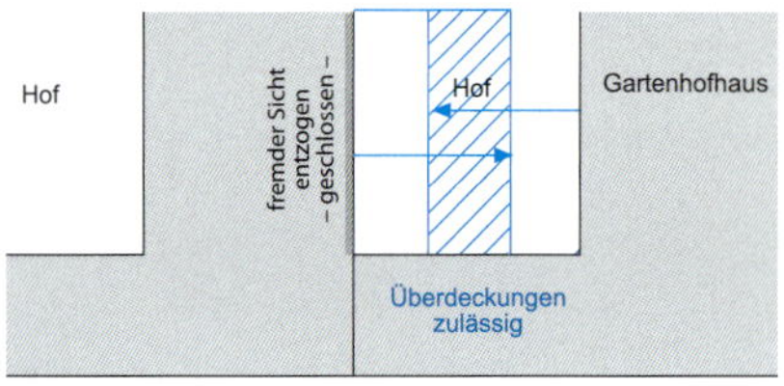

Zu Art. 6 (3)
Zulässige Überdeckung von Abstandsflächen bei fensterlosen Wänden

Zu Art. 6 Abs. 3 Nr. 2

Bei einer fensterlosen Wand dürfen sich Abstandsflächen überdecken.

3. Gebäude und andere bauliche Anlagen, die in den Abstandsflächen zulässig sind.

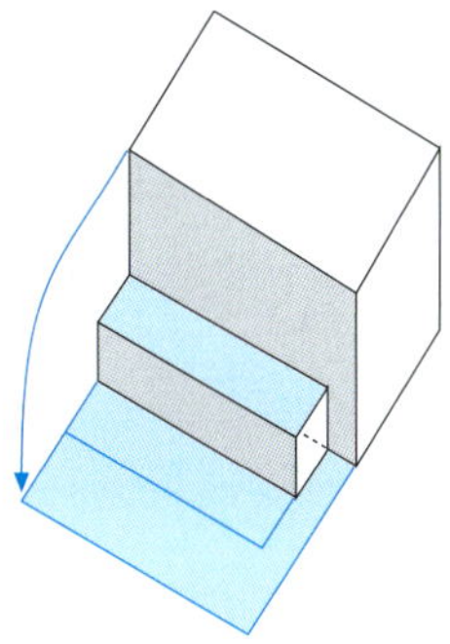

Zu Art. 6 (3)
Auf demselben Gebäude

Zu Art. 6 Abs. 3 Nr. 3
Abstandsflächen können auf demselben Gebäude liegen.

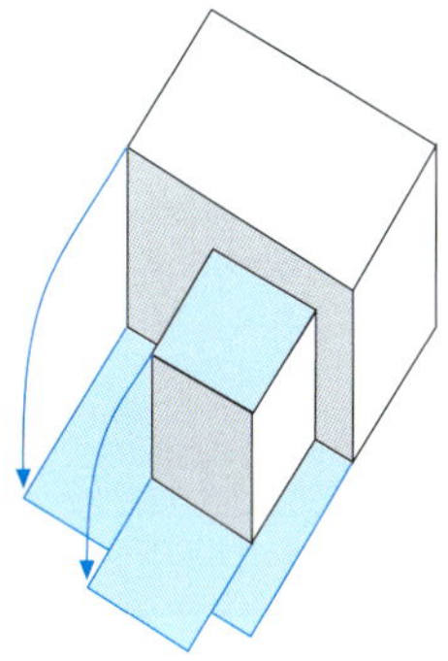

Zu Art. 6 (3)
Vorgelagerte Baukörper

Zu Art. 6 Abs. 3 Nr. 3
Vorgelagerte Baukörper (nicht Bauteile, Vorbauten und Dachgauben gemäß Art. 6 Abs. 5 und Abs. 5a) lösen Abstandsflächen aus.

Art. 6 (4) [1]Die Tiefe der Abstandsfläche bemisst sich nach der Wandhöhe; sie wird senkrecht zur Wand gemessen. [2]Wandhöhe ist das Maß von der Geländeoberfläche bis zum Schnittpunkt der Wand mit der Dachhaut oder bis zum oberen Abschluss der Wand. [3]Die Höhe von Dächern mit einer Neigung von bis einschließlich 70 Grad wird zu einem Drittel der Wandhöhe, von Dächern mit einer Neigung von mehr als 70 Grad voll der Wandhöhe hinzugerechnet. [4]Die Sätze 1 bis 3 gelten für Dachaufbauten entsprechend. [5]Das sich ergebende Maß ist H.

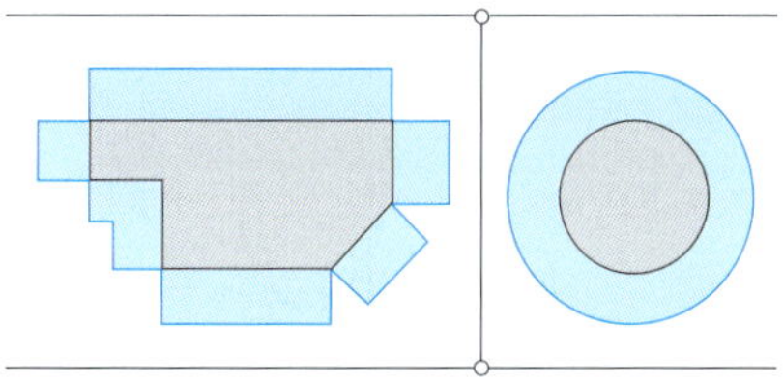

Zu Art. 6 (4)
Außenpunkte Gebäudehülle

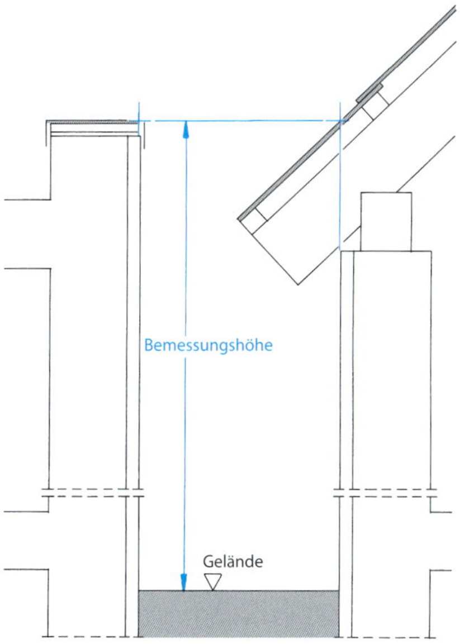

Zu Art. 6 (4)
Schnittlinie Wand-Dach

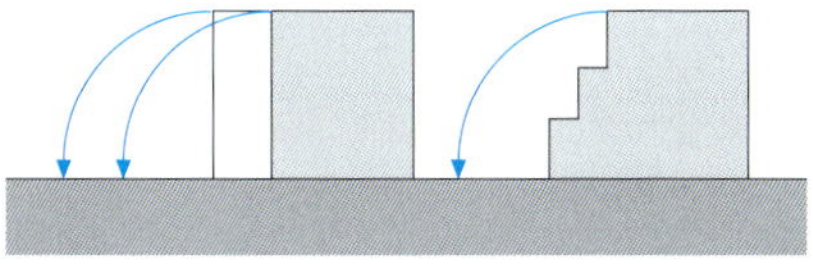

Zu Art. 6 (4)
Versetzte Außenwandteile, horizontal, vertikal

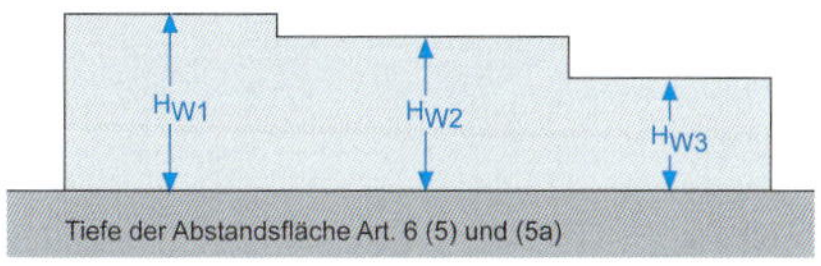

Zu Art. 6 (4)
Wandabschnitte bilden

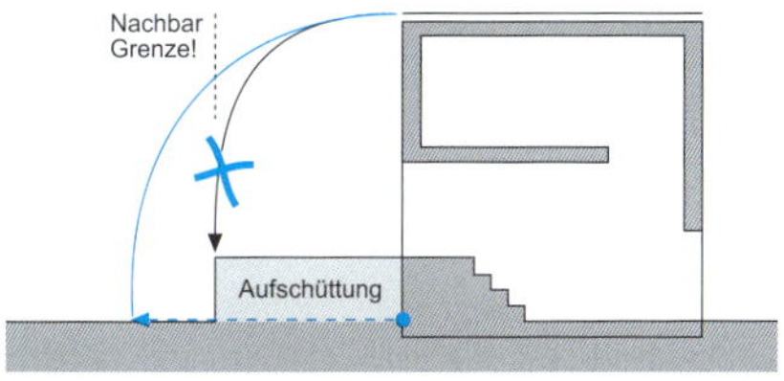

Zu Art. 6 (4)
Verkürzung Abstandsfläche unzulässig

Zu Art. 6 Abs. 4

Alle Außenpunkte der Gebäudehülle lassen Abstandsflächen entstehen. Bei der Abstandsflächenberechnung werden die tatsächlichen Abmessungen um einen Faktor verringert (siehe Art. 6 Abs. 5 und Abs. 5a).

Die Methode der Berechnung der Abstandsflächen ist wie folgt:

- Erhebung der tatsächlichen Außenwandhöhe
  - Berücksichtigung von Dachflächen (Anrechnungsregel in Satz 3; bei Gemeinden über 250.000 Einwohner siehe Abs. 5a)
  - Berücksichtigung von Giebelflächen in ihrer reellen Abbildung siehe Art. 6 Abs. 5; bei Gemeinden über 250.000 Einwohner siehe Abs. 5a.
- Bestimmung des Maßes H
- Berechnung der Abstandsflächen durch Verringerungsfaktor

Zu Art. 6 Abs. 4 Satz 2

Die tatsächliche Außenwandhöhe versetzter Außenwandteile ist gesondert zu ermitteln. Dies gilt sowohl für Außenwandteile, die horizontal (im Grundriss versetzt), vertikal (gestaffelt) wie auch höhenmäßig versetzt sind.

Die tatsächliche Außenwandhöhe ist zu messen von der Geländeoberfläche bis zum oberen Wandabschluss. Die untere Bezugslinie des Wandabschlusses ist die natürliche bzw. die festgelegte Geländeoberfläche entlang der Wand auf dem Baugrundstück. Es gilt nicht die Geländeoberfläche des Nachbargrundstücks. Der obere traufseitige Wandabschluss bei geneigten Dächern ist die Schnittlinie von Wand und Dach.

Eine Veränderung der Geländeoberfläche allein mit dem Ziel, eine Verkürzung der Abstandsfläche zu erreichen, hätte keine entsprechenden rechtlichen Auswirkungen; es bliebe bei der ursprünglichen Abstandsfläche.

Künftige Geländeoberflächen können z. B. durch Bebauungspläne festgelegt werden oder sind die natürlich vorhandene Geländeoberfläche. Die natürliche vorhandene Geländeoberfläche kann in dem von einem öffentlich bestellten Vermessungsingenieur gefertigten Lageplan nachgewiesen werden.

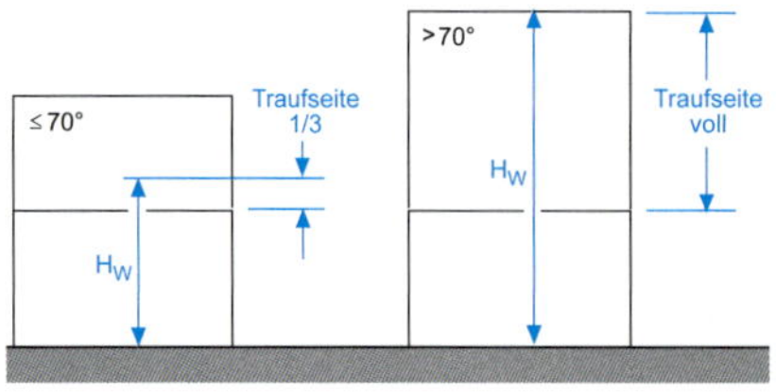

Zu Art. 6 (4)
Anrechnungsregel Dächer Traufseite

Zu Art. 6 Abs. 4 Satz 3

Die Höhen geneigter Dächer an den Traufseiten werden auf die Wandhöhen angerechnet.

Die traufseitigen Dachflächen werden mit ihrer Neigung wie folgt berücksichtigt:

- bis 70°: zu einem Drittel,
- über 70°: volle Anrechnung.

Die Flächen werden mit einem Reduktionsfaktor zu der zu ermittelnden Wandhöhe H hinzugerechnet. Kniestöcke gehören zur Außenwandfläche und sind voll anzurechnen. Das hierdurch bestimmte Maß ist die Wandhöhe H.

Art. 6 (5) [1]Die Tiefe der Abstandsflächen beträgt 0,4 H, in Gewerbe- und Industriegebieten 0,2 H, jeweils aber mindestens 3 m. [2]Durch städtebauliche Satzung oder eine Satzung nach Art. 81 kann ein abweichendes Maß der Tiefe der Abstandsfläche zugelassen oder vorgeschrieben werden. [3]Für solche Regelungen in Bebauungsplänen gilt § 33 BauGB entsprechend.

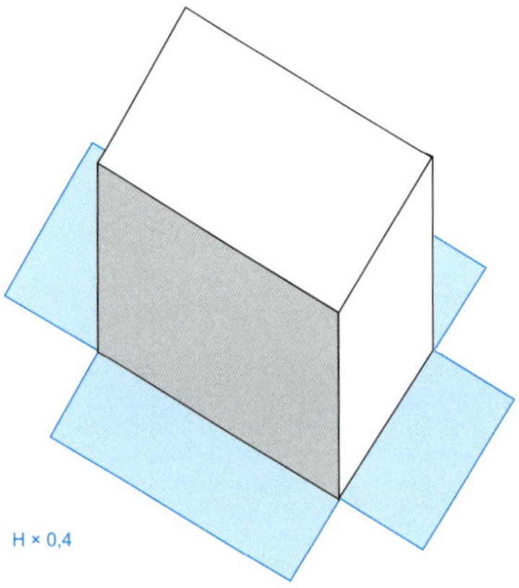

Zu Art. 6 (5)
Abstandsflächen allgemein in Gemeinden mit bis zu 250.000 Einwohnern

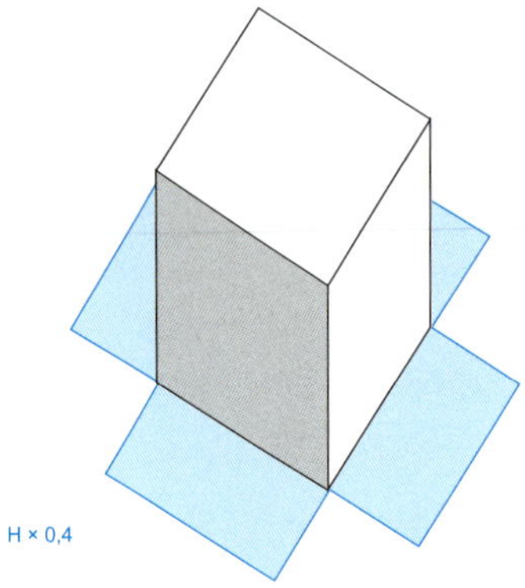

Zu Art. 6 (5)
Abstandsflächen in Kern- und urbanen Gebieten in Gemeinden mit bis zu 250.000 Einwohnern

Zu Art. 6 Abs. 5

Die Regelung dient insbesondere der Ausleuchtung der Aufenthaltsräume mit Tageslicht im fensternahen Bereich und ist insofern lediglich ein baurechtliches Minimum. Weitergehende Vorgaben aus kommunalen Satzungen (Bebauungspläne und örtliche Bauvorschriften) haben Vorrang.

Hinweise zu Planung und Anforderungen liefert DIN 5034 „Tageslicht in Innenräumen“ (2011).

Rechte des Nachbarn hinsichtlich Fenster und Licht werden zudem durch Art. 43 des Gesetzes zur Ausführung des Bürgerlichen Gesetzbuches (AGBGB) gesichert.

Es ist hinsichtlich der Abstandsflächentiefe nach den Größen der Gemeinden zu differenzieren:

In Gemeinden mit bis zu 250.000 Einwohnern beträgt die Abstandsflächentiefe in:

- Gewerbe- und Industriegebieten 0,2 H,
- allen anderen Gebieten 0,4 H,

jedoch mindestens immer 3,0 m.

Für Gemeinden mit mehr als 250.000 Einwohnern gilt Abs. 5 nicht, sondern Abs. 5a.

Das ermittelte Maß der Wandhöhe H nach Abs. 4 wird um den betreffenden Faktor vermindert. Der berechnete Wert ist die Tiefe der Abstandsfläche in Metern. Die Abstandsfläche ist ein entsprechendes – gestauchtes – Abbild der jeweiligen Wand- oder Giebelfläche. Giebelflächen werden wie Wandflächen betrachtet und in ihrer reellen Form abgebildet. Bei einer geneigten Geländeoberfläche oder einem ansteigendem Wandverlauf ist die sich ergebene Abstandsfläche trapezförmig.

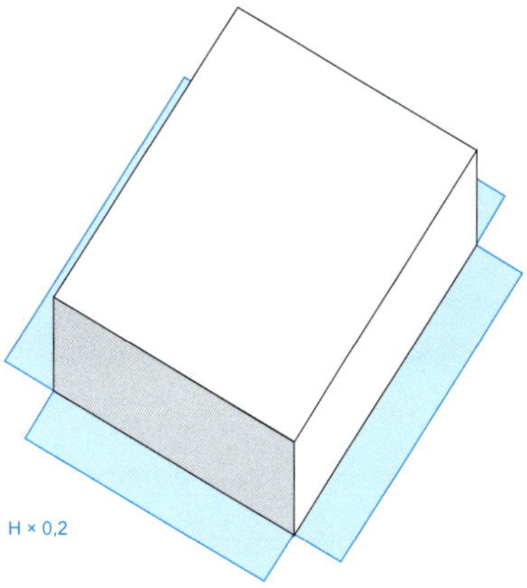

Zu Art. 6 (5)
Abstandsflächen in Gewerbe- und Industriegebieten in Gemeinden mit bis zu 250.000 Einwohnern

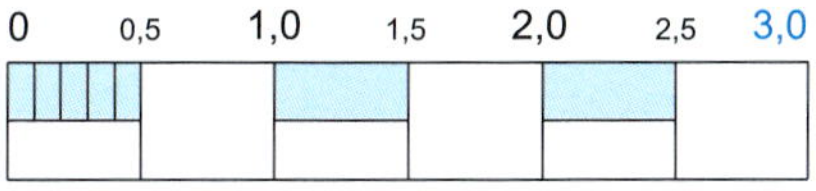

Zu Art. 6 (5)
Abstandsfläche mindestens 3,0 m

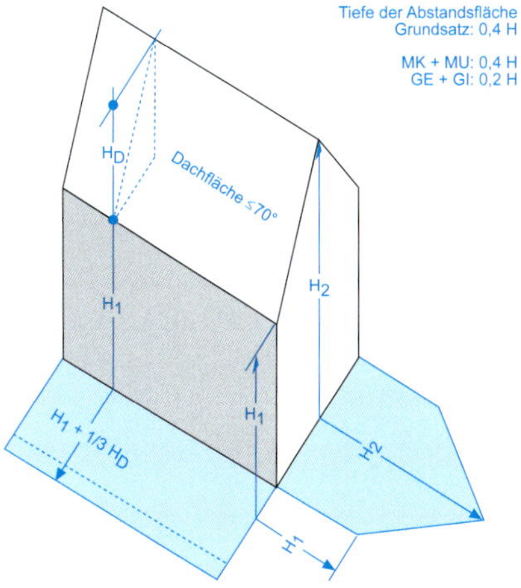

Zu Art. 6 (5)
Abstandsfläche gestauchtes Abbild Wand- und Giebelfläche in Gemeinden mit bis zu 250.000 Einwohnern

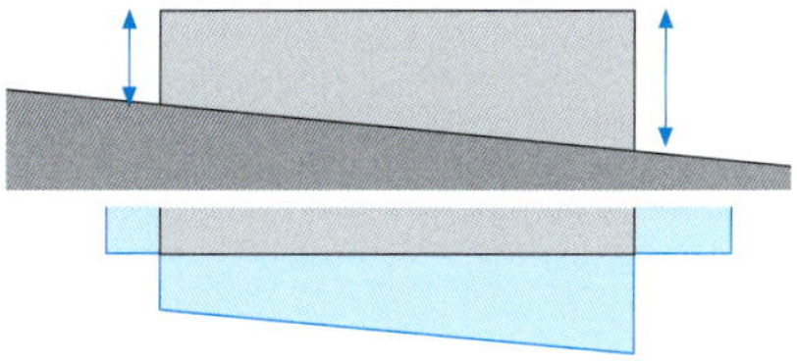

Zu Art. 6 (5)
Trapezförmige Abstandsfläche bei geneigtem Geländeverlauf

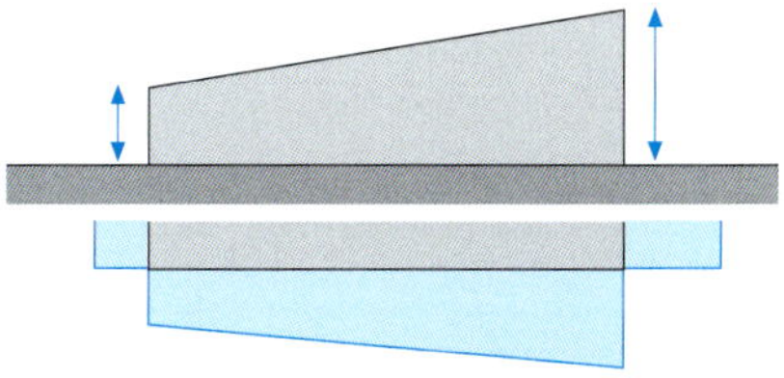

Zu Art. 6 (5)
Trapezförmige Abstandsfläche bei ansteigendem Wandverlauf

Das sog. 16-m-Privileg der Bauordnung von 2019 (ex: Art. 6 Abs. 6) ist entfallen. Dachaufbauten werden seitdem in die Abstandsflächen eingerechnet. Für die Seitenwände von Dachaufbauten und Vorbauten siehe deren Privilegierung in Art. 6 Abs. 6. Durch die zu berücksichtigende Mindestabstandsregelung von 3 m kann es zu Verschneidungen bei Giebelflächen kommen.

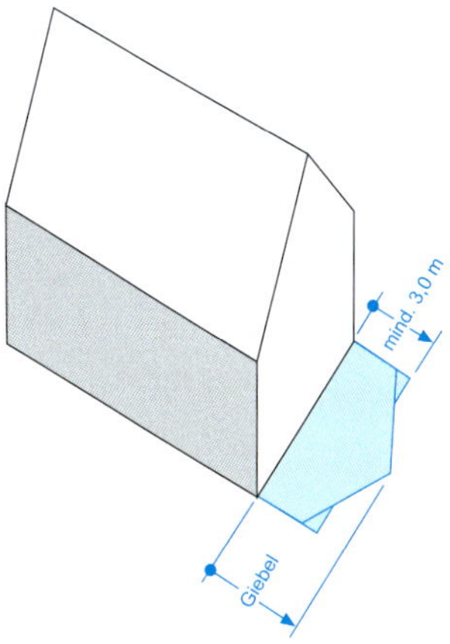

Zu Art. 6 (5)
Verschneidung der Mindestabstandsfläche von 3 m mit dem Abbild der Giebelfläche

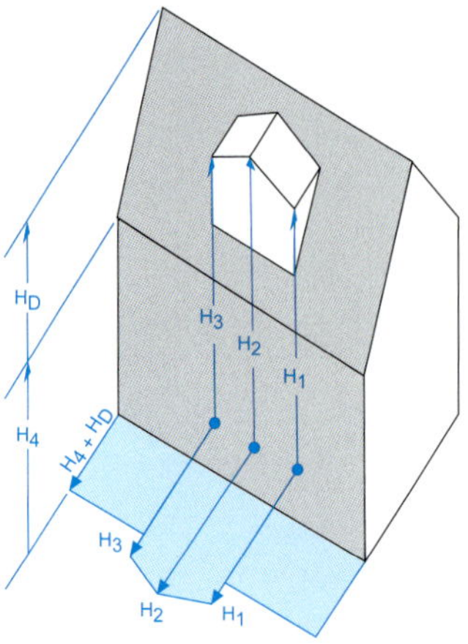

Zu Art. 6 (5)
Dachaufbauten in Abstandsfläche eingerechnet

Zu Art. 6 Abs. 5 Satz 2
Anderweitige gemeindliche Regelungen zu abweichenden Abstandsflächen durch Bebauungsplan, städtebauliche Satzung oder andere Satzungen sind vorrangig zu beachten.

Zu Art. 6 (5)
Satzung beachten

Art. 6 (5a) [1]Abweichend von Abs. 5 Satz 1 beträgt die Abstandsfläche in Gemeinden mit mehr als 250.000 Einwohnern außerhalb von Gewerbe-, Kern- und Industriegebieten sowie festgesetzten urbanen Gebieten 1 H, mindestens jedoch 3 m, wenn die nähere Umgebung überwiegend durch Gebäude der Gebäudeklassen 1, 2 und 3 geprägt ist.

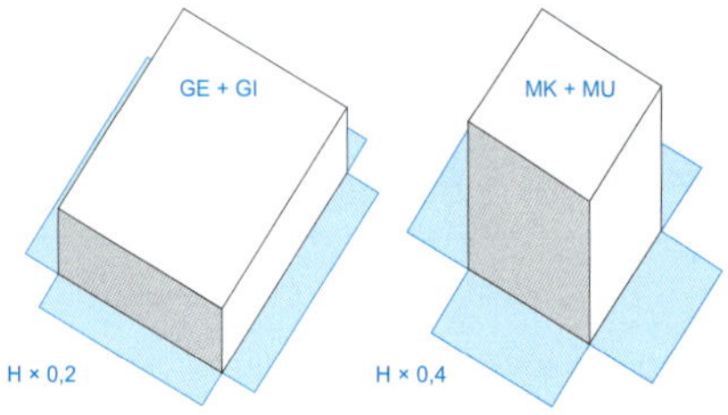

Zu Art. 6 (5a) Satz 1
Abstandsflächen Gewerbe- und Industriegebiete (links) sowie Kern- und urbane Gebiete (rechts) in Gemeinden mit mehr als 250.000 Einwohnern

Wichtige Änderung
Zu Art. 6 Abs. 5a Satz 1
Neu hinzugekommen ist das Tatbestandsmerkmal im letzten Halbsatz, dass die nähere Umgebung überwiegend durch Gebäude der Klassen 1 bis 3 geprägt sein muss, damit die Regelung greift. Weiterhin muss es sich um eine Gemeinde mit mehr als 250.000 Einwohnern handeln.
Die Tiefen der Abstandsflächen betragen in:

- Gewerbe- und Industriegebieten 0,2 H (siehe Abs. 5 Satz 1),
- Kerngebieten und urbanen Gebieten 0,4 H (siehe Abs. 5 Satz 1),
- allen anderen Gebieten 1,0 H,

jedoch immer mindestens 3,0 m.

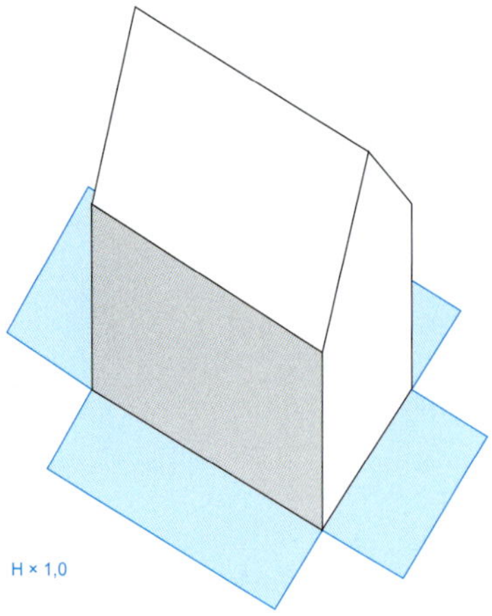

Zu Art. 6 (5a) Satz 1
Abstandsflächen allgemein in Gemeinden mit mehr als 250.000 Einwohnern

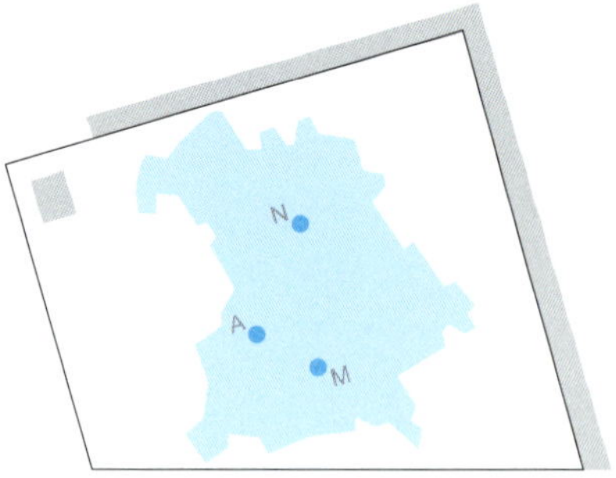

Zu Art. 6 (5a)
Gemeinden in Bayern mit mehr als 250.000 Einwohnern: Augsburg, München und Nürnberg

[2]Vor bis zu zwei Außenwänden von nicht mehr als 16 m Länge genügen in diesen Fällen 0,5 H, mindestens jedoch 3 m, wenn das Gebäude an mindestens zwei Außenwänden Satz 1 beachtet.

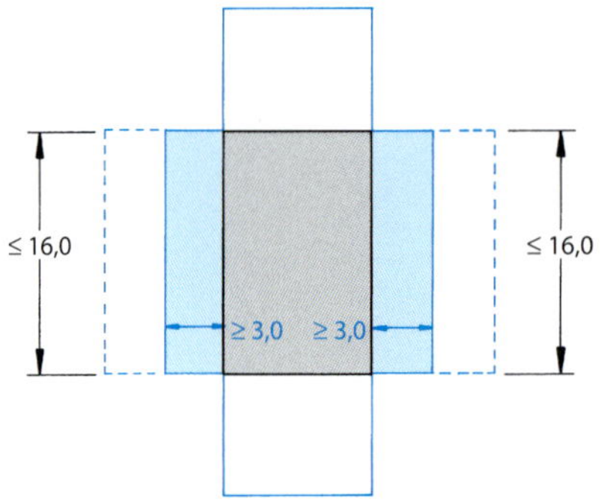

Zu Art. 6 (5a) Satz 2
16-m-Privileg in Gemeinden mit mehr als 250.000 Einwohnern

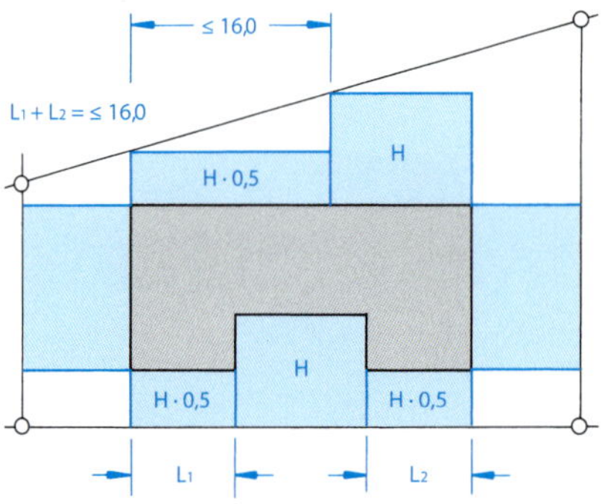

Zu Art. 6 (5a) Satz 2
Abstandsflächen vor durchlaufender Wand bzw. vor versetzter Wand in Gemeinden mit mehr als 250.000 Einwohnern

Zu Art. 6 Abs. 5a Satz 2

Es gilt ein 16-m-Privileg für zwei Außenwände eines Gebäudes. Die Lage der Wände, welche privilegiert werden sollen, ist planerisch frei wählbar. Der Mindestabstand von 3,0 m ist einzuhalten. Vor einer durchlaufenden längeren Wand kann das Privileg auf einer Teilwandlänge von bis zu 16 m genutzt werden.

Bei gegliederten Außenwänden können die Wände bzw. Wandteile addiert werden, welche die vorgesehene Mindesttiefe unterschreiten. Dass das 16-m-Privileg auch bei Teilwandlängen gilt, ergibt sich aus dem Sinn und Zweck der Vorschrift. Der Große Senat des Bayerischen Verwaltungsgerichtshofs hat für gegliederte Außenwände ausdrücklich anerkannt, dass man beim 16-m-Privileg die Wände bzw. Wandteile addieren kann, welche die vorgesehene Mindesttiefe von 1 H Abstandsfläche unterschreiten (Beschluss vom 21. April 1986, abgedruckt in den Bayerischen Verwaltungsblättern 1986, S. 397). Hintergrund ist, dass das 16-m-Privileg der optimalen Ausnutzung der Baufläche dienen soll. Über die 16 m hinaus ist dann das Abstandsflächenrecht ohne Privilegierung zu beachten.

[3]Abweichend von Abs. 4 Satz 3 wird die Höhe von Dächern mit einer Neigung von mehr als 45 Grad zu einem Drittel, mit einer Neigung von mehr als 70 Grad voll der Wandhöhe hinzugerechnet. [4]Die Höhe der Giebelflächen im Bereich des Dachs wird abweichend von Satz 3 und von Abs. 4 Satz 3 bei Dachneigung von mehr als 70 Grad voll, im Übrigen zu einem Drittel angerechnet.

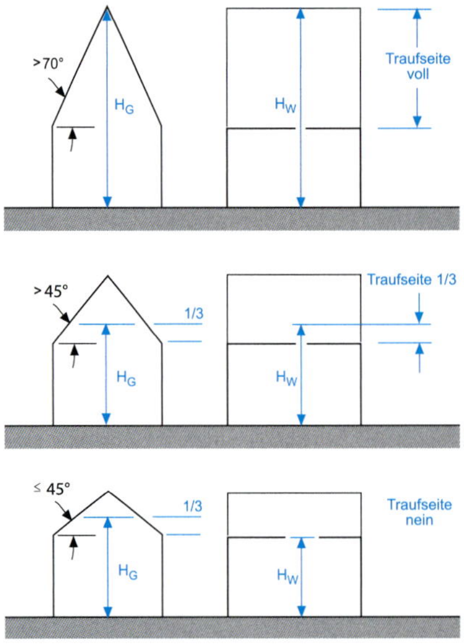

Zu Art. 6 (5a) Satz 3
Anrechnungsregel traufseitige Dachflächen, Giebelflächen in Gemeinden mit mehr als 250.000 Einwohnern

Zu Art. 6 Abs. 5a Satz 3

Die traufseitigen Dachflächen werden mit ihrer Neigung wie folgt berücksichtigt:

- bis 45°: keine Anrechnung,
- über 45° und bis 70°: zu einem Drittel,
- über 70°: volle Anrechnung.

Zu Art. 6 Abs. 5a Satz 4

Die Giebelflächen werden wie mit ihrer Neigung wie folgt berücksichtigt:

- bis zu 70°: zu einem Drittel,
- über 70°: volle Anrechnung.

Die sich ergebene Abstandsfläche, die nach Abs. 5a betrachtet werden, sind im Regelfall Rechtecke vor Wänden und auch vor Giebelflächen. Bei einer geneigten Geländeoberfläche oder einem ansteigendem Wandverlauf ist die sich ergebende Abstandsfläche trapezförmig.

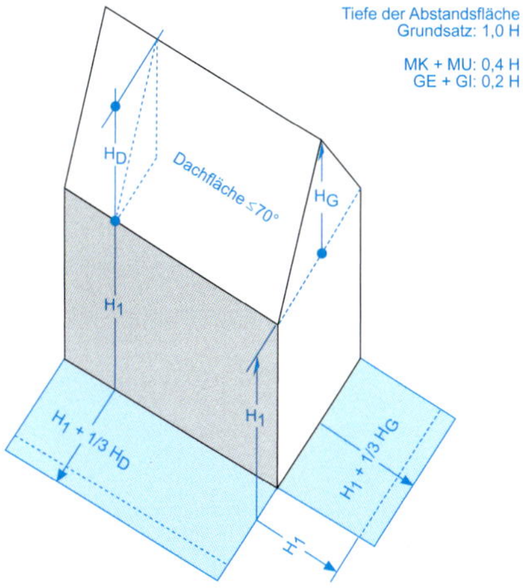

Zu Art. 6 (5a) Satz 3
Giebelflächen in Gemeinden mit mehr als 250.000 Einwohnern

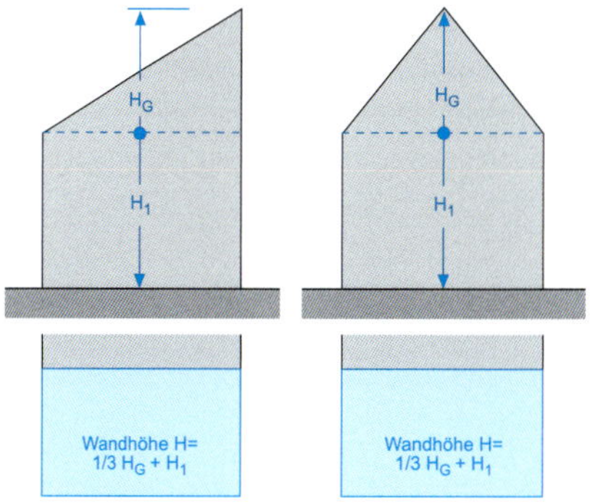

Zu Art. 6 (5a) Satz 3
Giebelflächen

[5]Dabei bleiben auch untergeordnete Dachgauben bei der Bemessung der Abstandsfläche außer Betracht, wenn

1. sie insgesamt nicht mehr als ein Drittel der Breite der Außenwand des jeweiligen Gebäudes, höchstens jeweils 5 m in Anspruch nehmen und

2. ihre Ansichtsfläche jeweils nicht mehr als 4 m² beträgt und eine Höhe von nicht mehr als 2,5 m aufweist.

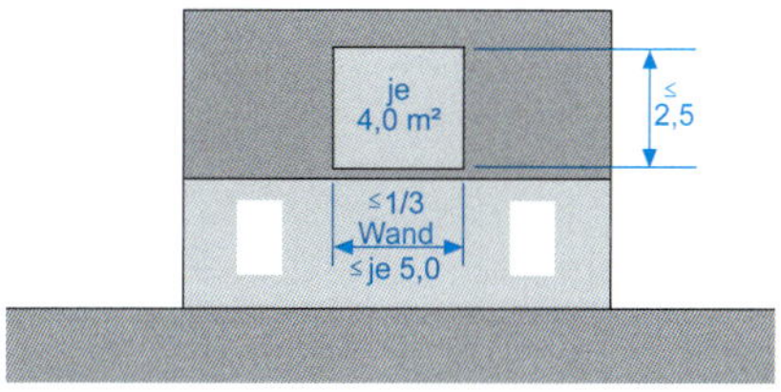

Zu Art. 6 (5a)
Privilegierte Dachgauben in Gemeinden mit mehr als 250.000 Einwohnern

Zu Art. 6 Abs. 5a Satz 5

Untergeordnete Dachgauben bleiben bei der Einhaltung von bestimmten Parametern (Breite und Ansichtsfläche) außer Betracht.
Ferner sind bei der Bemessung der Abstandsflächen die unter Art. 6 Abs. 6 aufgeführten Regelungen zu untergeordneten Bauteilen zu beachten:

- Bauteile wie Gesimse und Dachüberstände
- Vorbauten wie Balkone und Erker
- Seitenwände von Vor- und Dachaufbauten
- Maßnahmen zur Energieeinsparung

Art. 6	Gemeinden ≤ 250.000 Einwohner	Gemeinden > 250.000 Einwohner
Abstandsflächen	**Abs. 5**	**Abs. 5a**
Gewerbe- und Industriegebiet	0,2 H	0,2 H
Kerngebiet und urbanes Gebiet	0,2 H	0,4 H
sonstige Gebiete	0,4 H	1,0 H
Berücksichtigung von Dachflächen	**Abs. 4**	**Abs. 5a**
≤ 45°	1/3	0
> 45°und ≤ 70°	1/3	1/3
> 70°	1/1	1/1
Berücksichtigung von Giebelflächen	**gestauchte reelle Form**	
≤ 70°	1/1	1/3
> 70°	1/1	1/1
16-m-Privileg	nein	ja

Zu Art. 6 Abs. 4, 5 und 5a
Wichtige Parameter im Überblick

1. Garagen einschließlich ihrer Nebenräume, überdachte Tiefgaragenzufahrten, Aufzüge zu Tiefgaragen und Gebäude ohne Aufenthaltsräume und Feuerstätten mit einer mittleren Wandhöhe bis zu 3 m und einer Gesamtlänge je Grundstücksgrenze von 9 m; wobei die Höhe von Dächern mit einer Neigung von mehr als 45 Grad zu einem Drittel, mit einer Neigung von mehr als 70 Grad voll der Wandhöhe hinzugerechnet wird; Giebelflächen bleiben bei einer Dachneigung bis zu 45 Grad unberücksichtigt,
2. gebäudeunabhängige Solaranlagen mit einer Höhe bis zu 3 m und einer Gesamtlänge je Grundstücksgrenze von 9 m,

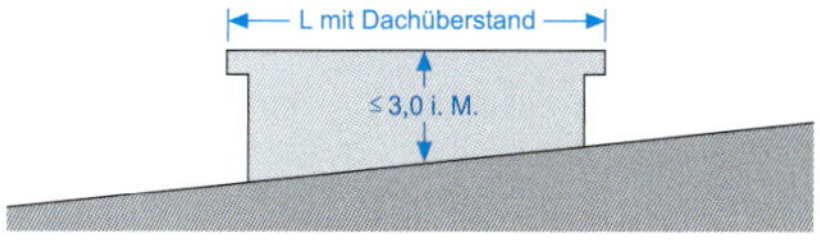

Zu Art. 6 (7) Satz 1 Nr. 1
Wandhöhe im Mittel, Gebäudelänge mit Dachüberständen

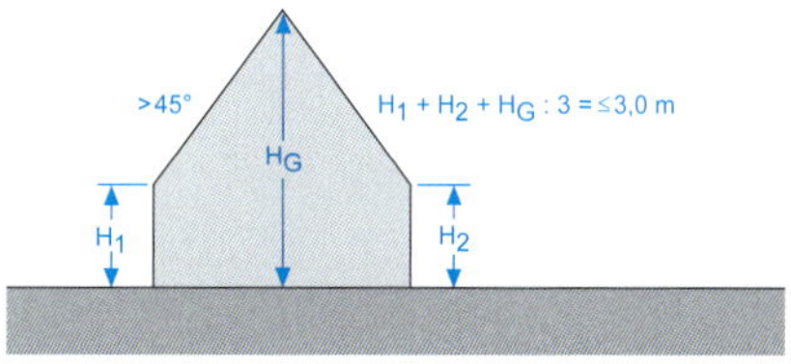

Zu Art. 6 (7) Satz 1 Nr. 1
Giebelwandfläche im Mittel

Zu Art. 6 Abs. 7 Satz 1 Nr. 1

Die Zulässigkeit der privilegierten untergeordneten baulichen Anlagen richtet sich nach der Wandhöhe im Mittel von max. 3 m. Die Gesamtgebäudelänge erfasst auch Dachüberstände. Dachflächen werden zur Ermittlung der Wandhöhe im Mittel wie folgt berücksichtigt:

- bis 45°: keine Anrechnung
- über 45° und bis 70°: Anrechnung zu einem Drittel
- über 70°: volle Anrechnung

Giebelwandflächen werden wie folgt berücksichtigt:

- bis 45°: keine Anrechnung
- über 45°: volle Anrechnung

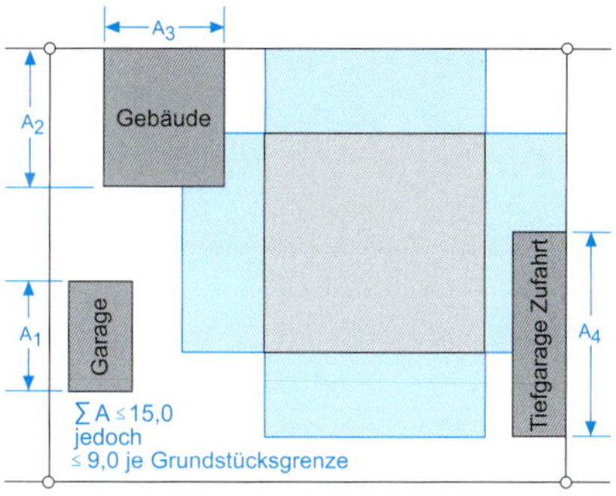

Zu Art. 6 (7)
Zulässige Grenzbebauung

3. Stützmauern und geschlossene Einfriedungen in Gewerbe- und Industriegebieten, außerhalb dieser Baugebiete mit einer Höhe bis zu 2 m.

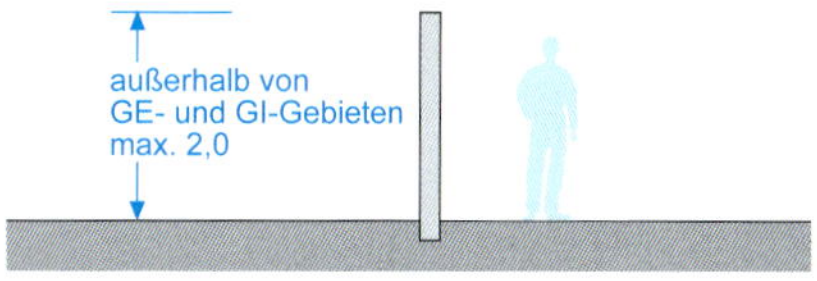

Zu Art. 6 (7)
Geschlossene Einfriedungen

[2]Die Länge der die Abstandsflächentiefe gegenüber den Grundstücksgrenzen nicht einhaltenden Bebauung nach den Nrn. 1 und 2 darf auf einem Grundstück insgesamt 15 m nicht überschreiten.

Zu Art. 6 Abs. 7 Satz 2

Wird ein Gebäude an zwei Grundstücksgrenzen angebaut, gehen beide Grenz- bzw. grenznahen Wände in die Berechnung der Gesamtlänge ein. Die Bebauung gegenüber einer Grundstücksgrenze darf 9 m und gegenüber allen Grundstücksgrenzen insgesamt 15 m nicht überschreiten. Die Längen von Stützmauern und Einfriedungen werden hierbei nicht berücksichtigt.

Art. 7
Begrünung

Art. 7 (1) [1]Die nicht mit Gebäuden oder vergleichbaren baulichen Anlagen überbauten Flächen der bebauten Grundstücke sind

1. wasseraufnahmefähig zu belassen oder herzustellen und
2. zu begrünen oder zu bepflanzen,

soweit dem nicht die Erfordernisse einer anderen zulässigen Verwendung der Flächen entgegenstehen. [2]Soweit die Flächen nach Satz 1 zulässigerweise anders verwendet werden, ist eine Bodenversiegelung möglichst zu vermeiden. [3]Satz 1 findet keine Anwendung, soweit Bebauungspläne oder andere Satzungen Festsetzungen zu den nicht überbauten Flächen treffen.

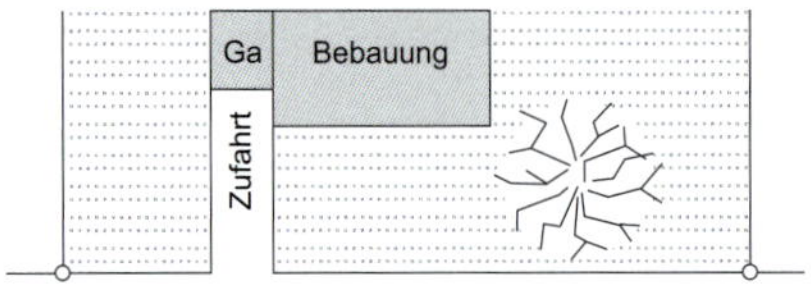

Zu Art. 7 (1)
Versiegelung begrenzen

Zu Art. 7 (1)
Zulässige Verwendung

Zu Art. 7 Abs. 1 Satz 1

Die Regelung postuliert den Grundsatz, dass die Versiegelung des Baugrundstücks so weit wie möglich zu begrenzen ist. Die Auswirkungen von Versiegelungen auf die natürliche Funktion des Bodens, z. B. durch Garagen und deren Zufahrten, sind zu beachten. Diese Flächen werden in der Berechnung der Grundflächenzahl nach § 19 Abs. 4 BauNVO berücksichtigt.

Eine „andere zulässige Verwendung der Fläche" ist z. B. ein Stellplatz, ein Spielplatz oder eine Nebenanlage.

Regelungen zu Grenzabständen für Pflanzen enthält die AGBGB in den Art. 47 ff.

Wichtige Änderung
Zu Art. 7 Abs. 1 Satz 2

Die Regelung stellt ergänzend klar, dass Bodenversiegelungen zu vermeiden sind, wenn Flächen legitimerweise nicht wasseraufnahmefähig belassen bzw. nicht begrünt werden.

Zu Art. 7 Abs. 1 Satz 3

Die Regelung gilt neben Art. 81 (Örtliche Bauvorschriften).

Art. 7 (2) [1]Im Eigentum des Freistaates Bayern stehende Gebäude und ihre zugehörigen Freiflächen sollen über Abs.1 hinaus vorbehaltlich der bestehenden baurechtlichen, satzungsrechtlichen, denkmalschützenden oder sonstigen rechtlichen Festlegungen angemessen begrünt oder bepflanzt werden. [2]Den kommunalen Gebietskörperschaften wird empfohlen, hinsichtlich ihrer Gebäude und zugehörigen Freiflächen entsprechend Satz 1 zu verfahren.

Zu Art. 7 (2)
Begrünt

Zu Art. 7 Abs. 2

Die Vorschrift wurde mit dem Gesamtgesellschaftlichen Artenschutzgesetz (Versöhnungsgesetz) eingeführt und ist insgesamt als Soll-Vorschrift ausgestaltet (sog. Regel-Begründung). Eine konkrete Begrünungsform ist nicht vorgegeben; sie kann auch durch selbstkletternde Fassadenbegrünungen (z.B. Efeu) hergestellt werden. Für öffentliche Flächen gilt der Finanzierungsvorbehalt.

Soweit bauplanungsrechtliche Regelungen (auch Bebauungspläne) andere Vorgaben machen, gehen diese nach der Gesetzesbegründung dem Art. 7 Abs. 2 vor.

Wichtige Änderung
Art. 7 Abs. 3 (aufgehoben)

Der frühere Absatz 3, der die Anlage von Spielplätzen im Zuge der Errichtung von Wohngebäuden regelte, ist aufgehoben worden. Nunmehr sind die entsprechenden Satzungen der Gemeinden unmittelbar zu beachten.

Dritter Teil
Bauliche Anlagen

Abschnitt 1
Baugestaltung

Art. 8
Baugestaltung

Art. 8 [1]Bauliche Anlagen müssen nach Form, Maßstab, Verhältnis der Baumassen und Bauteile zueinander, Werkstoff und Farbe so gestaltet sein, dass sie nicht verunstaltet wirken. [2]Bauliche Anlagen dürfen das Straßen-, Orts- und Landschaftsbild nicht verunstalten. [3]Die störende Häufung von Werbeanlagen ist unzulässig.

Zu Art. 8
Örtliche Bauvorschriften beachten

Zu Art. 8
Die Vorschrift postuliert das allgemeine und das umgebungsbezogene Verunstaltungsverbot. Kommunale Satzungen können insofern besondere Anforderungen stellen. Durch eine örtliche Bauvorschrift gemäß Art. 81 (Örtliche Bauvorschriften) können besondere Gestaltungsanforderungen gestellt sein.
Unberührt bleiben das bauplanungsrechtliche Einfügungsgebot im unbeplanten Innenbereich (§ 34 Abs. 1 Satz 1 BauGB) und die bauplanungsrechtlichen Verunstaltungsverbote (§§ 34 Abs. 1 Satz 2 Halbsatz 2 und 35 Abs. 3 Satz 1 Nr. 5 BauGB).

Abschnitt II
Allgemeine Anforderungen an die Bauausführung

Art. 9
Baustelle

Art. 9 (1) Baustellen sind so einzurichten, dass bauliche Anlagen ordnungsgemäß errichtet, geändert, beseitigt oder instand gehalten werden können und dass keine Gefahren, vermeidbaren Nachteile oder vermeidbaren Belästigungen entstehen.

Zu Art. 9 (1)
Baustellenverordnung (BaustellV) beachten, siehe „Formulare und begleitende Vorschriften"

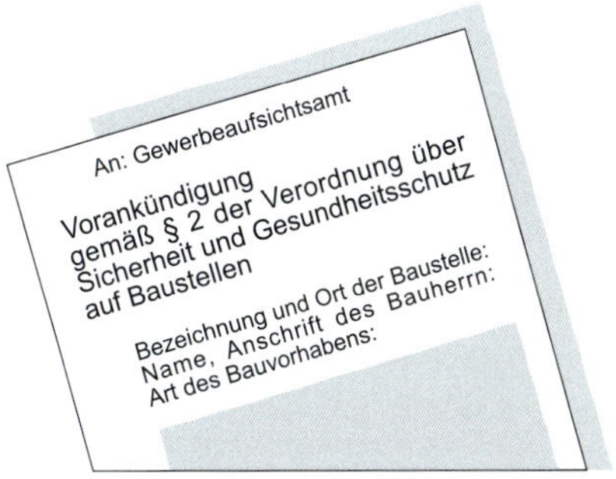

Zu Art. 9 (2)
Vorankündigung nach Anhang I der Baustellenverordnung

Zu Art. 9
Die Verordnung über Sicherheit und Gesundheitsschutz auf Baustellen (BaustellV: Baustellenverordnung) ist zu beachten. Eine Vorankündigung des Bauvorhabens ist der nach Landesrecht zuständigen Behörde (in der Regel: Gewerbeaufsicht) zwei Wochen vorher anzuzeigen, wenn folgende Umstände zutreffen:
- Gleichzeitig sind mehr als 20 Beschäftigte an mehr als 30 Tagen tätig oder
- Umfang der Arbeiten wird mehr als 500 Personentage betragen.

Die Regeln zum Arbeitsschutz auf Baustellen (RAB) konkretisieren die Baustellenverordnung. Andere Anforderungen aus anderen Vorschriften, z. B. dem Bayerischen Straßen- und Wegegesetz (BayStrWG), dem Straßenverkehrs- oder Arbeitsschutzrecht, sind ebenfalls zu beachten.

Zu Art. 9 Abs. 1
Für die Einhaltung sind die Unternehmer für ihre übernommenen Arbeiten jeweils eigenverantwortlich. Führt der Bauherr selbst oder mit nachbarschaftlicher Hilfe Arbeiten aus, dann ist er eigenverantwortlich.

Art. 9 (2) Öffentliche Verkehrsflächen, Versorgungs-, Abwasserbeseitigungs- und Meldeanlagen, Grundwassermessstellen, Vermessungszeichen, Abmarkungszeichen und Grenzzeichen sind für die Dauer der Bauausführung zu schützen und, soweit erforderlich, unter den notwendigen Sicherheitsvorkehrungen zugänglich zu halten.

Zu Art. 9 (2)
Baustelle sichern

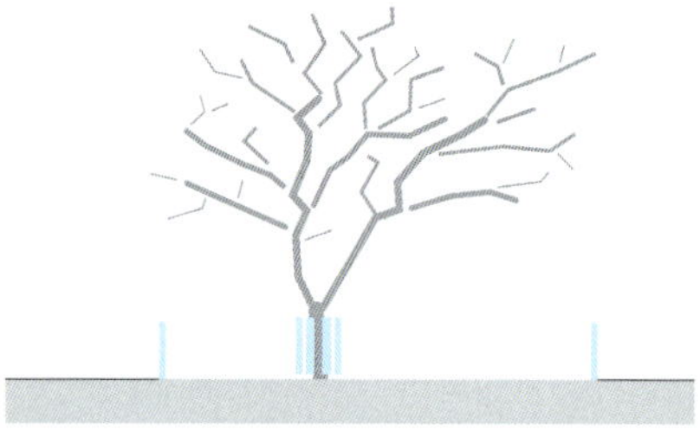

Zu Art. 9 (2)
Baumschutz

Zu Art. 9 Abs. 2

Soll auf öffentlichen Verkehrsflächen eine Baustelleneinrichtung (z. B. Baugerüst, mobile Toilette, temporäre Versorgungsleitung im Luftraum) erfolgen, so sind u. a.

- eine Ausnahme nach § 46 der Straßenverkehrs-Ordnung (StVO) und
- eine Nutzungserlaubnis, falls eine Sondernutzungssatzung existiert,

notwendig, da öffentlicher Straßengrund anderweitig genutzt wird. Der Antrag umfasst im Allgemeinen die Beifügung von einem Lageplan und ggf. eines Verkehrszeichenplans.
Andere Anforderungen aus den Vorschriften, z. B. nach BayStrWG oder der Richtlinien für die Sicherung von Arbeitsstellen an Straßen (RSA) sind neben der BaustellV zu beachten. Zur BaustellV siehe „Formulare und begleitende Vorschriften".

Bei Vorbereitung und Durchführung von Baumaßnahmen ist – falls vorhanden – die örtliche Baumschutzsatzung zu beachten. Die Satzungen regeln im Allgemeinen:

- den Geltungsbereich und die unter Schutz stehenden Bäume und Gehölzpflanzungen
- die Genehmigungspflicht zu Fällungen
- Ersatzpflanzungen gemäß Listen

Der Schutzzeitraum für Baum- und Gehölzpflegeschnitte ist in der Zeit vom 1. März bis zum 30. September.

Art. 9 (3) Bei der Ausführung nicht verfahrensfreier Bauvorhaben hat der Bauherr an der Baustelle ein Schild, das die Bezeichnung des Bauvorhabens sowie die Namen und Anschriften des Bauherrn und des Entwurfsverfassers enthalten muss, dauerhaft und von der öffentlichen Verkehrsfläche aus sichtbar anzubringen.

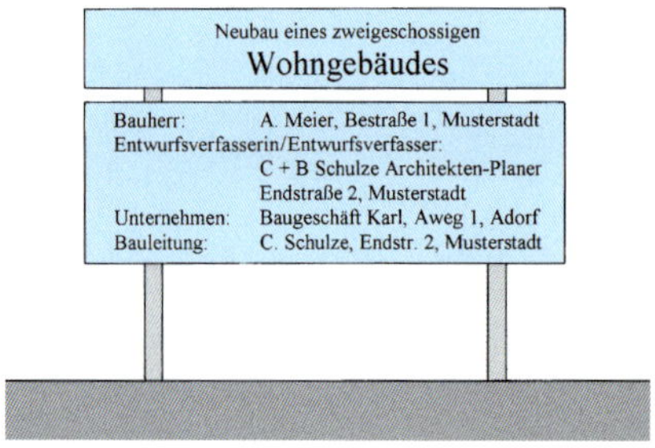

Zu Art. 9 (3)
Bauschild

Zu Art. 9 Abs. 3

Die Vorschrift verpflichtet zur Anbringung eines Baustellenschildes bei allen nicht genehmigungsfreien Vorhaben; inkludiert sind hier auch die lediglich im Bauanzeigeverfahren befindlichen Vorhaben. Die von der Genehmigungsbehörde beigegebene „Bautafel" erfüllt die gesetzlichen Anforderungen. Es kann aber auch ein gesondertes Schild mit den erforderlichen Mindestangaben aufgestellt werden.
Ein Verstoß gegen Art. 9 Abs. 3 kann eine Ordnungswidrigkeit nach Art. 79 Abs. 1 Satz 1 Nr. 3 (Ordnungswidrigkeiten) darstellen.

Art. 10
Standsicherheit

Art. 10 [1]Jede bauliche Anlage muss im Ganzen, in ihren einzelnen Teilen und für sich allein standsicher sein. [2]Die Standsicherheit muss auch während der Errichtung und bei der Änderung und der Beseitigung gewährleistet sein. [3]Die Standsicherheit anderer baulicher Anlagen und die Tragfähigkeit des Baugrunds des Nachbargrundstücks dürfen nicht gefährdet werden.

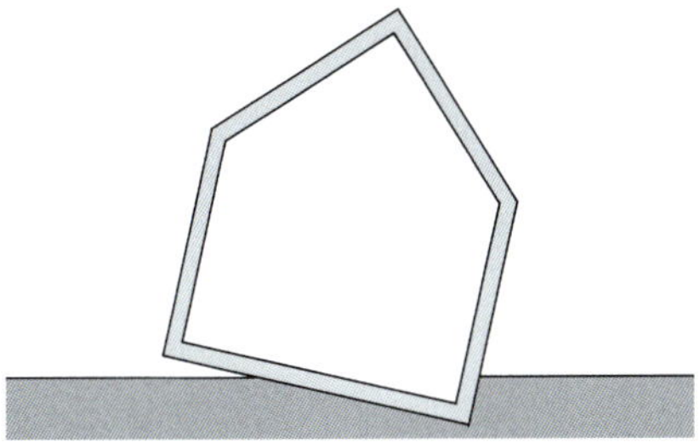

Zu Art. 10
Standsicherheit ist zu gewährleisten

Zu Art. 10
Eine Konkretisierung der Gewährleistung der Standsicherheit enthalten die BayTB in Teil A 1 „Mechanische Festigkeit und Standsicherheit". Die Berechtigung zur Erstellung von Standsicherheitsnachweisen richtet sich nach Art. 62a (Standsicherheitsnachweis).

Art. 11
Schutz gegen Einwirkungen

Art. 11 Bauliche Anlagen sind so anzuordnen, zu errichten, zu ändern und instand zu halten, dass durch Wasser, Feuchtigkeit, pflanzliche und tierische Schädlinge sowie andere chemische, physikalische oder biologische Einflüsse Gefahren oder unzumutbare Belästigungen nicht entstehen.

Zu Art. 11
Achtung: Bodenbelastung bzw. Kampfmittel

Zu Art. 11
Die Vorschrift bezieht sich auf bauphysikalische Anforderungen.

Art. 12
Brandschutz

Art. 12 Bauliche Anlagen sind so anzuordnen, zu errichten, zu ändern und instand zu halten, dass der Entstehung eines Brandes und der Ausbreitung von Feuer und Rauch (Brandausbreitung) vorgebeugt wird und bei einem Brand die Rettung von Menschen und Tieren sowie wirksame Löscharbeiten möglich sind.

Zu Art. 12
Entstehung und Ausbreitung von Feuer und Rauch vorbeugen

Zu Art. 12
Rettungswege anordnen

Zu Art. 12
Der Artikel enthält die allgemeine Vorschrift zum Brandschutz sowie die Legaldefinition des Begriffs der Brandausbreitung.
Besondere Brandschutzregelungen gehen vor, insbesondere:

- Art. 24 ff. (Allgemeine Anforderungen an das Brandverhalten von Baustoffen und Bauteilen).
- Sonderbauverordnungen
- Richtlinien und Erlasse

Die in den BayTB Teil A 2 „Brandschutz" genannten Anforderungen sind zu beachten.

Die Einhaltung der Anforderungen ist mit bautechnischen Nachweisen gemäß Art. 62 b (Brandschutznachweis) zu führen.

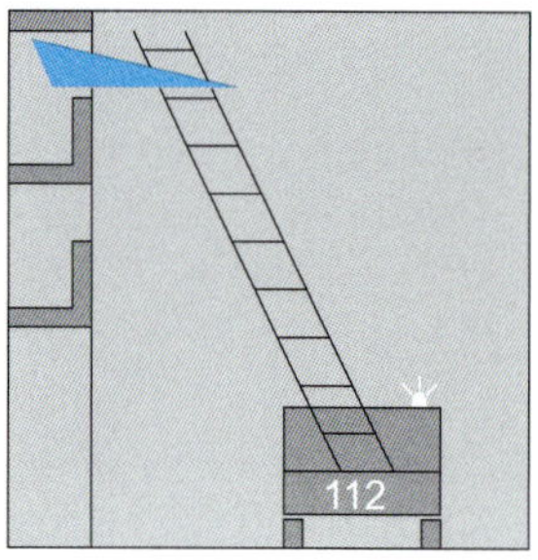

Zu Art. 12
Wirksame Löscharbeiten ermöglichen

Art. 13
Wärme-, Schall- und Erschütterungsschutz

Art. 13 (1) Gebäude müssen einen ihrer Nutzung und den klimatischen Verhältnissen entsprechenden Wärmeschutz haben.

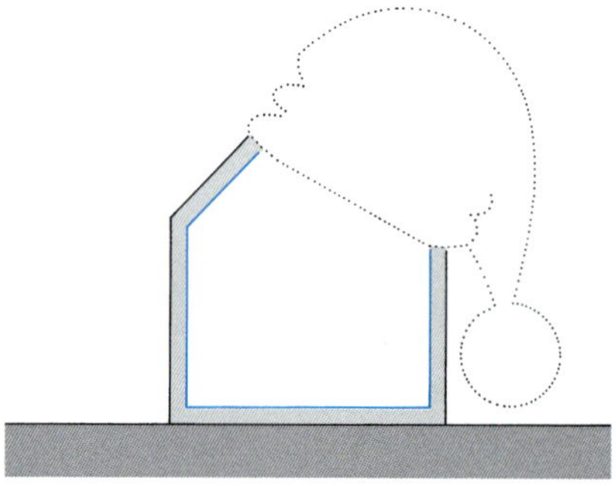

Zu Art. 13
Wärmeschutz

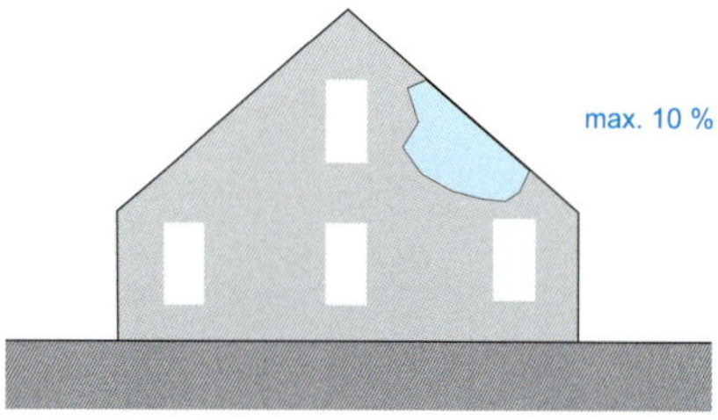

Zu Art. 13
Bagatellklausel in der EnEV für zu ändernde Außenbauteilflächen beachten

Zu Art. 13 Abs. 1

Die Regelung meint nicht den Wärmeschutz nach der Verordnung über energiesparenden Wärmeschutz und energiesparende Anlagentechnik bei Gebäuden (EnEV: Energieeinsparverordnung), sondern den Wärmeschutz aus bauphysikalischen Gründen. Bei Gebäuden, die nach EnEV behandelt werden müssen, hat Art. 13 Abs. 1 BayBO keinen weiteren Anwendungsbereich. Die EnEV regelt hingegen nicht Anforderungen an Bauprodukte; insofern gilt Art. 17 BayBo (Verwendbarkeitsnachweise).

Die Änderung oder Ertüchtigung eines Teilbereichs einer jeweiligen gesamten Außenbauteilfläche ziehen nicht zwangsläufig die Pflicht zur energetischen Verbesserung nach sich. Gem. EnEV § 9 Abs. 3 gibt es eine Bagatellgrenze.

Art. 13 (2) [1]Gebäude müssen einen ihrer Nutzung entsprechenden Schallschutz haben. [2]Geräusche, die von ortsfesten Einrichtungen in baulichen Anlagen oder auf Baugrundstücken ausgehen, sind so zu dämmen, dass Gefahren oder unzumutbare Belästigungen nicht entstehen.

Zu Art. 13 Abs. 2

Die Regelung erfasst den Schallschutz gegenüber Außen- sowie Innenlärm, insbesondere auch zwischen einzelnen Nutzungseinheiten. Zusätzlich gelten weitere Vorschriften, insbesondere:

- Technische Anleitung zum Schutz gegen Lärm (TA-Lärm)
- DIN 4109 „Schallschutz im Hochbau", welche in den BayTB unter Teil A 5 „Schallschutz" aufgenommen ist.

Durch einen Bebauungsplan können bauliche Vorkehrungen als aktiver oder passiver Lärmschutz festgesetzt werden.

Ortsfeste Einrichtungen sind z. B.:

- Aufzüge
- Heizung
- Abwasseranlagen

Art. 13 (3) Erschütterungen oder Schwingungen, die von ortsfesten Einrichtungen in baulichen Anlagen oder auf Baugrundstücken ausgehen, sind so zu dämmen, dass Gefahren oder unzumutbare Belästigungen nicht entstehen.

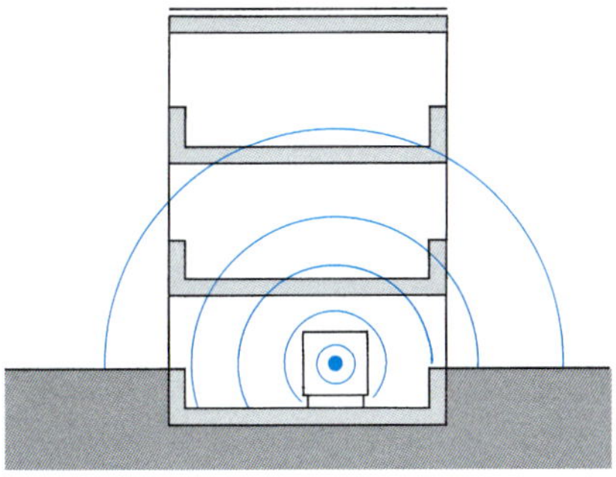

Zu Art. 13
Erschütterungen und Schwingungen sind zu dämmen

Art. 14
Verkehrssicherheit

Art. 14 (1) Bauliche Anlagen und die dem Verkehr dienenden nicht überbauten Flächen bebauter Grundstücke müssen verkehrssicher sein.

Zu Art. 14 (1)
Privater Raum sicher?

Zu Art. 14 Abs. 1
Die Regelung bezweckt den Schutz insbesondere der Nutzer baulicher Anlagen. Sie kann als Maßstab auch Hinweise der zivilrechtlichen Verkehrssicherungspflicht (§§ 823 Abs. 1 und 836–838 des Bürgerlichen Gesetzbuchs [BGB]) dienen. Allgemein hat danach derjenige, der eine Gefahrenquelle schafft oder unterhält, die Pflicht, alle notwendigen und zumutbaren Vorkehrungen zu treffen, um vorhersehbare Schäden anderer zu verhindern, etwa durch Einfriedungen.

Art. 14 (2) Die Sicherheit und Leichtigkeit des öffentlichen Verkehrs darf durch bauliche Anlagen und deren Nutzung nicht gefährdet werden.

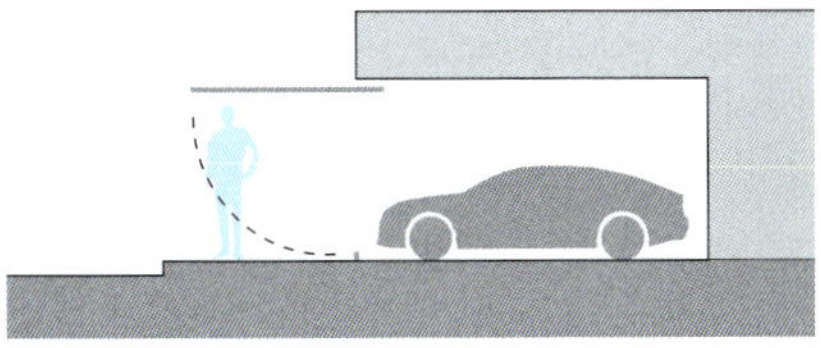

Zu Art. 14 (2)
Öffentlicher Raum sicher?

Zu Art. 14 Abs. 2
Weitere Anforderungen gelten den äußeren Belangen der Verkehrssicherheit wie:
- Stauraum vor Garagen,
- Eingangsüberdachungen und Balkone,
- Hauseingangsstufen,

die in den öffentlichen Gehweg ragen. Zu diesen Sondernutzungen bedarf es nach BayStrWG Art. 18 der Erlaubnis.

Abschnitt III
Bauarten und Bauprodukte

Art. 15
Bauarten

Art. 15 (1) Bauarten dürfen nur angewendet werden, wenn sie für ihren Anwendungszweck tauglich sind und bei ihrer Anwendung die baulichen Anlagen bei ordnungsgemäßer Instandhaltung während einer dem Zweck entsprechenden angemessenen Zeitdauer die Anforderungen dieses Gesetzes oder auf Grund dieses Gesetzes erfüllen.

Zu Art. 15 (1)
Bauart

Zu Art. 15 Abs. 1
Der Begriff der Bauart ist in Art. 2 Abs. 12 BayBO legaldefiniert. Bauarten sind z. B. der Mauerwerks-, Beton-, und Holzbau sowie Systemprodukte (z. B. für den Wärmeschutz). Unter Bauart ist das Zusammenfügen von Bauprodukten zu baulichen Anlagen zu verstehen. Die Regelung zur Planung, Bemessung und Ausführung obliegt den Anforderungen der BayBO. Art. 15 stellt keine Anforderungen an die Bauprodukte selbst.

Regelungen zu Bauarten unterliegen nicht der EU-Bauproduktenverordnung (BauPVO).

Auszug aus: Vollzugshinweise zur BayBO in der Fassung vom 29. August 2018

„Die Bauartgenehmigung nach Absatz 1 gibt es regelmäßig in der Form einer allgemeinen (Ziff. 1) sowie einer vorhabenbezogenen (Ziff. 2) Genehmigung. Soweit allgemein anerkannte Prüfverfahren bestehen, genügt gemäß Absatz 3 anstelle einer allgemeinen Bauartgenehmigung ein allgemeines bauaufsichtliches Prüfzeugnis (für Bauarten)."

Art. 15 (2) [1]Bauarten, die von Technischen Baubestimmungen in Bezug auf die Planung, Bemessung und Ausführung baulicher Anlagen und ihrer Teile wesentlich abweichen, oder für die es keine allgemein anerkannten Regeln der Technik gibt, dürfen nur angewendet werden, wenn für sie

1. eine allgemeine Bauartgenehmigung oder
2. eine vorhabenbezogene Bauartgenehmigung

erteilt worden ist. [2]Art. 18 gilt entsprechend.

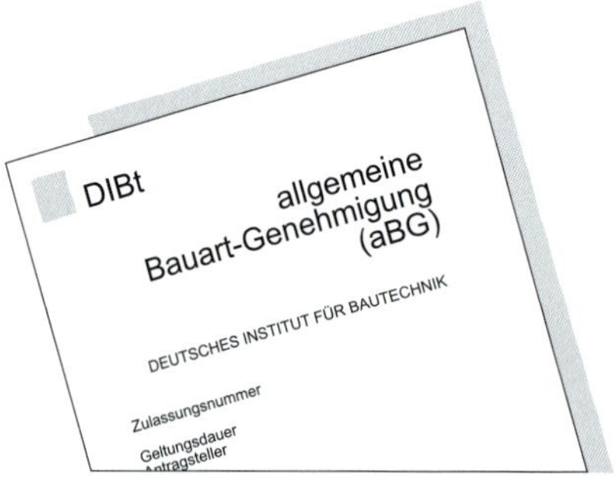

Zu Art. 15 (2)
Allgemeine Bauartgenehmigung

Zu Art. 15 Abs. 2

Auszug aus: Vollzugshinweise zur BayBO in der Fassung vom 29. August 2018

„Für Bauarten, die von Technischen Baubestimmungen wesentlich abweichen, oder für ungeregelte, im Sinne von Art. 3 aber relevante Bauarten ist nach Abs. 2 eine Bauartgenehmigung erforderlich. Der Begriff „Genehmigung" verdeutlicht den Sachzusammenhang mit der baulichen Anlage."

Bauarten können ohne weitere behördliche Genehmigung angewendet werden, wenn

- die Anforderungen nach Art. 81a (Technische Baubestimmungen) eingehalten werden oder
- allgemein anerkannte Regeln der Technik bestehen.

Art. 81a wird konkretisiert durch die BayTB. Weichen die Bauarten von den BayTB ab oder bestehen keine allgemein anerkannten Regeln der Technik, ist eine Genehmigung erforderlich. Nötig sind entweder

- eine allgemeine Bauartgenehmigung (aBG),
- eine vorhabenbezogene Bauartgenehmigung (vBG) oder
- ein allgemeines bauaufsichtliches Prüfzeugnis entsprechend Abs. 3.

Eine Bauartgenehmigung ersetzt die vormalige allgemeine bauaufsichtliche Zulassung für Bauarten. Die aBG erteilt das Deutsche Institut für Bautechnik (DIBt). Die vBG erteilt die oberste Bauaufsichtsbehörde (Bayerisches Staatsministerium für Wohnen, Bau und Verkehr).

Art. 15 (3) [1]Anstelle einer allgemeinen Bauartgenehmigung genügt ein allgemeines bauaufsichtliches Prüfzeugnis, wenn die Bauart nach allgemein anerkannten Prüfverfahren beurteilt werden kann. [2]Art. 18 gilt entsprechend.

Art. 15 (4) Sind Gefahren für die öffentliche Sicherheit und Ordnung, insbesondere Leben und Gesundheit, und die natürlichen Lebensgrundlagen nicht zu erwarten, kann die oberste Bauaufsichtsbehörde festlegen, dass eine Bauartgenehmigung nicht erforderlich ist.

Art. 15 (5) [1]Für jede Bauart muss bestätigt werden, dass sie mit den Technischen Baubestimmungen, den allgemeinen Bauartgenehmigungen, den allgemeinen bauaufsichtlichen Prüfzeugnissen für Bauarten oder den vorhabenbezogenen Bauartgenehmigungen übereinstimmt. [2]Unwesentliche Abweichungen bleiben außer Betracht. [3]Art. 21 Abs. 3 gilt für den Anwender der Bauart entsprechend.

Art. 15 (6) Hängt die Anwendung einer Bauart in außergewöhnlichem Maß von der Sachkunde und Erfahrung der damit betrauten Personen oder von einer Ausstattung mit besonderen Vorrichtungen ab oder bedarf die Bauart einer außergewöhnlichen Sorgfalt bei Ausführung oder Instandhaltung, gilt Art. 22 entsprechend.

Art. 16
Verwendung von Bauprodukten

Art. 16 (1) [1]CE-gekennzeichnete Bauprodukte dürfen verwendet werden, wenn die erklärten Leistungen den in diesem Gesetz oder auf Grund dieses Gesetzes festgelegten Anforderungen für diese Verwendung entsprechen. [2]Auf Bauprodukte, die die CE-Kennzeichnung auf Grund der Verordnung (EU) Nr. 305/2011 tragen, finden die Art. 17 bis 22 Nr. 1 und Art. 23 keine Anwendung.

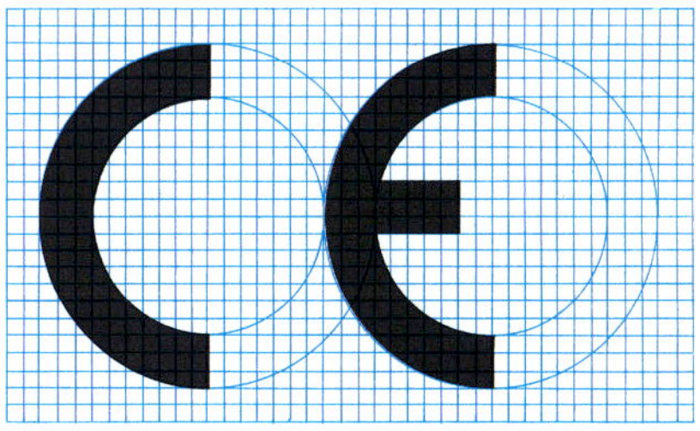

Zu Art. 16 (1)
CE-Kennzeichen

Zu Art. 16 (1)
Weitere Angaben zum CE-Kennzeichen

Zu Art. 16 Abs. 1
Der Begriff der Bauprodukte ist in Art. 2 Abs. 11 definiert. Bauprodukte sind
- Baustoffe, z. B. Steine, Beton, Holz, Glas und Stahl
- Bauteile, z. B. Türen, Fenster, Treppen und Fertigbauteile
- Anlagen, z. B. die technische Gebäudeausstattungen für Heizung, Sanitär und Elektrik sowie Aufzüge.

Keine Bauprodukte sind z. B. Maschinen oder Mobiliar.

Die BauPVO (Verordnung 305/2011 zur Festlegung harmonisierter Bedingungen für die Vermarktung von Bauprodukten) ist seit dem 1. Juli 2013 in Kraft.
Liegt für das jeweilige Bauprodukt eine europäische Norm (harmonisierte technische Spezifikation) vor, ist eine Leistungserklärung gem. BauPVO notwendig. Eine Liste der harmonisierten technischen Spezifikationen ist in der Datenbank der EU-Kommission oder in der Datenbank des DIBt hinterlegt.
Produkte, die das CE-Kennzeichen tragen, dürfen in jedem Mitgliedstaat innerhalb der EU in Verkehr gebracht werden. Die CE-Kennzeichnung wird durch weitere Angaben gem. Art. 9 der BauPVO ergänzt.

In BayBO Art. 16 wird unterschieden zwischen
- europäisch harmonisierten Bauprodukten (Abs. 1) und
- anderen Bauprodukten (Abs. 2).

Bauprodukte, die nach europäisch technischen Spezifikationen gehandelt und in den Verkehr gebracht werden, tragen das CE-Kennzeichen. Wenn dies nicht zutrifft, sind es die in Abs. 2 genannten Bauprodukte. Diese umfassen
- Bauprodukte, die kein CE-Kennzeichen besitzen, und
- Bauprodukte, die ein CE-Kennzeichen tragen, aber bei denen die Listungserklärung nicht alle bauaufsichtlich erforderlichen Produktleistungen enthält.

Art. 17 bis 22 Nr. 1 sowie Art. 23 finden für CE-gekennzeichnete Bauprodukte keine Anwendung, wenn die erklärten Leistungen den festgelegten Anforderungen entsprechen.

Europäisch harmonisierte Bauprodukte tragen ausschließlich das CE-Zeichen (kein Ü-Zeichen).

Hinweis:
Es obliegt den am Bau Beteiligten (vornehmlich den Unternehmern) zu prüfen, dass die für ein Bauprodukt erklärten Leistungen ausreichend sind, um die Bauwerksanforderungen zu erfüllen.

Art. 16 (2) [1]Im Übrigen dürfen Bauprodukte nur verwendet werden, wenn sie gebrauchstauglich sind und bei ihrer Verwendung die baulichen Anlagen bei ordnungsgemäßer Instandhaltung während einer dem Zweck entsprechenden angemessenen Zeitdauer die Anforderungen dieses Gesetzes oder auf Grund dieses Gesetzes erfüllen. [2]Dies gilt auch für Bauprodukte, die technischen Anforderungen entsprechen, wie sie in den Vorschriften anderer Vertragsstaaten des Abkommens vom 2. Mai 1992 über den Europäischen Wirtschaftsraum enthalten sind.

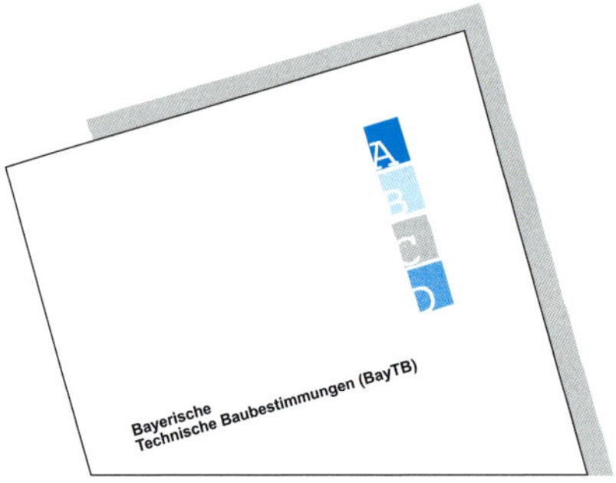

Zu Art. 16 (2)
Bayerische Technische Baubestimmungen (BayTB), siehe „Formulare und begleitende Vorschriften"

Zu Art. 16 Abs. 2
Technische Baubestimmungen für Bauprodukte, die nicht die CE-Kennzeichnung tragen, und für Bauarten werden in Teil C der BayTB konkretisiert.

Auszug aus: Vollzugshinweise zur BayBO in der Fassung vom 29. August 2018
„Absatz 2 Satz 1 regelt die allgemeinen Anforderungen für die Verwendung von Bauprodukten. Bauprodukte – die nicht in den Anwendungsbereich von Art. 16 Abs. 1 fallen – bedürfen einer Übereinstimmungserklärung und ggf. einer Zertifizierung (Art. 21) sowie ggf. eines Verwendbarkeitsnachweises (Art. 17). Die Verwendbarkeit ist nachzuweisen, wenn es keine Technische Baubestimmung oder allgemein anerkannte Regel der Technik gibt, das Bauprodukt von einer Technischen Baubestimmung wesentlich abweicht oder eine Rechtsverordnung des Bayer. Staatsministeriums für Wohnen, Bau und Verkehr dies vorsieht. Die (auch wesentliche) Abweichung eines Bauprodukts von allgemein anerkannten Regeln der Technik begründet hingegen keine Nachweispflicht, es gelten die bauordnungsrechtlichen Bestimmungen."

Art. 17
Verwendbarkeitsnachweise

Art. 17 Die in Art. 16 Abs. 2 Satz 1 genannten Anforderungen sind für Bauprodukte, die für die Erfüllung der Anforderungen dieses Gesetzes oder auf Grund dieses Gesetzes nicht nur eine untergeordnete Bedeutung haben, durch eine allgemeine bauaufsichtliche Zulassung, ein allgemeines bauaufsichtliches Prüfzeugnis oder eine Zustimmung im Einzelfall (Verwendbarkeitsnachweise) nachzuweisen, wenn

1. es keine Technische Baubestimmung oder allgemein anerkannte Regel der Technik gibt,
2. das Bauprodukt von einer Technischen Baubestimmung in Bezug auf die Leistung von Bauprodukten wesentlich abweicht oder
3. eine Rechtsverordnung nach Art. 80 Abs. 5 Nr. 5 es vorsieht.

Zu Art. 17
Allgemeine bauaufsichtliche Zulassung (abZ)

Zu Art. 17
Allgemeines bauaufsichtliches Prüfzeugnis (abP)

Zu Art. 17
Zustimmung im Einzelfall (ZiE)

Zu Art. 17
Soll bei sicherheitsrelevanten Bauprodukten von den BayTB wesentlich abgewichen werden oder liegen keine anerkannten Regeln der Technik vor, ist die Bauwerkssicherheit auf andere Art nachzuweisen. Dies erfolgt durch einen allgemeinen Verwendbarkeitsnachweis; ist dieser nicht möglich, ist eine Zustimmung im Einzelfall erforderlich.
Der bauaufsichtliche Verwendbarkeitsnachweis kann daher sein:

- allgemeine bauaufsichtliche Zulassung (abZ)
- allgemeines bauaufsichtliches Prüfzeugnis (abP)
- eine Zustimmung im Einzelfall (ZiE).

Im Rahmen ihrer Aktenführung haben die am Bau Beteiligten den Verwendbarkeitsnachweis sorgsam aufzubewahren und auf der Baustelle auf Verlangen der Behörde vorzulegen. Aufgrund der Bagatellklausel ist für Bauprodukte, die nur eine untergeordnete Bedeutung für die BayBO haben, kein Verwendbarkeitsnachweis notwendig.

Art. 18
Allgemeine bauaufsichtliche Zulassung

Art. 18 (1) Eine allgemeine bauaufsichtliche Zulassung wird auf Antrag erteilt und nach Gegenstand und wesentlichem Inhalt öffentlich bekannt gemacht.

Zu Art. 18 Abs. 1
Für eine allgemeine bauaufsichtliche Zulassung (abZ) für Bauprodukte ist in Deutschland das DIBt zuständig.

Art. 18 (2) [1]Der Antrag ist zu begründen. [2]Soweit erforderlich, sind Probestücke vom Antragsteller zur Verfügung zu stellen, durch sachverständige Stellen zu entnehmen oder Probeausführungen unter Aufsicht dieser sachverständigen Stellen vorzunehmen. [3]Art. 65 Abs. 1 Satz 1 bis 3 gilt entsprechend.

Zu Art. 18 Abs. 2
Einen Antrag auf Erteilung einer abZ können Hersteller, aber auch sonstige Personen einreichen. Das DIBt legt erforderliche Nachweise fest und entscheidet ggf. in Abstimmung mit den Empfehlungen eines Sachverständigenausschusses.

Art. 18 (3) [1]Die allgemeine bauaufsichtliche Zulassung wird widerruflich und befristet erteilt. [2]Die Frist beträgt in der Regel fünf Jahre. [3]Die Zulassung kann auf Antrag verlängert werden; Art. 69 Abs. 2 Satz 2 gilt entsprechend.

Art. 18 (4) Die Zulassung wird unbeschadet der Rechte Dritter erteilt.

Zu Art. 18 Abs. 4

Das DIBt prüft nicht, ob der Antragsteller nach anderen Vorschriften berechtigt ist, das Bauprodukt herzustellen oder zu vertreiben. Hierfür hat der Antragsteller für ihn geltende Normen selbst zu beachten; insbesondere die Gewerbe- und Handwerksordnungen.

Art. 18 (5) Allgemeine bauaufsichtliche Zulassungen nach dem Recht anderer Länder gelten auch im Freistaat Bayern.

Zu Art. 18 Abs. 5

Eine entsprechende Regelung gibt es in allen Bundesländern.

Art. 19
Allgemeines bauaufsichtliches Prüfzeugnis

Art. 19 [1]Anstelle einer allgemeinen bauaufsichtlichen Zulassung bedarf es nur eines allgemeinen bauaufsichtlichen Prüfzeugnisses, wenn allgemein anerkannte Prüfverfahren bestehen. [2]Art. 18 gilt entsprechend.

Zu Art. 19
PÜZ-Verzeichnis

Zu Art. 19

Ein abP wird von einer bauaufsichtlich anerkannten Prüfstelle erteilt. Hierzu gehören z. B. Materialprüfämter, aber auch private Stellen. Das Land Bayern hat die Anerkennung der Prüf-, Überwachungs- und Zertifizierungsstellen (PÜZ-Stellen) an das DIBt übertragen. Die Liste der anerkannten PÜZ-Stellen (PÜZ-Verzeichnis) wird in den Mitteilungen des DIBt bekannt gegeben.

Art. 20
Zustimmung im Einzelfall

Art. 20 [1]Ein Bauprodukt darf auch verwendet werden, wenn die Verwendbarkeit durch Zustimmung im Einzelfall nachgewiesen ist. [2]Die Zustimmung kann außer in den Fällen des Art. 16 Abs. 2 Satz 1 auch erteilt werden, wenn Gefahren für die öffentliche Sicherheit und Ordnung, insbesondere Leben und Gesundheit, und die natürlichen Lebensgrundlagen nicht zu erwarten sind.

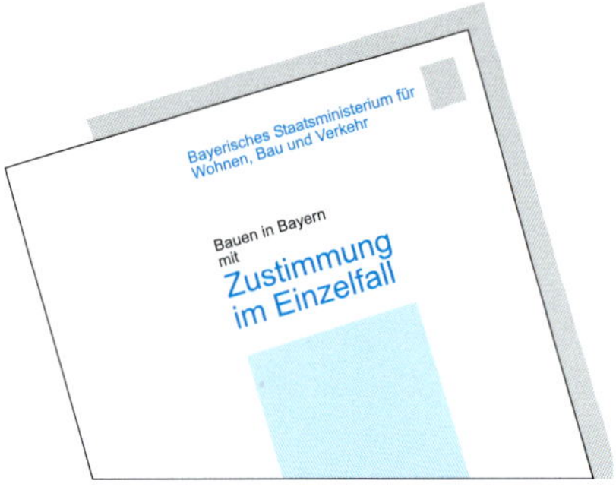

Zu Art. 20
Merkblatt zur Zustimmung im Einzelfall (ZiE)

Zu Art. 20

Ein Antrag auf Erteilung einer ZiE ist bei der obersten Bauaufsichtsbehörde (Bayerisches Staatsministerium für Wohnen, Bau und Verkehr) zu stellen.

Dies ist erforderlich, wenn keine abZ bzw. kein abP besteht oder wenn sie von den betreffenden Zulassungen bzw. dem Prüfzeugnis wesentlich abweicht. Die ZiE ist schneller zu erhalten und kostengünstiger als eine abZ oder ein abP. Die Verwendung ist jedoch auf das konkrete Bauvorhaben beschränkt und nicht auf andere Vorhaben übertragbar.

Art. 21
Übereinstimmungserklärung, Zertifizierung

Art. 21 (1) [1]Bauprodukte bedürfen einer Bestätigung ihrer Übereinstimmung mit den Technischen Baubestimmungen oder den Verwendbarkeitsnachweisen. [2]Unwesentliche Abweichungen bleiben außer Betracht.

Zu Art. 21 Abs. 1

Die Vorschrift stellt den Grundsatz auf, dass Bauprodukte eine Bestätigung ihrer Übereinstimmung mit den BayTB oder mit den Verwendbarkeitsnachweisen der abZ, des abP oder der ZiE erfordern.

Art. 21 (2) [1]Der Hersteller erklärt die Übereinstimmung, die er durch werkseigene Produktionskontrolle sicherzustellen hat, durch Kennzeichnung der Bauprodukte mit dem Übereinstimmungszeichen (Ü-Zeichen) unter Hinweis auf den Verwendungszweck. [2]Das Ü-Zeichen ist auf dem Bauprodukt, auf einem Beipackzettel oder auf seiner Verpackung oder, wenn dies Schwierigkeiten bereitet, auf dem Lieferschein oder auf einer Anlage zum Lieferschein anzubringen. [3]Ü-Zeichen aus anderen Ländern und aus anderen Staaten gelten auch im Freistaat Bayern.

Zu Art. 21 (2)
Übereinstimmungszeichen (Ü-Zeichen)

Zu Art. 21 Abs. 2
Die Durchführung des Übereinstimmungsnachweisverfahrens obliegt dem Hersteller. Die Übereinstimmungsbestätigung wird grundsätzlich mit dem Übereinstimmungszeichen (Ü-Zeichen) kenntlich gemacht. Hinweise zu Inhalt und Erscheinung für das Ü-Zeichen liefert die Muster-Übereinstimmungszeichen-Verordnung (MÜZO).

Die wesentlichen Angaben im Ü-Zeichen sind:

- Hersteller
- Grundlage der Übereinstimmungsbestätigung (Kurzbezeichnungen: Technische Regel, Z = abZ, P = abP und ZiE)
- für den Verwendungszweck wesentliche Merkmale
- Bezeichnung der Zertifizierungsstelle, wenn eingeschaltet

Ein Verstoß gegen Art. 21 Abs. 2 ist eine Ordnungswidrigkeit nach Art. 79 Abs. 1 Satz 1 Nr. 4 (Ordnungswidrigkeiten).
Europäisch harmonisierte Bauprodukte tragen ausschließlich das CE-Zeichen (kein Ü-Zeichen).

Art. 21 (3) [1]Soweit in den Technischen Baubestimmungen nichts Näheres geregelt ist, kann in den Verwendbarkeitsnachweisen eine Regelung zur Prüfung der Bauprodukte vor Abgabe der Übereinstimmungserklärung oder deren Zertifizierung vorgeschrieben werden, wenn dies zur Sicherung oder zum Nachweis einer ordnungsgemäßen Herstellung erforderlich ist. [2]Im Übrigen bedürfen Bauprodukte, die nicht in Serie hergestellt werden, nur der Übereinstimmungserklärung des Herstellers nach Abs. 2.

Art. 21 (4) [1]Dem Hersteller ist das Zertifikat für Bauprodukte zu erteilen, wenn sie den Technischen Baubestimmungen oder den Verwendbarkeitsnachweisen entsprechen und die Übereinstimmung durch werkseigene Produktionskontrolle und regelmäßige Fremdüberwachung sichergestellt ist. [2]Im Einzelfall kann die Verwendung von Bauprodukten ohne Zertifizierung gestattet werden.

Art. 22
Besondere Sachkunde- und Sorgfaltsanforderungen

Art. 22 In der allgemeinen bauaufsichtlichen Zulassung oder in der Zustimmung im Einzelfall kann vorgeschrieben werden, dass

1. der Hersteller von Bauprodukten, deren Herstellung in außergewöhnlichem Maß von der Sachkunde und Erfahrung der damit betrauten Personen oder von einer Ausstattung mit besonderen Vorrichtungen abhängt, über solche Fachkräfte und Vorrichtungen verfügen muss und den Nachweis hierüber gegenüber einer Prüfstelle zu erbringen hat,

2. der Einbau, der Transport, die Instandhaltung oder die Reinigung von Bauprodukten, die wegen ihrer besonderen Eigenschaften oder ihres besonderen Verwendungszwecks einer außergewöhnlichen Sorgfalt bedürfen, durch eine Überwachungsstelle zu überwachen sind, soweit diese Tätigkeiten nicht bereits durch die Verordnung (EU) Nr. 305/2011 erfasst sind.

Zu Art. 22
Bei Bauprodukten, für deren Umgang besondere Fachkenntnisse oder Sorgfalt erforderlich sind, können durch abZ oder ZiE erhöhte Anforderungen an den Hersteller oder den Verwender des Bauprodukts gestellt werden. Für diese besonderen Anforderungen sind geeignete Nachweise zu erbringen.

Zu Art. 15 bis 22

Der Weg zum CE-Zeichen für Bauprodukte nach EU-BauPVO

Ziel: harmonisierte Bauprodukte mit Mindeststandards für Herstellung und Beschaffenheit

Bauprodukt in **Liste harmonisierter europäischer Normen (hEN)** oder **Liste Europäischer Bewertungsdokumente (EAD)** erfasst?

ja – vollständig erfasst

Das Bauprodukt unterliegt einer **europaweit einheitlichen** technischen Spezifikation. Die hEN enthalten Verfahren und Kriterien für wesentliche Merkmale.

Vor dem Inverkehrbringen in den EU-Binnenmarkt erstellt der Hersteller eine **Leistungserklärung** mit der Angabe mindestens einer **Leistung** bezogen auf ein **wesentliches Merkmal**. Weitere wesentliche Merkmale können erklärt werden.

Die EU-BauPVO sieht im Rahmen der „Bewertung und Überprüfung der Leistungsbeständigkeit“ Bescheinigungen über Produktzertifizierung und die Konformität der werkseigenen Produktionskontrolle (WPK) vor.

nein – nicht oder nicht vollständig erfasst

Das Bauprodukt unterliegt **keiner** europaweit einheitlichen technischen Spezifikation.

Der Hersteller kann ein Europäisches Bewertungsdokument – **EAD** (European Assessment Document) – bei einer europäischen Bewertungsstelle beantragen.

Auf Grundlage dieses EAD kann der Hersteller eine Europäische Technische Bewertung – **ETA** (European Technical Assessment) – beantragen.

Der Hersteller muss das Bauprodukt mit einer CE-Kennzeichnung versehen. Die Leistungserklärung ist Teil der CE-Kennzeichnung. Das Bauprodukt kann erstmalig im EU-Binnenmarkt in Verkehr gebracht werden.

CE-Zeichen

Bauprodukte, die unter eine hEN oder ein EAD fallen, werden überwacht. Die Zuständigkeit liegt bei den Bundesländern. Möglichkeiten der Marktüberwachung sind z. B. stichprobenartige Kontrollen, Veranlassung von Produktrücknahmen und Untersagung der Bereitstellung eines Bauproduktes.
Harmonisierte Bauprodukte tragen **ausschließlich** das **CE-Zeichen** (kein Ü-Zeichen).

Art. 23
Zuständigkeiten

Art. 23 (1) [1]Das Deutsche Institut für Bautechnik erteilt die allgemeine Bauartgenehmigung nach Art. 15 Abs. 2 Satz 1 Nr. 1 und die allgemeine bauaufsichtliche Zulassung nach Art. 18 Abs. 1. [2]Es kann vorschreiben, wann welche sachverständige Stelle die Prüfung durchzuführen oder nach Art. 18 Abs. 2 Satz 2 eine Probeausführung vorzunehmen oder Probestücke zu entnehmen hat.

Art. 23 (2) [1]Die oberste Bauaufsichtsbehörde erteilt die vorhabenbezogene Bauartgenehmigung nach Art. 15 Abs. 2 Satz 1 Nr. 2 sowie die Zustimmung im Einzelfall nach Art. 20. [2]Art. 6 Abs. 3 des Bayerischen Denkmalschutzgesetzes bleibt unberührt. [3]Die oberste Bauaufsichtsbehörde kann die Verwendung von Bauprodukten ohne Zertifizierung nach Art. 21 Abs. 4 Satz 2 gestatten.

Art. 23 (3) [1]Es obliegen die Aufgaben

1. der Prüfung nach Art. 15 Abs. 3 und 6, Art. 19, Art. 21 Abs. 3 Satz 1, Art. 22 Nr. 1 den anerkannten Prüfstellen,
2. der Überwachung nach Art. 15 Abs. 6, Art. 21 Abs. 4 Satz 1, Art. 22 Nr. 2 den anerkannten Überwachungsstellen und
3. der Zertifizierung nach Art. 21 Abs. 3 Satz 1 den anerkannten Zertifizierungsstellen.

[2]Die Anerkennung der in Satz 1 genannten Stellen erteilt die oberste Bauaufsichtsbehörde oder nach Art. 80 Abs. 5 Nr. 2 das Deutsche Institut für Bautechnik an private Träger, wenn die privaten Träger oder die bei ihr Beschäftigten nach ihrer Ausbildung, Fachkenntnis, persönlichen Zuverlässigkeit, ihrer Unparteilichkeit und ihren Leistungen die Gewähr dafür bieten, dass diese Aufgaben den öffentlich-rechtlichen Vorschriften entsprechend wahrgenommen werden, und wenn die privaten Träger über die erforderlichen Vorrichtungen verfügen. [3]Soweit und solange solche Stellen von privaten Trägern nicht zur Verfügung stehen, kann eine Behörde die Aufgaben nach Satz 1 wahrnehmen. [4]Die Anerkennung von Prüf-, Zertifizierungs- und Überwachungsstellen anderer Länder gilt auch im Freistaat Bayern.

Art. 23 (4) Die Anerkennungsbehörde nach Abs. 3 Satz 2 kann allgemeine bauaufsichtliche Prüfzeugnisse nach Art. 15 Abs. 3, Art. 19 zurücknehmen oder widerrufen.

Abschnitt IV
Brandverhalten von Baustoffen und Bauteilen; Wände, Decken, Dächer

Art. 24
Allgemeine Anforderungen an das Brandverhalten von Baustoffen und Bauteilen

Art. 24 (1) [1]Baustoffe werden nach den Anforderungen an ihr Brandverhalten unterschieden in

1. nichtbrennbare,
2. schwerentflammbare,
3. normalentflammbare.

[2]Baustoffe, die nicht mindestens normalentflammbar sind (leichtentflammbare Baustoffe) dürfen nicht verwendet werden; das gilt nicht, wenn sie in Verbindung mit anderen Baustoffen nicht leichtentflammbar sind.

Zu Art. 24 (1)
Leicht entflammbare Baustoffe B3

Zu Art. 24 Abs. 1
Die Vorschrift stellt die allgemeinen Anforderungen an das Brandverhalten von Baustoffen auf; speziellere Regelungen gehen vor.

Baustoffklassen nach DIN 4102 „Brandverhalten von Baustoffen und Bauteilen"/DIN EN 13501 „Klassifizierung von Bauprodukten und Bauarten zu ihrem Brandverhalten":

- A1: nicht brennbare Baustoffe
- A2: nicht brennbare Baustoffe mit brennbaren Bestandteilen
- B1: schwer entflammbare Baustoffe
- B2: normal entflammbare Baustoffe
- B3: leicht entflammbare Baustoffe

In der europäischen Klassifizierungsnorm DIN EN 13501 werden neben dem Brandverhalten auch Brandnebenerscheinungen wie Rauchentwicklung (smoke = s) und brennbares Abfallen/Abtropfen (droplets = d) beschrieben.

bauaufsichtliche Bezeichnung	Baustoffklassen gemäß DIN 4102	Klassifizierung gemäß DIN EN 13501
nicht brennbar	A1/A2	A1/A2
schwer entflammbar	B1	B/C
normal entflammbar	B2	D/E
leicht entflammbar	B3	F

Zu Art. 24 (1)
Baustoffklassen nach DIN 4102 und Brennbarkeitsklassen nach DIN EN 13501

Brandnebenerscheinung gemäß DIN EN 13501
s1 = keine/kaum Rauchentwicklung
s2 = begrenzte Rauchentwicklung
s3 = unbeschränkte Rauchentwicklung
d0 = kein Abtropfen
d1 = begrenztes Abtropfen
d2 = starkes Abtropfen
fl = Brandverhaltensklasse für Bodenbeläge

Für die Beschreibung des Feuerwiderstands eines Bauteils werden in der DIN EN 13501 folgende Kriterien, unabhängig von dessen Funktion im Gebäude, unterschieden:

- Tragfähigkeit (R)
- Raumabschluss (E)
- Wärmedämmung (i)

Art. 24 (2) [1]Bauteile werden nach den Anforderungen an ihre Feuerwiderstandsfähigkeit unterschieden in

1. feuerbeständige,
2. hochfeuerhemmende,
3. feuerhemmende;

die Feuerwiderstandsfähigkeit bezieht sich bei tragenden und aussteifenden Bauteilen auf deren Standsicherheit im Brandfall, bei raumabschließenden Bauteilen auf deren Widerstand gegen die Brandausbreitung.
[2]Bauteile werden zusätzlich nach dem Brandverhalten ihrer Baustoffe unterschieden in

1. Bauteile aus nichtbrennbaren Baustoffen,
2. Bauteile, deren tragende und aussteifende Teile aus nichtbrennbaren Baustoffen bestehen und die bei raumabschließenden Bauteilen zusätzlich eine in Bauteilebene durchgehende Schicht aus nichtbrennbaren Baustoffen haben,
3. Bauteile, deren tragende und aussteifende Teile aus brennbaren Baustoffen bestehen und die allseitig eine brandschutztechnisch wirksame Bekleidung aus nichtbrennbaren Baustoffen (Brandschutzbekleidung) und Dämmstoffe aus nichtbrennbaren Baustoffen haben,
4. Bauteile aus brennbaren Baustoffen.

[3]Soweit in diesem Gesetz oder in Vorschriften auf Grund dieses Gesetzes nichts anderes bestimmt ist, müssen

1. Bauteile, die feuerbeständig sein müssen, mindestens den Anforderungen des Satzes 2 Nr. 2,
2. Bauteile, die hochfeuerhemmend sein müssen, mindestens den Anforderungen des Satzes 2 Nr. 3

entsprechen; das gilt nicht für feuerwiderstandsfähige Abschlüsse von Öffnungen.

[4]Abweichend von Satz 3 sind Bauteile, die feuerbeständig oder hochfeuerhemmend sein müssen, aus brennbaren Baustoffen zulässig, sofern sie den Technischen Baubestimmungen nach Art. 81a entsprechen. [5]Satz 4 gilt nicht für Brandwände nach Art. 28 Abs. 3 Satz 1 und Wände notwendiger Treppenräume nach Art. 33 Abs. 4 Satz 1 Nr. 1.

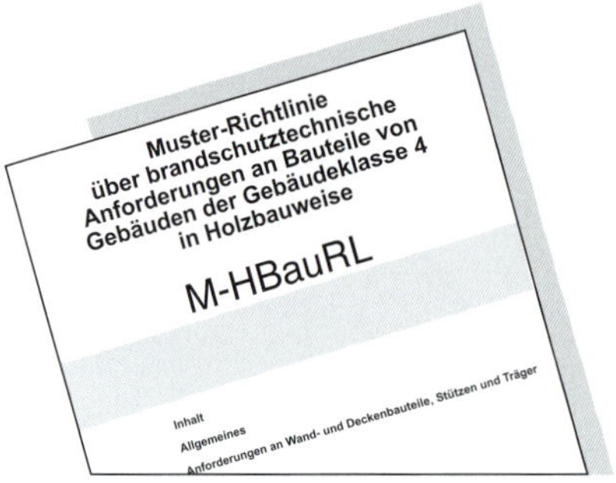

Zu Art. 24 (2)
Muster-Holzbaurichtlinie (M-HBauRL)

Zu Art. 24 Abs. 2

Die Schutzzielanforderungen, auf die es im Brandfall ankommt, sind für tragende und aussteifende Bauteile die Standsicherheit sowie für raumabschließende Bauteile ihr Widerstand gegen Brandausbreitung. Alle gestellten Anforderungen verstehen sich als sicherheitsrechtliches Mindestmaß, das nicht unterschritten, sehr wohl aber übertroffen werden darf.

Zu Art. 24 Abs. 2 Satz 2

Die Baustoffverwendung in Bauteilen ist in Satz 2 in vier Varianten benannt.
Was tragende und aussteifende Teile (innerhalb des Bauteils) aus Holz mit einer brandschutztechnisch wirksamen Bekleidung sind, wird durch die „Muster-Richtlinie über brandschutztechnische Anforderungen an Bauteile von Gebäuden der Gebäudeklasse 4 in Holzbauweise" (Muster-Holzbaurichtlinie, M-HBauRL) konkretisiert. Die Festlegungen in der BayBO in Verbindung mit der Muster-Holzbaurichtlinie ermöglichen, Holzbauten in Holzständerbauweise bis zu einer Gebäudehöhe von 13 m zu erstellen.
Soweit in der BayBO oder in Vorschriften aufgrund der BayBO keine andere Baustoffverwendung verlangt oder zugelassen wird, ist mindestens die hier verlangte oder eine brandschutztechnisch bessere Ausführung (z. B. nach Nr. 2 anstelle von Nr. 3 oder Nr. 1 anstelle von Nr. 2) erforderlich. Feuerwiderstandsfähige Abschlüsse sind von dieser Baustoffanforderung ausgenommen. An Bauteile, die feuerhemmend sein müssen, werden standardmäßig keine besonderen Baustoffanforderungen gestellt.

Feuerwiderstandsfähigkeit / Baustoffverwendung	feuerbeständig und nicht brennbar (R 90 + A)	feuerbeständig (R 90)	hoch feuerhemmend (R 60)	feuerhemmend
alle Bestandteile sind nicht brennbar (Satz 2 Nr. 1)	x	x	x	x
tragende und aussteifende Teile sind nicht brennbar (Satz 2 Nr. 2)	–	x*	x*	x
tragende und aussteifende Teile sind brennbar; sie haben eine Brandschutzbekleidung (Satz 2 Nr. 3)	–	–	x*	x
alle Teile sind brennbar (Satz 2 Nr. 4)	–	–	–	x
* oder Art. 81a entsprechen				

Zu Art. 24 (2)
Zulässige Kombination (x) der Feuerwiderstandsfähigkeit von Baustoffen und der Baustoffverwendung von Bauteilen

Art. 25
Tragende Wände, Stützen

Art. 25 (1) [1]Tragende und aussteifende Wände und Stützen müssen im Brandfall ausreichend lang standsicher sein. [2]Sie müssen

1. in Gebäuden der Gebäudeklasse 5 feuerbeständig,
2. in Gebäuden der Gebäudeklasse 4 hochfeuerhemmend,
3. in Gebäuden der Gebäudeklassen 2 und 3 feuerhemmend

sein. [3]Satz 2 gilt

1. für Geschosse im Dachraum nur, wenn darüber noch Aufenthaltsräume möglich sind; Art. 27 Abs. 4 bleibt unberührt,
2. nicht für Balkone, ausgenommen offene Gänge, die als notwendige Flure dienen.

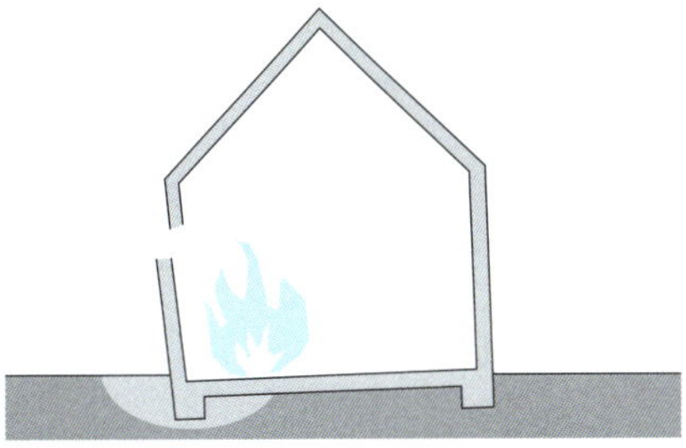

Zu Art. 25 (1)
Schutzziel: Standsicherheit im Brandfall

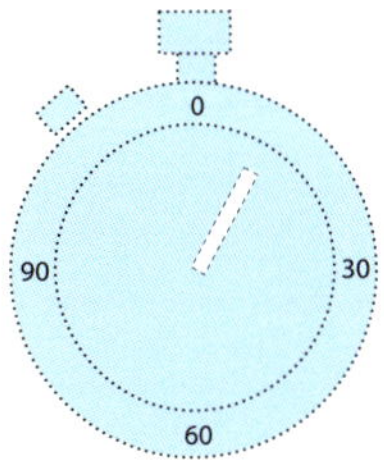

Zu Art. 25 (1)
Schutzziel: zeitliche Dauer der Standsicherheit

Zu Art. 25 Abs. 1
Die Schutzzielanforderung, welche an das Bauteil gestellt wird, besteht aus zwei Elementen und ist jeder Einzelanforderung der Art. 25 bis 30 als Grundanforderung vorangestellt. Die zwei Elemente sind:
- ausreichende Standsicherheit und
- zeitliche Dauer.

Zu Art. 25 Abs. 1 Satz 2
Die zeitliche Dauer wird durch die rechtlich notwendige Feuerwiderstandsfähigkeit konkretisiert, unterschieden nach Gebäudeklassen und bestimmten Fallgestaltungen.
Die Anforderungsstufe für die Feuerwiderstandsfähigkeit „hoch feuerhemmend" ist Gebäudeklasse 4 (Oberkante Fußboden Aufenthaltsräume < 13 m, 400 m^2 Nutzungseinheiten) zugeordnet. Für Gebäude geringer Höhe der Gebäudeklassen 2 und 3 ist die Anforderungsstufe feuerhemmend zugeordnet. Die Freistellung von Brandschutzanforderungen ist nicht beschränkt auf zweigeschossige Zweifamilienhäuser, sondern erfasst alle Gebäude der Gebäudeklasse 1 unter der Voraussetzung, dass sie freistehend sind.

Zu Art. 25 Abs. 1 Satz 3 Nr. 1
Die Regelung ist eine Erleichterung für oberste Geschosse von Dachräumen. Sofern im Dachraum Trennwände nach Art. 27 erforderlich sind und diese nicht bis zur Dachhaut geführt werden sollen, kann sich daraus eine Anforderung an den oberen Raumabschluss des obersten Geschosses und in der Folge an die diesen tragenden (unterstützenden) Teile ergeben (feuerhemmend nach Art. 27 Abs. 4). Geschosse im Dachraum sind nur solche Hohlräume zwischen der obersten Decke und der Bedachung, in denen Aufenthaltsräume möglich sind; ansonsten sind sie keine Geschosse, sondern Hohlräume.

Zu Art. 25 Abs. 1 Satz 3 Nr. 2
Balkonkonstruktionen sind von den Anforderungen freigestellt, soweit sie nicht in Form von (Lauben-)Gängen als Rettungswege dienen. Die Abstufung der Feuerwiderstandsfähigkeit auf 30 Minuten (feuerhemmend) ist für alle Gebäude der Gebäudeklassen 1 und 2 zugelassen.

Art. 25 (2) Im Kellergeschoss müssen tragende und aussteifende Wände und Stützen

1. in Gebäuden der Gebäudeklassen 3 bis 5 feuerbeständig,
2. in Gebäuden der Gebäudeklassen 1 und 2 feuerhemmend

sein.

Anforderung \ Gebäudeklasse	1	2	3	4	5
tragende und aussteifende Wände und Stützen	–	feuerhemmend (R 30)	feuerhemmend (R 30)	hoch feuerhemmend (R 60)	feuerbeständig (R 90)
Geschosse im Dachraum, wenn darüber Aufenthaltsräume möglich sind	–	feuerhemmend (R 30)	feuerhemmend (R 30)	hoch feuerhemmend (R 60)	feuerbeständig (R 90)
in Kellergeschossen	feuerhemmend (R 30)	feuerhemmend (R 30)	feuerbeständig (R 90)	feuerbeständig (R 90)	feuerbeständig (R 90)

Zu Art. 25 (1) und (2)
Anforderungen an tragende und aussteifende Wände und Stützen im Allgemeinen

Art. 26
Außenwände

Art. 26 (1) Außenwände und Außenwandteile wie Brüstungen und Schürzen sind so auszubilden, dass eine Brandausbreitung auf und in diesen Bauteilen ausreichend lang begrenzt ist.

Zu Art. 26 Abs. 1

Die Regelung formuliert das allgemeine Schutzziel von Außenwänden, das mit einer Ausführung entsprechend den Abs. 2 bis 4 erfüllt wird: Außenwände müssen so beschaffen sein, dass eine Brandausbreitung auf und in diesen Bauteilen ausreichend lang begrenzt ist. Die Anforderungen stellen auf die Einschränkung des aktiven Beitrags der Fassade zum Brand ab. Die Herstellung eines Feuerüberschlagwegs zwischen den Geschossen ist keine allgemeine an Außenwände gestellte Anforderung.

Art. 26 (2) [1]Nichttragende Außenwände und nichttragende Teile tragender Außenwände müssen aus nichtbrennbaren Baustoffen bestehen; sie sind aus brennbaren Baustoffen zulässig, wenn sie als raumabschließende Bauteile feuerhemmend sind. [2]Satz 1 gilt nicht für

1. Fenster und Türen,
2. Fugendichtungen und
3. brennbare Dämmstoffe in nichtbrennbaren geschlossenen Profilen der Außenwandkonstruktion.

Zu Art. 26 Abs. 2

Nicht tragende Außenwände und nicht tragende Teile von tragenden Außenwänden, wie z. B. Brüstungen und Schürzen, müssen aus nicht brennbaren Baustoffen bestehen. Zulässig ist die feuerhemmende Ausführung anstelle der Nichtbrennbarkeit; diese Feuerwiderstandsfähigkeit bezieht sich auf die raumabschließende Wirkung im Bereich des Bauteils.

Auszug aus: Vollzugshinweise zur BayBO in der Fassung vom 1. Juli 2013

„Die bisherige Ausnahmeregelung wird erweitert und erfasst nun Fenster und Türen im Ganzen, nicht mehr nur die Profile. Sie bezieht sich auf Fenster und Türen als einzelne (öffenbare) Elemente einer Wand (z. B. in einer Lochfassade), nicht jedoch auf feste Verglasungen oder Glasfassaden."

Art. 26 (3) [1]Oberflächen von Außenwänden sowie Außenwandbekleidungen müssen einschließlich der Dämmstoffe und Unterkonstruktionen schwerentflammbar sein; Unterkonstruktionen aus normalentflammbaren Baustoffen sind zulässig, wenn die Anforderungen nach Abs. 1 erfüllt sind. [2]Balkonbekleidungen, die über die erforderliche Umwehrungshöhe hinaus hochgeführt werden, und mehr als zwei Geschosse überbrückende Solaranlagen an Außenwänden müssen schwerentflammbar sein. [3]Baustoffe, die schwerentflammbar sein müssen, in Bauteilen nach Satz 1 Halbsatz 1 und Satz 2 dürfen nicht brennend abfallen oder abtropfen.

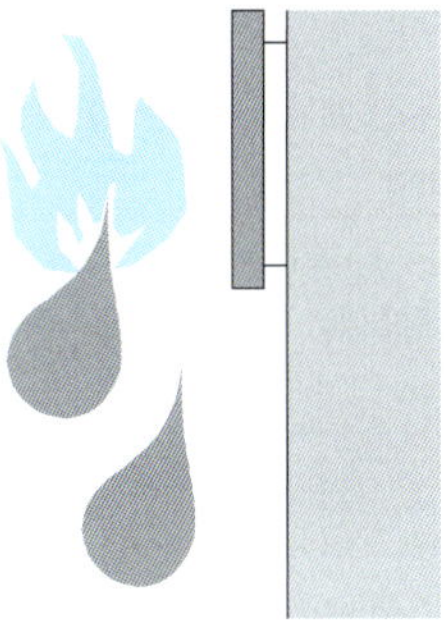

Zu Art. 26 (3)
Nicht brennend abfallende oder abtropfende Baustoffe

Zu Art. 26 Abs. 3

Die Vorschrift regelt die Anforderungen an außenseitige Teile von oder auf Außenwänden. Zu beurteilen ist (durch den Entwurfsverfasser), ob die normal entflammbaren Unterkonstruktionen das Schutzziel von Abs. 1 berühren. Balkonbekleidungen (z. B. Sicht- oder Wetterschutzblenden) unterliegen nur dann der Anforderung des Satzes 1, wenn sie über die normale Umwehrungshöhe hinaus hochgeführt werden. Außenwandbekleidungen, die den Technischen Baubestimmungen nach Art. 81a entsprechen, sind – mit Ausnahme der Dämmstoffe – aus normal entflammbaren Baustoffen zulässig (siehe Abs. 1).

Auszug aus: Vollzugshinweise zur BayBO in der Fassung vom 1. Juli 2013

„Werden Solaranlagen in größerem Ausmaß an der Außenwand errichtet, müssen sie dieselbe Anforderung erfüllen, die an die Oberfläche der Wand oder eine Außenwandbekleidung gestellt wird. Der neue Satz 3 soll bewirken, dass das allgemeine Schutzziel des Abs. 1 (ausreichend lange Begrenzung einer Brandausbreitung), nicht durch brennend abfallende oder abtropfende Teile unterlaufen wird."

Art. 26 (4) Bei Außenwandkonstruktionen mit geschossübergreifenden Hohl- oder Lufträumen wie Doppelfassaden sind gegen die Brandausbreitung besondere Vorkehrungen zu treffen; das gilt für hinterlüftete Außenwandbekleidungen entsprechend.

Zu Art. 26 Abs. 4

Durch Hohlräume kann Brandausbreitung begünstigt werden (siehe auch Art. 28 Abs. 7 Satz 2 (Brandwände)). Daher sind besondere Vorkehrungen zu treffen.

Art. 26 (5) [1]Die Abs. 2, 3 und 4 Halbsatz 2 gelten nicht für Gebäude der Gebäudeklassen 1 bis 3, Abs. 4 Halbsatz 1 nicht für Gebäude der Gebäudeklassen 1 und 2. [2]Abweichend von Abs. 3 sind Außenwandbekleidungen, die den Technischen Baubestimmungen nach Art. 81a entsprechen, mit Ausnahme der Dämmstoffe, aus normalentflammbaren Baustoffen zulässig.

ACHTUNG SONDERREGEL

Zu Art. 26 (5)
Differenzierte Sonderregeln für Gebäude der Gebäudeklassen 1 bis 3 beachten

Zu Art. 26 Abs. 5

Die Regelung fasst Ausnahmen von den Anforderungen der Abs. 2 bis 4 für Gebäude geringer Höhe zusammen. Die Ausnahme von Abs. 4 ist hinsichtlich Doppelfassaden auf die Gebäudeklassen 1 und 2 beschränkt.

Art. 27
Trennwände

Art. 27 (1) Trennwände nach Abs. 2 müssen als raumabschließende Bauteile von Räumen oder Nutzungseinheiten innerhalb von Geschossen ausreichend lang widerstandsfähig gegen die Brandausbreitung sein.

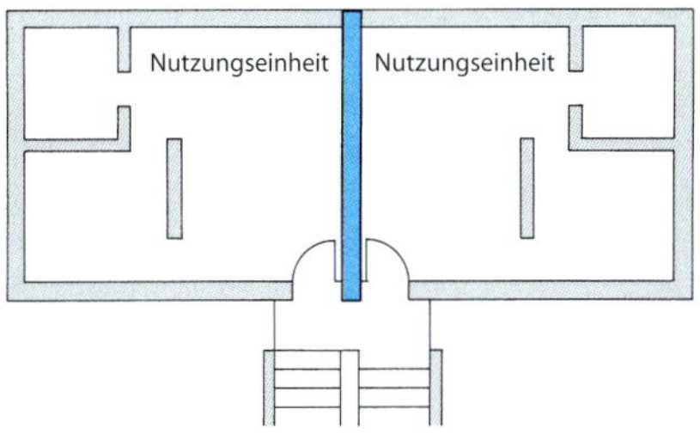

Zu Art. 27 (1)
Trennwände

Zu Art. 27

Die Vorschrift stellt das allgemeine Schutzziel von Trennwänden auf: Diese müssen ausreichend lang widerstandsfähig gegen Brandausbreitung sein, denn sie schließen Nutzungseinheiten gegeneinander und gegen anders genutzte Räume ab.

Nutzungseinheiten sind brandschutztechnisch abgegrenzte Einheiten, die gegeneinander geschützt sind und beim Feuerwehreinsatz durch räumlich definierte Abschnitte die Brandbekämpfung erleichtern. Hierzu wird ein Rettungswegesystem (Art. 31) verlangt.

Art. 27 (2) Trennwände sind erforderlich

1. zwischen Nutzungseinheiten sowie zwischen Nutzungseinheiten und anders genutzten Räumen, ausgenommen notwendigen Fluren,
2. zum Abschluss von Räumen mit Explosions- oder erhöhter Brandgefahr,
3. zwischen Aufenthaltsräumen und anders genutzten Räumen im Kellergeschoss.

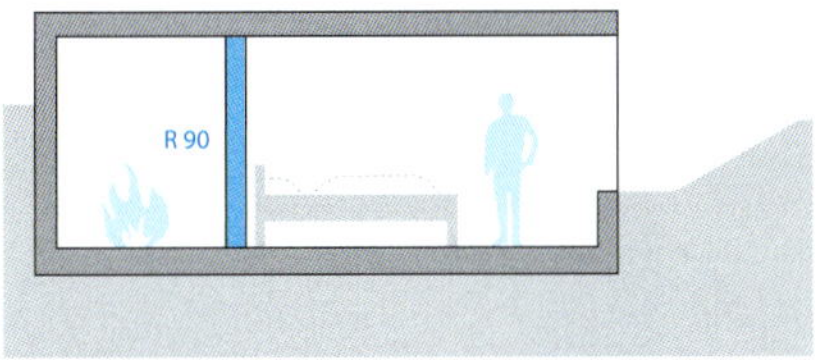

Zu Art. 27 (2)
Trennwände sind u. a. erforderlich zwischen Nutzungseinheit und einem anders genutzten Raum

Zu Art. 27 Abs. 2 Nr. 1
Zwischen Nutzungseinheiten und (externen) notwendigen Fluren ist nicht eine Trennwand, sondern die (zweimal vorhandene) Flur(trenn)-wand (Art. 34 Abs. 4) ausreichend, die geringeren Anforderungen genügt.

Zu Art. 27 Abs. 2 Nr. 2
Die Vorschrift ermöglicht, dass einzelne Räume in sonst normal genutzten Gebäuden, auch innerhalb von Nutzungseinheiten, brandschutztechnisch abgekapselt werden, ohne das gesamte Gebäude einer (sonst ggf. nach Art. 2 Abs. 4 Nr. 19 erforderlichen) Sonderbaubetrachtung unterziehen zu müssen.

Art. 27 (3) [1]Trennwände nach Abs. 2 Nrn. 1 und 3 müssen die Feuerwiderstandsfähigkeit der tragenden und aussteifenden Bauteile des Geschosses haben, jedoch mindestens feuerhemmend sein. [2]Trennwände nach Abs. 2 Nr. 2 müssen feuerbeständig sein.

Zu Art. 27 Abs. 3
Die Vorschrift konkretisiert die allgemeinen Kriterien (Abs. 1) durch Anforderungen an die Feuerwiderstandsfähigkeit von Trennwänden, die den jeweils gestellten Anforderungen an die Tragkonstruktion des Geschosses, in dem sie angeordnet werden, angeglichen sind. Sie müssen mindestens feuerhemmend sein.
Trennwände von Räumen mit Explosions- oder erhöhter Brandgefahr müssen wegen der besonderen Gefahrenlage immer feuerbeständig sein. Für diese Räume sind feuerbeständige Decken erforderlich.

Feuerwiderstandsfähigkeit / Trennwand	Feuerwiderstandsfähigkeit der tragenden und aussteifenden Bauteile des Geschosses	mindestens feuerhemmend (R 30)	feuerbeständig (R 90)
Trennwand erforderlich zwischen Nutzungseinheiten sowie zwischen Nutzungseinheiten und anders genutzten Räumen, ausgenommen notwendige Flure	x gemäß Art. 34 Abs. 4	x	x
Abschluss von Räumen mit Explosions- oder erhöhter Brandgefahr	–	–	x
zwischen Aufenthaltsräumen und anders genutzten Räumen im Kellergeschoss	x	x	x
Wohngebäude Gebäudeklasse 1 und 2	keine		

Zu Art. 27 (2) und (3)
Anforderungen an Trennwände im Allgemeinen

Art. 27 (4) Die Trennwände nach Abs. 2 sind bis zur Rohdecke, im Dachraum bis unter die Dachhaut zu führen; werden in Dachräumen Trennwände nur bis zur Rohdecke geführt, ist diese Decke als raumabschließendes Bauteil einschließlich der sie tragenden und aussteifenden Bauteile feuerhemmend herzustellen.

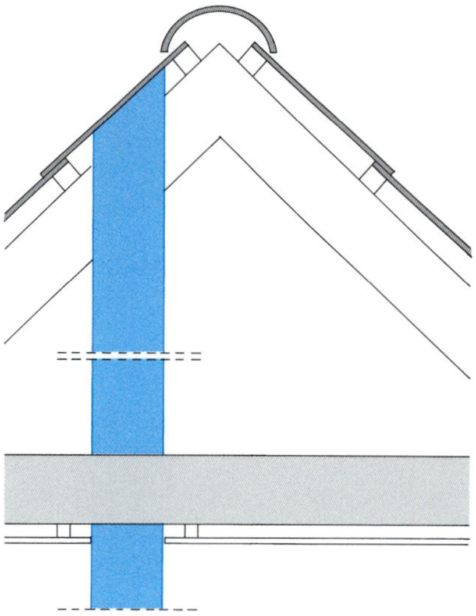

Zu Art. 27 (4)
Führung von Trennwänden unter Rohdecke oder Dachhaut

Zu Art. 27 Abs. 4

Trennwände im Dachraum müssen, wenn sie nicht bis unter die Dachhaut geführt werden, bis zu einem oberen Raumabschluss (Rohdecke) geführt werden, der einschließlich seiner tragenden und aussteifenden Teile feuerhemmend sein muss, um ein „Überlaufen" der Trennwand in diesem Bereich für die Zeit der Feuerwiderstandsfähigkeit der Wand auszuschließen.

Es wird ausdrücklich der Anschluss an die „Rohdecke" verlangt; unzulässig ist der Anschluss nur an eine abgehängte Decke oder Unterdecke.

Art. 27 (5) Öffnungen in Trennwänden nach Abs. 2 müssen feuerhemmende, dicht- und selbstschließende Abschlüsse haben.

Wichtige Änderung

Zu Art. 27 Abs. 5

Entfallen ist die Anforderung, dass Öffnungen in Trennwänden nur zulässig sind, wenn sie beschränkt sind auf die für die Nutzung erforderliche Zahl und Größe.

Unvermeidbare Öffnungen in Trennwänden sind unmittelbar aufgrund des Gesetzes zulässig, müssen aber feuerhemmende, dicht und selbstschließende Abschlüsse haben.

„Dicht schließend" ist für alle Feuerschutzabschlüsse obligatorisch. Die Anforderung wird z. B. bei einer Tür mit einer dreiseitig umlaufenden Dichtung erreicht; eines besonderen Nachweises bedarf es nicht.

Art. 27 (6) Die Abs. 1 bis 5 gelten nicht innerhalb von Wohngebäuden der Gebäudeklassen 1 und 2.

Zu Art. 27 (6)
Sonderregel für Wohngebäude der Gebäudeklassen 1 bis 2 beachten

Zu Art. 27 Abs. 6

In Wohngebäuden der Gebäudeklassen 1 und 2 werden grundsätzlich keine Räume mit Explosions- oder erhöhter Brandgefahr erwartet; auf Anforderungen an die Abtrennung von Aufenthaltsräumen im Keller wird verzichtet. Hinsichtlich Aufstellräumen von Feuerstätten siehe Art. 40.

Art. 28
Brandwände

Art. 28 (1) Brandwände müssen als raumabschließende Bauteile zum Abschluss von Gebäuden (Gebäudeabschlusswand) oder zur Unterteilung von Gebäuden in Brandabschnitte (innere Brandwand) ausreichend lang die Brandausbreitung auf andere Gebäude oder Brandabschnitte verhindern.

Zu Art. 28 Abs. 1

Die Vorschrift formuliert das allgemeine Schutzziel von Brandwänden.

Art. 28 (2) [1]Brandwände sind erforderlich

1. als Gebäudeabschlusswand, ausgenommen von Gebäuden ohne Aufenthaltsräume und ohne Feuerstätten mit nicht mehr als 50 m³ Brutto-Rauminhalt, wenn diese Abschlusswände an oder mit einem Abstand von weniger als 2,50 m gegenüber der Grundstücksgrenze errichtet werden, es sei denn, dass ein Abstand von mindestens 5 m zu bestehenden oder nach den baurechtlichen Vorschriften zulässigen künftigen Gebäuden gesichert ist,
2. als innere Brandwand zur Unterteilung ausgedehnter Gebäude in Abständen von nicht mehr als 40 m,
3. als innere Brandwand zur Unterteilung land- oder forstwirtschaftlich genutzter Gebäude in Brandabschnitte von nicht mehr als 10 000 m³ Brutto-Rauminhalt,
4. als Gebäudeabschlusswand zwischen Wohngebäuden und angebauten land- oder forstwirtschaftlich genutzten Gebäuden sowie als innere Brandwand zwischen dem Wohnteil und dem land- oder forstwirtschaftlich genutzten Teil eines Gebäudes.

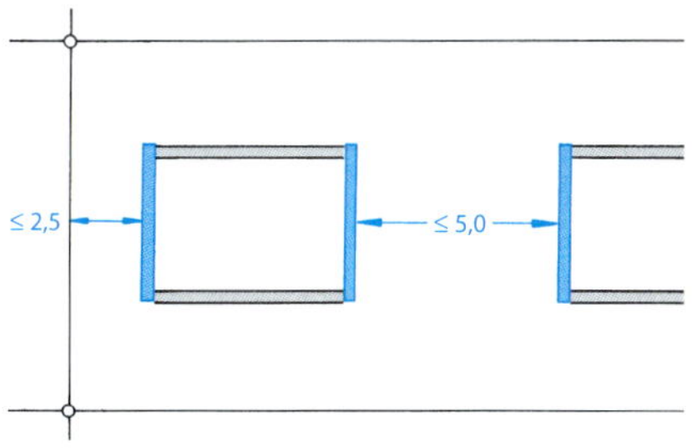

Zu Art. 28 (2)
Brandwand entbehrlich: Gebäudeabschlusswand mit Abstand

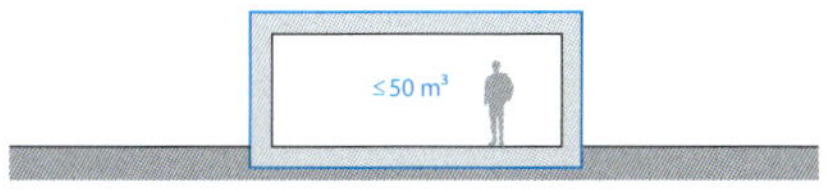

Zu Art. 28 (2)
Gebäude ohne Aufenthaltsräume und Feuerstätte: keine Brandwand nötig

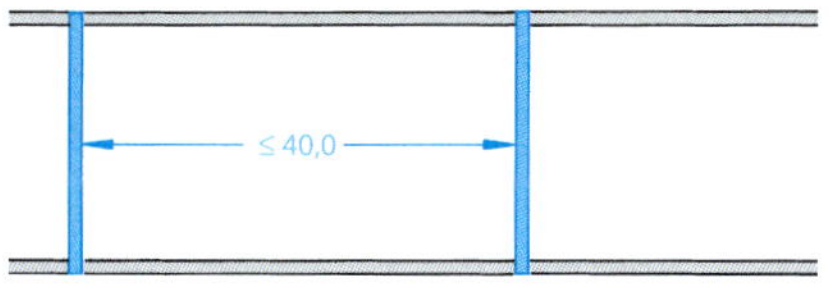

Zu Art. 28 (2)
Innere Brandwand

Zu Art. 28 Abs. 2 Satz 1 Nr. 1

Brandwände sind nicht erforderlich bei bestimmten kleinen Gebäuden ohne Aufenthaltsräume und ohne Feuerstätten. Voraussetzungen (alternativ) dafür sind:

- nicht mehr als 50 m³ Brutto-Rauminhalt des Gebäudes
- Brandwand als Abschlusswand oder weniger Abstand als 2,5 m gegenüber der Grundstücksgrenze
- 5 m Mindestabstand zu bestehenden oder künftigen Gebäuden
- Gebäude der Gebäudeklassen 1 und 2

Der Ausnahme können insbesondere Kleingaragen unterfallen, unabhängig von den speziellen Erleichterungen für Gebäudeabschlusswände von Garagen nach § 9 Abs. 1 Nr. 2, Abs. 2 der Verordnung über den Bau und Betrieb von Garagen sowie über die Zahl der notwendigen Stellplätze (GaStellV).

Auszug aus: Vollzugshinweise zur BayBO in der Fassung vom 1. Juli 2013

„Die Forderung nach einer Gebäudeabschlusswand als Brandwand greift erst dann, wenn der Abstand zu bestehenden oder nach den baurechtlichen Vorschriften zulässigen künftigen Gebäuden weniger als 5 m beträgt. Daraus ergibt sich, dass dieselbe Forderung nicht bereits bei einem Abstand von (exakt) 2,50 m zur Grundstücksgrenze zu stellen ist, sondern erst dann, wenn dieser Abstand unterschritten wird."

Zu Art. 28 Abs. 2 Satz 1 Nr. 2

Der größte zulässige Abstand innerer Brandwände beträgt 40 m.

Zu Art. 28 Abs. 2 Satz 1 Nr. 3

Entscheidend für die Ausnahme ist das Volumen des land- oder forstwirtschaftlich genutzten Gebäudes.

Zu Art. 28 Abs. 2 Satz 1 Nr. 4

Auf die Größe der jeweiligen Teile kommt es hier für die Ausnahme vom Brandwanderfordernis nicht an.

[2]Satz 1 Nr. 1 gilt nicht für Gebäude der Gebäudeklassen 1 und 2; in diesen Fällen findet Art. 27 entsprechend Anwendung, es sei denn, dass ein Abstand von mindestens 5 m zu bestehenden oder nach den baurechtlichen Vorschriften zulässigen künftigen Gebäuden gesichert ist.

Wichtige Änderung
Zu Art. 28 Abs. 2 Satz 2

Die bisherige Ausnahme von der Privilegierung von Nr. 1 bei Gebäuden der Klassen 1 und 2 ist mit einer Rückausnahme eingeschränkt worden: Die Privilegierung greift doch, wenn ein Abstand von mindestens 5 m zu bestehenden oder nach den baurechtlichen Vorschriften zulässigen künftigen Gebäuden gesichert ist. Die Sicherung kann z. B. durch öffentliche Baulast hergestellt werden.

Art. 28 (3) [1] Brandwände müssen auch unter zusätzlicher mechanischer Beanspruchung feuerbeständig sein und aus nichtbrennbaren Baustoffen bestehen. [2]An Stelle von Brandwänden sind in den Fällen von Abs. 2 Nrn. 1 bis 3 zulässig

1. für Gebäude der Gebäudeklasse 4 Wände, die auch unter zusätzlicher mechanischer Beanspruchung hochfeuerhemmend sind,
2. für Gebäude der Gebäudeklassen 1 bis 3 hochfeuerhemmende Wände,
3. für Gebäude der Gebäudeklasse 3 Gebäudeabschlusswände, die jeweils von innen nach außen die Feuerwiderstandsfähigkeit der tragenden und aussteifenden Teile des Gebäudes, mindestens jedoch feuerhemmende Bauteile, und von außen nach innen die Feuerwiderstandsfähigkeit feuerbeständiger Bauteile haben.

[3]In den Fällen des Abs. 2 Nr. 4 sind an Stelle von Brandwänden feuerbeständige Wände zulässig, wenn der Brutto-Rauminhalt des land- oder forstwirtschaftlich genutzten Gebäudes oder Gebäudeteils nicht größer als 2 000 m³ ist.

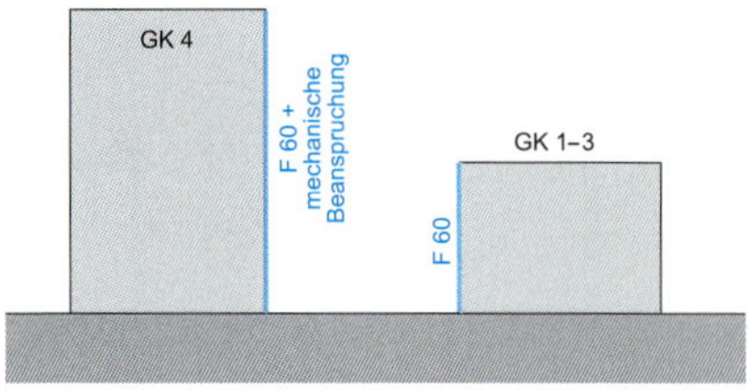

Zu Art. 28 (3)
Hoch feuerhemmende Wand bei Gebäudeklassen 1 bis 3

Zu Art. 28 Abs. 3

Brandwände müssen:

- unter zusätzlicher mechanischer Beanspruchung feuerbeständig sein,
- aus nicht brennbaren Baustoffen bestehen.

In Abs. 3 ist – differenziert nach Gebäudeklassen – die Zulässigkeit anderer Wände anstelle von Brandwänden dargestellt. Diese haben zum Teil reduzierte Anforderungen und es können brennbare Baustoffe verwendet werden. Die reduzierten Anforderungen berücksichtigen die konstruktiv mögliche Aussteifung durch die (jeweils geforderte) Tragkonstruktion der Gebäude.

Zu Art. 28 Abs. 3 Satz 2 Nr. 3

Es handelt sich um eine Spezialregelung für aneinandergebaute Gebäude in Systembauweise: Die (zweischalige) Gebäudeabschlusswand weist jeweils von innen die Feuerwiderstandsdauer des tragenden Systems des Gebäudes auf.

Auszug aus: Vollzugshinweise zur BayBO in der Fassung vom 1. Juli 2013

„Durch die Änderung wird klargestellt, dass es sich bei dem bisherigen Abs. 3 Nr. 4 um eine Spezialregelung handelt, die nur in den Fällen des Abs. 2 Nr. 4 (also bei land- oder forstwirtschaftlich genutzten Gebäuden mit angebautem oder integriertem Wohnteil) zum Tragen kommt, und dass in diesen Fällen ausschließlich diese Spezialregelung zum Tragen kommen kann, nicht jedoch eine der (allgemeineren) Ausnahmeregelungen des Abs. 3 Nrn. 1 bis 3. Beträgt also in den Fällen des Abs. 2 Nr. 4 der Brutto-Rauminhalt des land- oder forstwirtschaftlich genutzten Gebäudeteils nicht mehr als 2.000 m³, ist anstelle einer Brandwand eine feuerbeständige Wand zulässig, beträgt er dagegen mehr als 2.000 m³, ist eine Brandwand nach Abs. 3 Satz 1 erforderlich."

Gebäudeklasse / Anforderung*	land- oder forstwirtschaftlich genutzte Gebäude		1 bis 3	4	5
	bis zu 2.000 m³ zu angebautem Wohngebäude oder zwischen Wohnteil	im Übrigen unterteilen in Brandabschnitte bis zu 10.000 m³			
Wandbeschaffenheit	feuerbeständig (R 90)	innere Brandwand (R 90)	hoch feuerhemmend (R 60)	hoch feuerhemmend (R 60)	immer erforderlich: Brandwand, feuerbeständig (R 90)
zusätzliche Anforderungen	–	unter zusätzlicher mechanischer Beanspruchung, aus nicht brennbaren Baustoffen (A)	–	unter zusätzlicher mechanischer Beanspruchung	unter zusätzlicher mechanischer Beanspruchung, aus nicht brennbaren Baustoffen (A)

* gemäß Abs. 3 Satz 2 Nr. 3 z. B. für aneinandergebaute Gebäude der Gebäudeklasse 3 im Systembau

Zu Art. 28 (2) und (3)
Anforderungen an Brandwände oder Wände, die anstelle von Brandwänden zulässig sind

Art. 28 (4) [1]Brandwände müssen durchgehend und in allen Geschossen und dem Dachraum übereinander angeordnet sein. [2]Abweichend davon dürfen an Stelle innerer Brandwände Wände geschossweise versetzt angeordnet werden, wenn

1. die Wände im Übrigen Abs. 3 Satz 1 entsprechen,
2. die Decken, soweit sie in Verbindung mit diesen Wänden stehen, feuerbeständig sind, aus nichtbrennbaren Baustoffen bestehen und keine Öffnungen haben,
3. die Bauteile, die diese Wände und Decken unterstützen, feuerbeständig sind und aus nichtbrennbaren Baustoffen bestehen,
4. die Außenwände in der Breite des Versatzes in dem Geschoss oberhalb oder unterhalb des Versatzes feuerbeständig sind und
5. Öffnungen in den Außenwänden im Bereich des Versatzes so angeordnet oder andere Vorkehrungen so getroffen sind, dass eine Brandausbreitung in andere Brandabschnitte nicht zu befürchten ist.

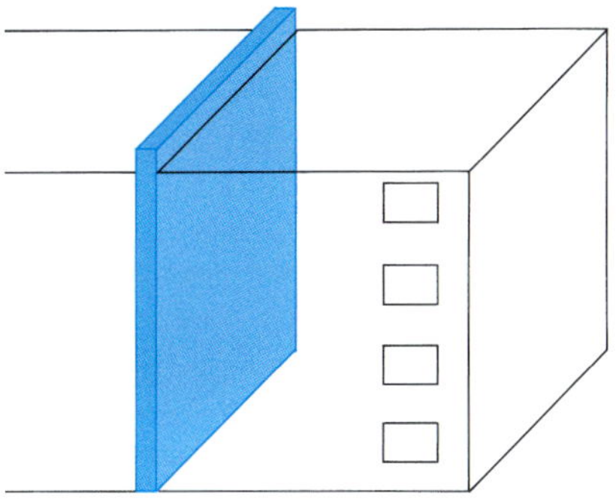

Zu Art. 28 (4)
Durchgehende Brandwand

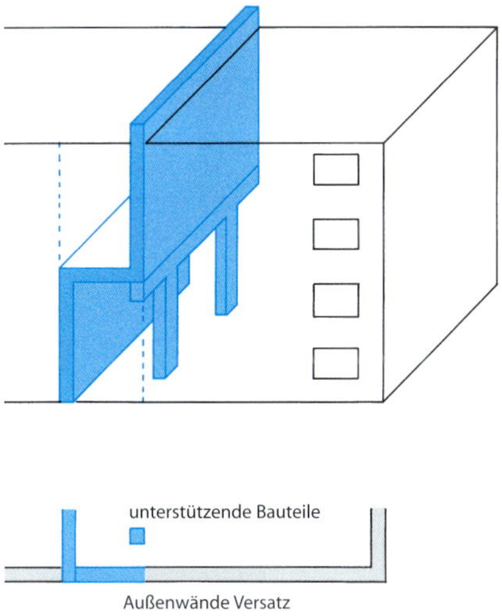

Zu Art. 28 (4)
Geschossweise versetzte Brandwand

Zu Art. 28 Abs. 4

Satz 1 formuliert die grundlegende Schutzforderung: eine durch das Gebäude in einer vertikalen Ebene durchgeführte Brandwand.
Satz 2 nennt als unmittelbar gesetzesabhängigen Zulässigkeitstatbestand die Voraussetzungen für einen davon abweichenden (geschossweisen) Versatz, der keine behördliche Einzelfallentscheidung erfordert. Insbesondere darf beim Versatz keine Brandübertragung möglich sein.

Art. 28 (5) [1]Brandwände sind 0,30 m über die Bedachung zu führen oder in Höhe der Dachhaut mit einer beiderseits 0,50 m auskragenden feuerbeständigen Platte aus nichtbrennbaren Baustoffen abzuschließen; darüber dürfen brennbare Teile des Daches nicht hinweggeführt werden. [2]Bei Gebäuden der Gebäudeklassen 1 bis 3 sind Brandwände mindestens bis unter die Dachhaut zu führen. [3]Verbleibende Hohlräume sind vollständig mit nichtbrennbaren Baustoffen auszufüllen.

Zu Art. 28 Abs. 5 Satz 3

Verbleibende, aus konstruktiven Gründen unvermeidbare Hohlräume sind vollständig mit nicht brennbaren Baustoffen auszufüllen. Entsprechend Abs. 1 müssen Baustoffe gewählt werden, die auch im Brandfall den Hohlraum nicht freigeben.

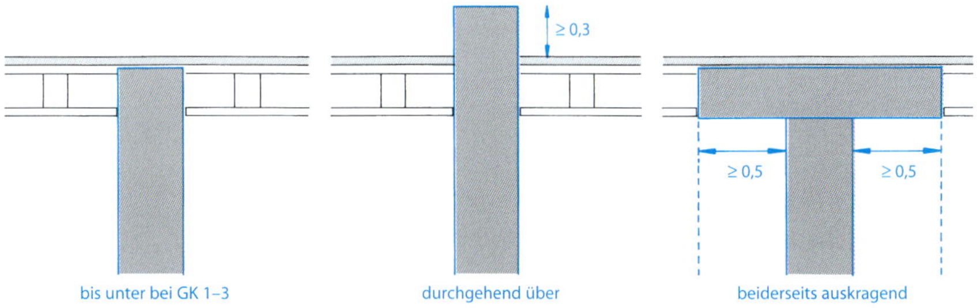

Zu Art. 28 (5)
Brandwände im Bereich der Dachhaut

Art. 28 (6) Müssen Gebäude oder Gebäudeteile, die über Eck zusammenstoßen, durch eine Brandwand getrennt werden, so muss der Abstand dieser Wand von der inneren Ecke mindestens 5 m betragen; das gilt nicht, wenn der Winkel der inneren Ecke mehr als 120 Grad beträgt oder mindestens eine Außenwand auf 5 m Länge als öffnungslose feuerbeständige Wand aus nichtbrennbaren Baustoffen, bei Gebäuden der Gebäudeklassen 1 bis 4 als öffnungslose hochfeuerhemmende Wand ausgebildet ist.

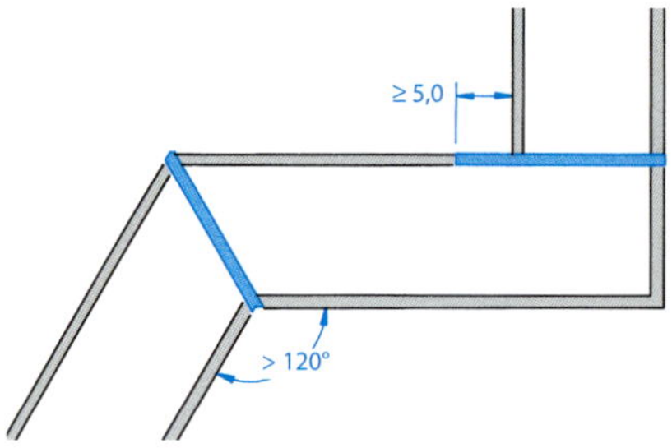

Zu Art. 28 (6)
Brandwände über Eck

Zu Art. 28 Abs. 6

Auszug aus: Vollzugshinweise zur BayBO in der Fassung vom 1. Juli 2013

„Die Ergänzung trägt dem Umstand Rechnung, dass nach Abs. 3 Satz 2 bei Gebäuden der Gebäudeklassen 1 bis 4 hochfeuerhemmende Wände anstelle von Brandwänden zulässig sind."

Art. 28 (7) [1]Bauteile mit brennbaren Baustoffen dürfen über Brandwände nicht hinweggeführt werden. [2]Bei Außenwandkonstruktionen, die eine seitliche Brandausbreitung begünstigen können, wie hinterlüfteten Außenwandbekleidungen oder Doppelfassaden, sind gegen die Brandausbreitung im Bereich der Brandwände besondere Vorkehrungen zu treffen. [3]Außenwandbekleidungen von Gebäudeabschlusswänden müssen einschließlich der Dämmstoffe und Unterkonstruktionen nichtbrennbar sein. [4]Bauteile dürfen in Brandwände nur so weit eingreifen, dass deren Feuerwiderstandsfähigkeit nicht beeinträchtigt wird; für Leitungen, Leitungsschlitze und Kamine gilt dies entsprechend.

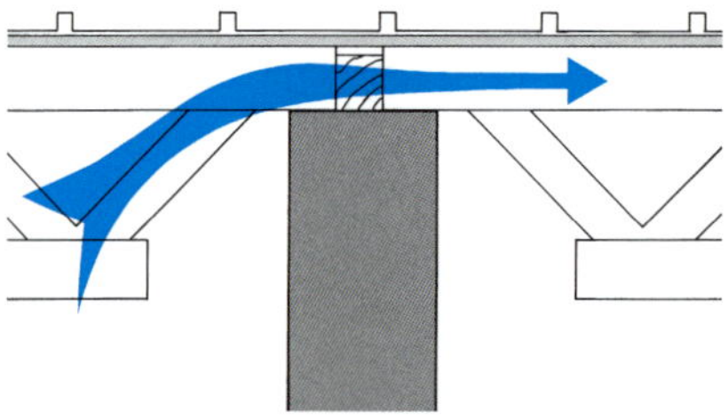

Zu Art. 28 (7)
Brandüberschlag

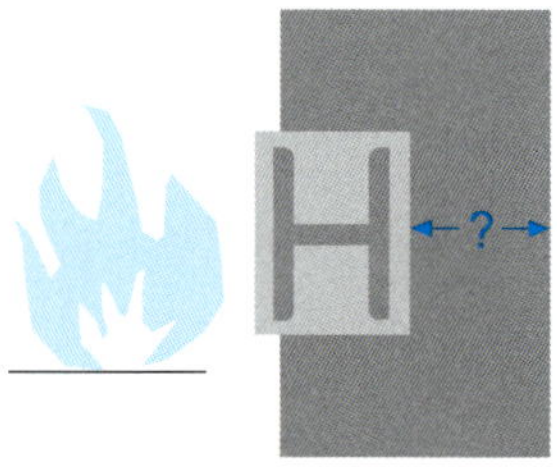

Zu Art. 28 (7)
Verbleibender Wandquerschnitt ausreichend?

Zu Art. 28 Abs. 7

Die Anforderungen an die Bekleidungsoberfläche (Anstrich, Beschichtung, Dünnputz etc.) ergeben sich aus Art. 26 Abs. 3.

Auszug aus: Vollzugshinweise zur BayBO in der Fassung vom 1. Juli 2013

„Satz 2 wird redaktionell an die entsprechende Regelung für Außenwände (Art. 26 Abs. 4) angepasst. Der neue Satz 3 verleiht dem auch bisher schon der Brandwandregelung zu Grunde liegenden Schutzziel Ausdruck, dass dieses Bauteil dazu dienen soll, einen Brand zunächst auch ohne Eingreifen der Feuerwehr zu stoppen und dass sich ein Brand daher nicht selbsttätig an ihm ausbreiten darf. Dabei können reine Oberflächenbeschichtungen wie Anstrich oder Putz schwerentflammbar (Art. 26 Abs. 3 Satz 1), abgesehen davon müssen jedoch Außenwandbekleidungen einschließlich der Dämmstoffe und Unterkonstruktionen nichtbrennbar sein."

Art. 28 (8) [1]Öffnungen in Brandwänden sind unzulässig. [2]Sie sind in inneren Brandwänden nur zulässig, wenn sie auf die für die Nutzung erforderliche Zahl und Größe beschränkt sind; die Öffnungen müssen feuerbeständige, dicht- und selbstschließende Abschlüsse haben.

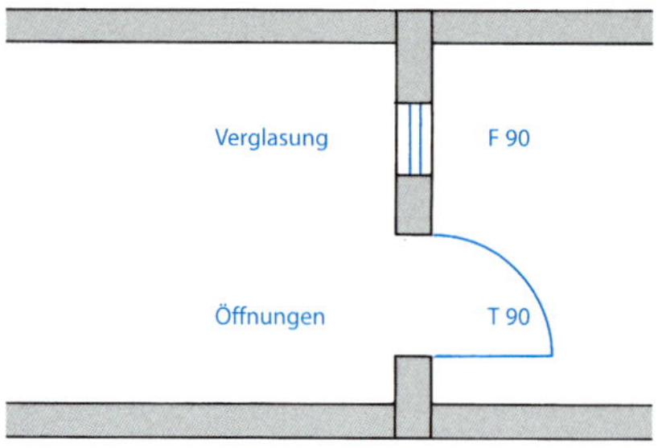

Zu Art. 28 (8)
Öffnungen in inneren Brandwänden

Art. 28 (9) In inneren Brandwänden sind feuerbeständige Verglasungen nur zulässig, wenn sie auf die für die Nutzung erforderliche Zahl und Größe beschränkt sind.

Zu Art. 28 Abs. 9

In äußeren Brandwänden sind verglaste Bauteile und Öffnungen unzulässig.

Art. 28 (10) Abs. 2 Satz 1 Nr. 1 und Satz 2 gilt nicht für seitliche Wände von Vorbauten im Sinn des Art. 6 Abs. 6 Satz 1 Nr. 2, wenn sie von dem Nachbargebäude oder der Nachbargrenze einen Abstand einhalten, der ihrer eigenen Ausladung entspricht, mindestens jedoch 1 m beträgt.

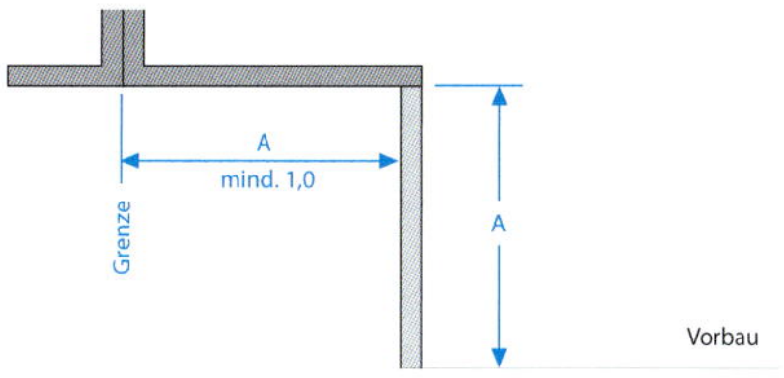

Zu Art. 28 (10)
Vorbauten

Zu Art. 28 Abs. 10
Die Regelung befasst sich nur mit der Qualität der Wände von Vorbauten, regelt aber nicht, dass Vorbauten überhaupt Wände haben müssen. Dies gilt z. B. für Balkone oder Balkongeländer. Bei Außenwänden ist Art. 26 Abs. 3 zu beachten.

Art. 28 (11) Die Abs. 4 bis 10 gelten entsprechend auch für Wände, die nach Abs. 3 Satz 2 an Stelle von Brandwänden zulässig sind.

Art. 29
Decken

Art. 29 (1) [1]Decken müssen als tragende und raumabschließende Bauteile zwischen Geschossen im Brandfall ausreichend lang standsicher und widerstandsfähig gegen die Brandausbreitung sein. [2]Sie müssen

1. in Gebäuden der Gebäudeklasse 5 feuerbeständig,
2. in Gebäuden der Gebäudeklasse 4 hochfeuerhemmend,
3. in Gebäuden der Gebäudeklassen 2 und 3 feuerhemmend,

sein. [3]Satz 2 gilt

1. für Geschosse im Dachraum nur, wenn darüber Aufenthaltsräume möglich sind; Art. 27 Abs. 4 bleibt unberührt,
2. nicht für Balkone, ausgenommen offene Gänge, die als notwendige Flure dienen.

Zu Art. 29 Abs. 1
Hinsichtlich der zeitlichen Dauer der Standsicherheit und Widerstandsfähigkeit von Decken gegen Brandausbreitung legt Satz 2 die näheren Anforderungen fest.
Für Decken über Räumen mit Explosions- und erhöhter Brandgefahr oder bei landwirtschaftlich genutzten Teilen bestehen erhöhte Anforderungen.
Die Ausnahme für Geschosse im Dachraum (Satz 3 Nr. 1) lässt Art. 27 Abs. 4 unberührt (feuerhemmende Decken, an die Trennwände geführt werden).

Art. 29 (2) [1]Im Kellergeschoss müssen Decken

1. in Gebäuden der Gebäudeklassen 3 bis 5 feuerbeständig,
2. in Gebäuden der Gebäudeklassen 1 und 2 feuerhemmend

sein. [2]Decken müssen feuerbeständig sein

1. unter und über Räumen mit Explosions- oder erhöhter Brandgefahr, ausgenommen in Wohngebäuden der Gebäudeklassen 1 und 2,
2. zwischen dem land- oder forstwirtschaftlich genutzten Teil und dem Wohnteil eines Gebäudes.

Zu Art. 29 Abs. 2 Satz 1 Nr. 1
Die Regelung fordert feuerbeständige Decken unter und über Räumen mit Explosions- oder erhöhter Brandgefahr und ergänzt die entsprechende Trennwandregelung von Art. 28.

Anforderung \ Gebäudeklasse	1	2	3	4	5
Decken, ausgenommen in Keller- und Dachgeschossen	–	feuerhemmend (R 30)	feuerhemmend (R 30)	hoch feuerhemmend (R 60)	feuerbeständig (R 90)
Geschosse im Dachraum, wenn darüber Aufenthaltsräume möglich sind	–	feuerhemmend (R 30)	feuerhemmend (R 30)	hoch feuerhemmend (R 60)	feuerbeständig (R 90)
Decken über Kellergeschossen	feuerhemmend (R 30)	feuerhemmend (R 30)	feuerbeständig (R 90)	feuerbeständig (R 90)	feuerbeständig (R 90)

Zu Art. 29 (1) und (2)
Anforderungen an Decken im Allgemeinen

Art. 29 (3) Der Anschluss der Decken an die Außenwand ist so herzustellen, dass er den Anforderungen aus Abs. 1 Satz 1 genügt.

Zu Art. 29 Abs. 3

Die Vorschrift berücksichtigt, dass zunehmend Fassadensysteme eingesetzt werden, die vor den Geschossdecken hochgeführt und nicht durch diese getrennt werden, und stellt klar, dass die Decke auch hier der Brandausbreitung von Geschoss zu Geschoss ausreichend lang widerstehen muss. Zu Außenwandkonstruktionen mit Hohlräumen, die durch die Decke nicht getrennt werden, siehe Art. 26 Abs. 4.

Art. 29 (4) Öffnungen in Decken, für die eine Feuerwiderstandsfähigkeit vorgeschrieben ist, sind nur zulässig

1. in Gebäuden der Gebäudeklassen 1 und 2,
2. innerhalb derselben Nutzungseinheit mit insgesamt nicht mehr als 400 m^2 in nicht mehr als zwei Geschossen,
3. im Übrigen, wenn sie auf die für die Nutzung erforderliche Zahl und Größe beschränkt sind und Abschlüsse mit der Feuerwiderstandsfähigkeit der Decke haben.

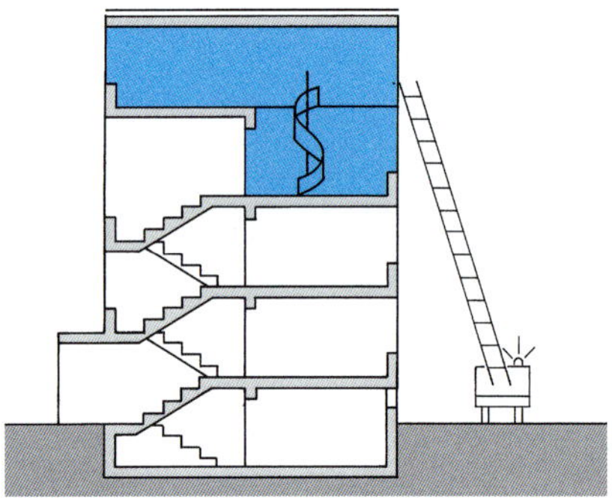

Zu Art. 29 (4)
Öffnungen innerhalb derselben Nutzungseinheit

Zu Art. 29 Abs. 4

Die Regelung ist kaskadenartig aufgebaut: Soweit eine Deckenöffnung bereits nach einer niedrigen Nummer erlaubt ist, ist ein Rekurs auf eine andere Nummer entbehrlich.

Art. 30
Dächer

Zu Art. 30

Die Regelung formuliert das allgemeine Schutzziel von Dächern und wird konkretisiert durch DIN 4102-7 „Bedachungen – Anforderungen und Prüfungen" und DIN EN 13501-5 „Klassifizierung mit den Ergebnissen aus Prüfungen von Bedachungen bei Beanspruchung durch Feuer von außen".

Art. 30 (1) Bedachungen müssen gegen eine Brandbeanspruchung von außen durch Flugfeuer und strahlende Wärme ausreichend lang widerstandsfähig sein (harte Bedachung).

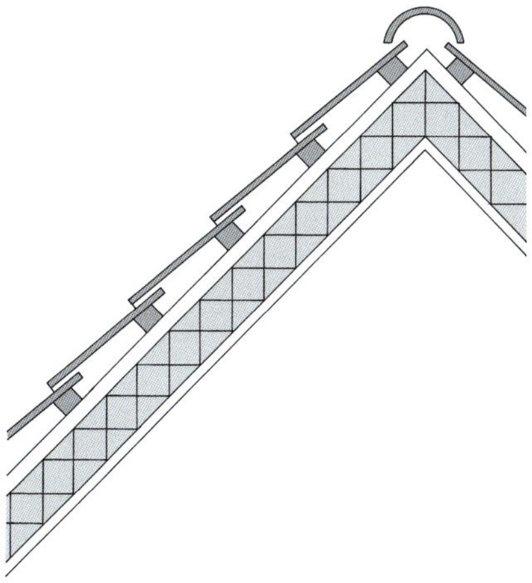

Zu Art. 30 (1)
Harte Bedachung (hier Dachziegel)

Zu Art. 30 Abs. 1

Harte Bedachungen sind u. a.

- künstliche und natürliche Dachziegel und -steine
- Metallbedachungen
- 5 cm Kiesschüttung
- einzelne bituminöse Abdichtungen

Art. 30 (2) [1]Bedachungen, die die Anforderungen nach Abs. 1 nicht erfüllen, sind zulässig bei Gebäuden der Gebäudeklassen 1 bis 3, wenn die Gebäude

1. einen Abstand von der Grundstücksgrenze von mindestens 12 m,
2. von Gebäuden auf demselben Grundstück mit harter Bedachung einen Abstand von mindestens 12 m,
3. von Gebäuden auf demselben Grundstück mit Bedachungen, die die Anforderungen nach Abs. 1 nicht erfüllen, einen Abstand von mindestens 24 m,
4. von Gebäuden auf demselben Grundstück ohne Aufenthaltsräume und ohne Feuerstätten mit nicht mehr als 50 m³ Brutto-Rauminhalt einen Abstand von mindestens 5 m

einhalten. [2]Soweit Gebäude nach Satz 1 Abstand halten müssen, genügt bei Wohngebäuden der Gebäudeklassen 1 und 2 in den Fällen

1. der Nrn. 1 und 2 ein Abstand von mindestens 9 m,
2. der Nr. 3 ein Abstand von mindestens 12 m.

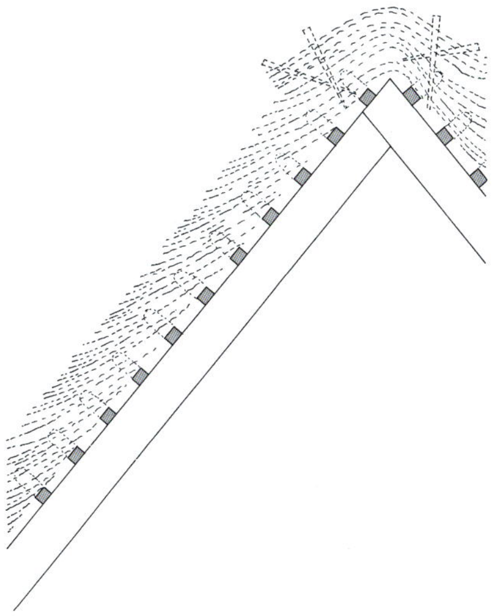

Zu Art. 30 (2)
Nicht harte Bedachung

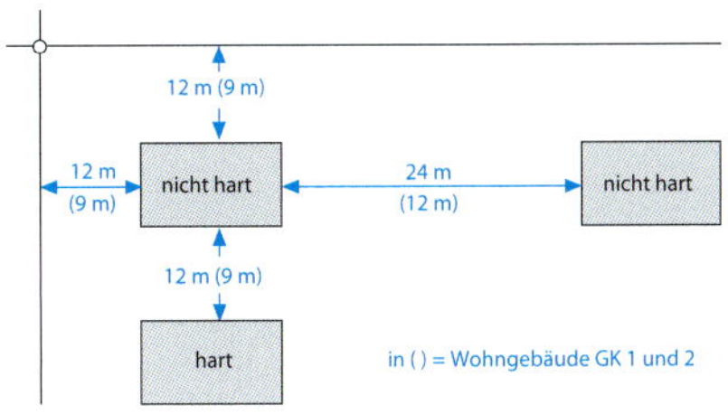

Zu Art. 30 (2)
Mindestabstände von Gebäuden mit einer nicht harten Bedachung

Zu Art. 30 Abs. 2

Die Vorschrift benennt Fälle, in denen unter Einhaltung bestimmter Gebäudeabstände eine andere (nicht harte) Art der Bedachung zulässig ist (weiche Bedachung).
Für Wohngebäude der Gebäudeklassen 1 und 2 werden geringere Abstände zugelassen.

Art. 30 (3) Die Abs. 1 und 2 gelten nicht für

1. Gebäude ohne Aufenthaltsräume und ohne Feuerstätten mit nicht mehr als 50 m³ Brutto-Rauminhalt,
2. lichtdurchlässige Bedachungen aus nichtbrennbaren Baustoffen; brennbare Fugendichtungen und brennbare Dämmstoffe in nichtbrennbaren Profilen sind zulässig,
3. Dachflächenfenster, Lichtkuppeln und Oberlichte von Wohngebäuden,
4. Eingangsüberdachungen und Vordächer aus nichtbrennbaren Baustoffen,
5. Eingangsüberdachungen aus brennbaren Baustoffen, wenn die Eingänge nur zu Wohnungen führen.

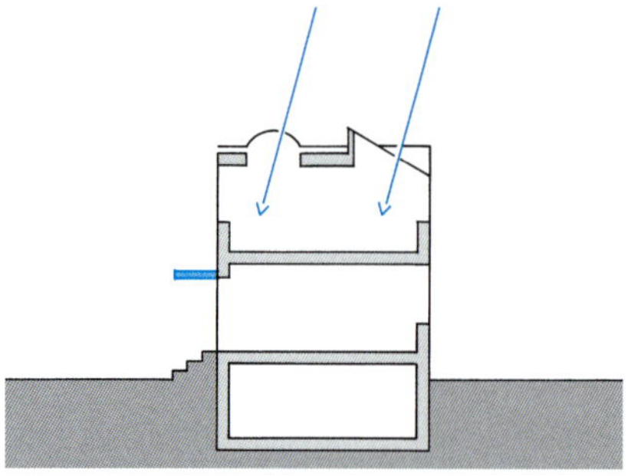

Zu Art. 30 (3)
Dachflächenfenster und Eingangsüberdachung

Zu Art. 30 Abs. 3

Abs. 3 enthält unbedingte Ausnahmen von den Absätzen 1 und 2 und konkretisiert sie. Anforderungen an tragende Bauteile in einem Dachgeschoss bestehen nicht, wenn darüber keine Aufenthaltsräume möglich sind (vgl. Art. 25 Abs. 1 Satz 3 und Art. 29 Abs. 1 Satz 3 Nr. 1).

Zu Art. 30 Abs. 3 Nr. 3

Auszug aus: Vollzugshinweise zur BayBO in der Fassung vom 1. Juli 2013

„Korrespondierend zu Art. 26 Abs. 2 Satz 2 wird auch hier der Ausnahmetatbestand auf Fenster als einzelne, öffenbare Elemente der Bedachung erweitert."

Art. 30 (4) Abweichend von den Abs. 1 und 2 sind

1. lichtdurchlässige Teilflächen aus brennbaren Baustoffen in Bedachungen nach Abs. 1 und
2. begrünte Bedachungen

zulässig, wenn eine Brandentstehung bei einer Brandbeanspruchung von außen durch Flugfeuer und strahlende Wärme nicht zu befürchten ist oder Vorkehrungen hiergegen getroffen werden.

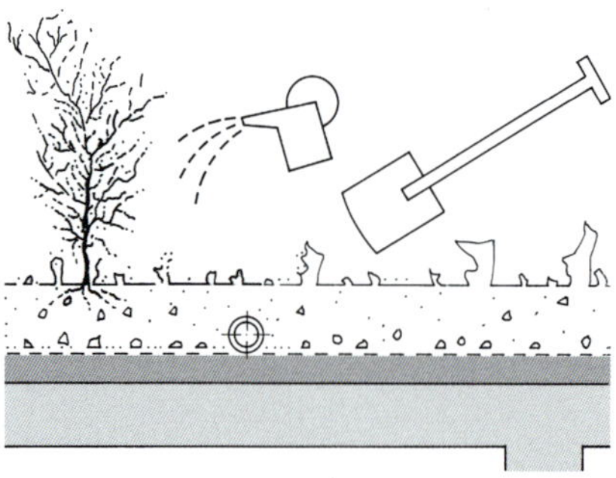

Zu Art. 30 (4)
Begrünte Bedachungen

Zu Art. 30 Abs. 4

Die Regelung enthält Ausnahmen von den Abs. 1 und 2 für lichtdurchlässige Teilflächen aus brennbaren Baustoffen; anstelle der konkreten Maße wird auf Abs. 1 Bezug genommen. Das allgemeine Schutzziel kann z. B. als eingehalten angenommen werden, wenn die folgenden Bedingungen erfüllt sind:

- Die Teilflächen nehmen höchstens ein Fünftel der Dachfläche ein und sind einzeln höchstens 6 m² groß mit einem Abstand untereinander und vom Dachrand von mindestens 1,25 m oder
- sie sind höchstens 2 m breit und 20 m lang mit einem Abstand untereinander und vom Dachrand von mindestens 2 m.

Art. 30 (5) ¹Dachüberstände, Dachgesimse und Dachaufbauten, lichtdurchlässige Bedachungen, Dachflächenfenster, Lichtkuppeln, Oberlichte und Solaranlagen sind so anzuordnen und herzustellen, dass Feuer nicht auf andere Gebäudeteile und Nachbargrundstücke übertragen werden kann. ²Von Brandwänden und von Wänden, die an Stelle von Brandwänden zulässig sind, müssen

1. mindestens 1,25 m entfernt sein
   a) Dachflächenfenster, Oberlichte, Lichtkuppeln und Öffnungen in der Bedachung, wenn diese Wände nicht mindestens 0,30 m über die Bedachung geführt sind, und
   b) Dachgauben und ähnliche Dachaufbauten aus brennbaren Baustoffen, wenn sie nicht durch diese Wände gegen Brandübertragung geschützt sind, und

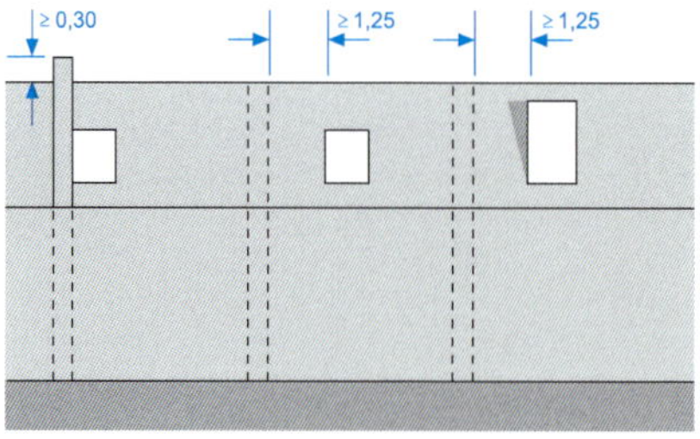

Zu Art. 30 (5)
Dachflächenfenster und Dachaufbauten

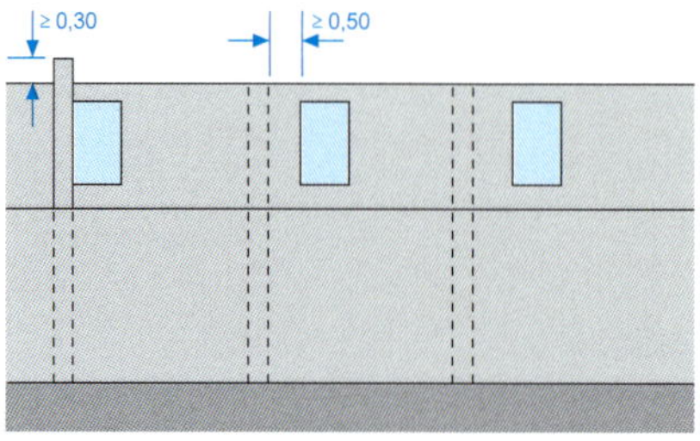

Zu Art. 30 (5)
Solaranlagen auf Bedachungen

Zu Art. 30 Abs. 5

Auszug aus: Erstes und Zweites Modernisierungsgesetz Bayern – Vollzugshinweise zu den Änderungen der Bayerischen Bauordnung vom 4. Februar 2025 (Tz. 30.5)

„Bei Solaranlagen auf Dächern entfällt die bisherige Unterscheidung zwischen dachparallel und nicht dachparallel installierten Anlagen. Damit ist nun für beide Arten einheitlich ein Mindestabstand von 0,5 m zu Brandwänden oder Wänden, die anstelle von Brandwänden zulässig sind, vorgegeben, soweit sie nicht durch diese Wände gegen Brandübertragung geschützt sind."

2. mindestens 0,50 m entfernt sein

Solaranlagen, wenn sie nicht durch diese Wände gegen Brandübertragung geschützt sind.

Art. 30 (6) [1]Dächer von traufseitig aneinandergebauten Gebäuden müssen als raumabschließende Bauteile für eine Brandbeanspruchung von innen nach außen einschließlich der sie tragenden und aussteifenden Bauteile feuerhemmend sein. [2]Öffnungen in diesen Dachflächen müssen waagerecht gemessen mindestens 1,25 m von der Brandwand oder der Wand, die an Stelle der Brandwand zulässig ist, entfernt sein.

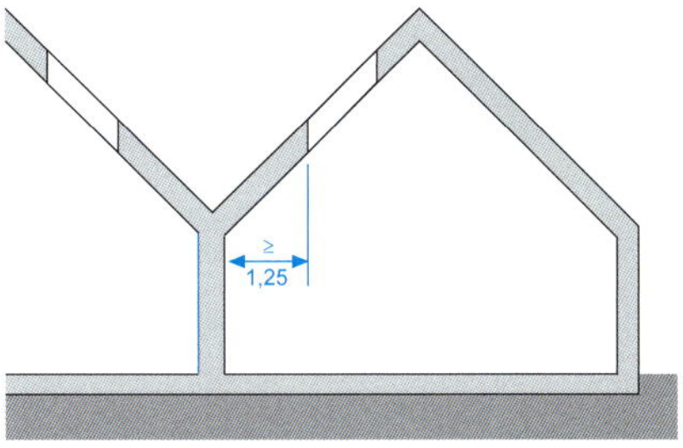

Zu Art. 30 (6)
Aneinandergebaute Gebäude

Zu Art. 30 Abs. 6
An Gebäude, die traufseitig aneinandergebaut sind, werden höhere Anforderungen gestellt. Dachschrägen oberhalb der Brandwand (Gebäudeabschlusswand) müssen sich direkt gegenüberliegen.

Art. 30 (7) [1]Dächer von Anbauten, die an Außenwände mit Öffnungen oder ohne Feuerwiderstandsfähigkeit anschließen, müssen innerhalb eines Abstands von 5 m von diesen Wänden als raumabschließende Bauteile für eine Brandbeanspruchung von innen nach außen einschließlich der sie tragenden und aussteifenden Bauteile die Feuerwiderstandsfähigkeit der Decken des Gebäudeteils haben, an den sie angebaut werden. [2]Das gilt nicht für Anbauten an Wohngebäude der Gebäudeklassen 1 bis 3.

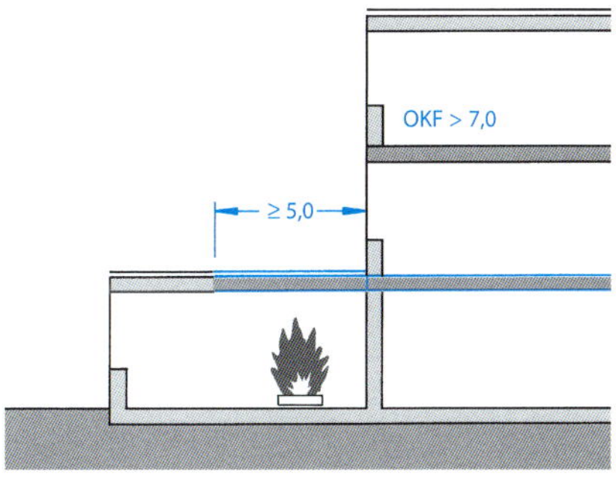

Zu Art. 30 (7)
Anbauten

Zu Art. 30 (7)
Sonderregel für Wohngebäude der Gebäudeklassen 1 bis 3 beachten

Art. 30 (8) Für vom Dach aus vorzunehmende Arbeiten sind sicher benutzbare Vorrichtungen anzubringen.

Zu Art. 30 (8)
Vorrichtungen für Wartungsarbeiten

Zu Art. 30 Abs. 8
Die Regelung dient dem Schutz von Personen, die regelmäßig, etwa Schornsteinfeger, vom Dach aus Arbeiten ausführen. Nicht gemeint sind Personen, die nur in Ausnahmefällen (z. B. bei Reparatur) vom Dach aus arbeiten.
Weiterhin sind Bestimmungen des Arbeitsschutzes zu beachten.

Abschnitt V
Rettungswege, Öffnungen, Umwehrungen

Art. 31
Rettungswege

Art. 31 (1) [1]Für Nutzungseinheiten mit mindestens einem Aufenthaltsraum wie Wohnungen, Praxen, selbstständige Betriebsstätten müssen in jedem Geschoss mindestens zwei voneinander unabhängige Rettungswege ins Freie vorhanden sein; beide Rettungswege dürfen jedoch innerhalb des Geschosses über denselben notwendigen Flur führen. [2]Abweichend von Satz 1 genügt ein Rettungsweg

1. aus Geschossen ohne Aufenthaltsräume,
2. bei zu ebener Erde liegenden Geschossen bis 400 m^2,

wenn dieser aus der Nutzungseinheit unmittelbar ins Freie führt; Art. 34 Abs. 3 Satz 4 gilt entsprechend.

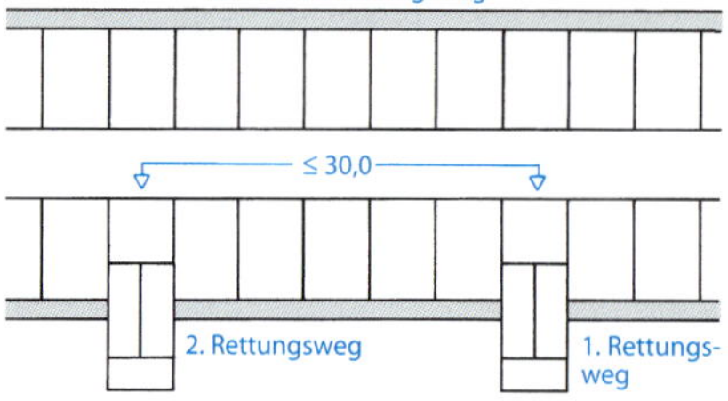

Zu Art. 31 (1)
Rettungswege über denselben notwendigen Flur

Zu Art. 31 Abs. 1 Satz 1

Jede Nutzungseinheit in jedem Geschoss (auch Erdgeschoss) muss zwei voneinander unabhängige Rettungswege ins Freie haben. Die jeweiligen Rettungswege dürfen über denselben notwendigen Flur führen. Regelmäßig führt der erste Rettungsweg über eine notwendige Treppe und der zweite Rettungsweg wird mithilfe eines Rettungsgerätes durch die Feuerwehr hergestellt.

Der Begriff „Nutzungseinheiten" umfasst beispielhaft

- Wohnungen und andere Aufenthaltsräume
- Praxen
- Betriebsstätten

Zu Art. 31 Abs. 1 Satz 2

Die Ausnahme privilegiert Anlagen, wenn die Eigenrettung weniger gefährdet ist. Der Rettungsweg darf jedoch nur max. 15 m lang sein (Art. 34 Abs. 3 Satz 4 gilt entsprechend).

Art. 31 (2) [1]Für Nutzungseinheiten nach Abs. 1, die nicht zu ebener Erde liegen, muss der erste Rettungsweg über eine notwendige Treppe führen. [2]Der zweite Rettungsweg kann eine weitere notwendige Treppe oder eine mit Rettungsgeräten der Feuerwehr erreichbare Stelle der Nutzungseinheit sein. [3]Ein zweiter Rettungsweg ist nicht erforderlich, wenn die Rettung über einen sicher erreichbaren Treppenraum möglich ist, in den Feuer und Rauch nicht eindringen können (Sicherheitstreppenraum).

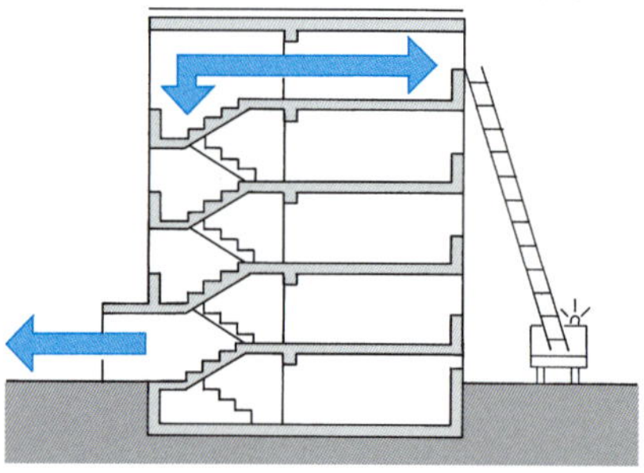

Zu Art. 31 (2)
1. und 2. Rettungsweg

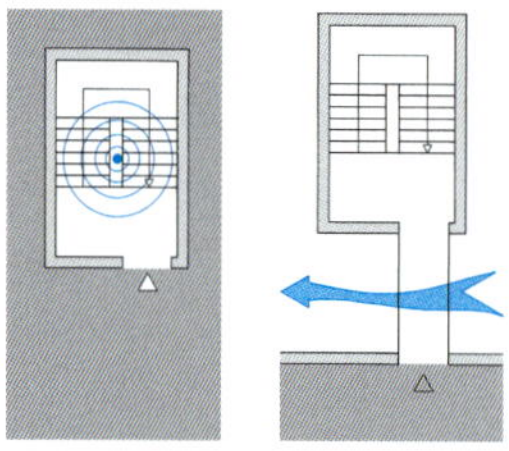

Zu Art. 31 (2)
Sicherheitstreppenraum

Zu Art. 31 Abs. 2

Es bestehen nebeneinander zwei Möglichkeiten für den zweiten Rettungsweg: eine weitere notwendige Treppe oder ein Rettungsweg, der mithilfe der Feuerwehr hergestellt wird.

Unter welchen Bedingungen ein Sicherheitstreppenraum angewandt werden kann, ergibt sich aus Abs. 3. Satz 3 verdeutlicht, dass der Sicherheitstreppenraum sicher erreichbar sein muss, was im Standardfall durch einen nach Art. 34 Abs. 3 ausgebildeten notwendigen Flur gewährleistet ist.

Art. 33 (7) [1]Notwendige Treppenräume müssen zu beleuchten sein. [2]Notwendige Treppenräume ohne Fenster müssen in Gebäuden mit einer Höhe nach Art. 2 Abs. 3 Satz 2 von mehr als 13 m eine Sicherheitsbeleuchtung haben.

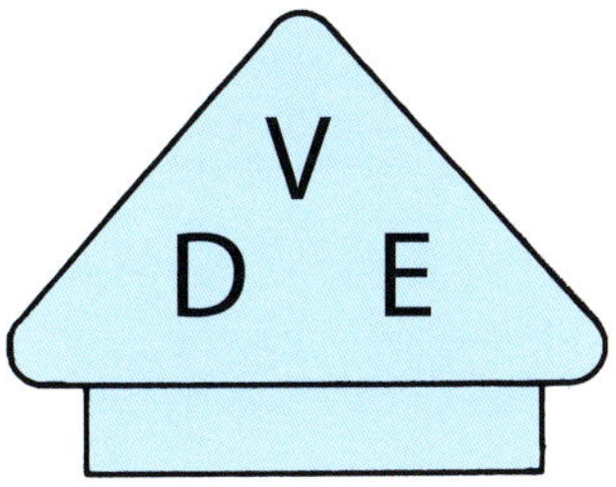

Zu Art. 33 (7)
Sicherheitsbeleuchtung

Zu Art. 33 Abs. 7

Die Regelung formuliert Anforderungen an die Beleuchtung und die Sicherheitsbeleuchtung.

Auszug aus: Vollzugshinweise zur BayBO in der Fassung vom 1. Juli 2013

„Durch die Neufassung der Regelung kommt besser als bisher zum Ausdruck, dass der Grund für die Forderung nach einer Sicherheitsbeleuchtung in notwendigen Treppenräumen mit einer Höhe von mehr als 13 m die fehlenden Fenster sind. Sie erfasst also auch fensterlose Treppenräume an einer Außenwand."

Art. 33 (8) [1]Notwendige Treppenräume müssen belüftet und zur Unterstützung wirksamer Löscharbeiten entraucht werden können. [2]Die Treppenräume müssen

1. in jedem oberirdischen Geschoss unmittelbar ins Freie führende Fenster mit einem freien Querschnitt von mindestens 0,50 m² haben, die geöffnet werden können, oder
2. an der obersten Stelle eine Öffnung zur Rauchableitung haben.

[3]Im Fall des Satzes 2 Nr. 1 ist in Gebäuden mit einer Höhe nach Art. 2 Abs. 3 Satz 2 von mehr als 13 m an der obersten Stelle eine Öffnung zur Rauchableitung erforderlich. [4]Öffnungen zur Rauchableitung nach Sätzen 2 und 3 müssen in jedem Treppenraum einen freien Querschnitt von mindestens 1 m² und Vorrichtungen zum Öffnen ihrer Abschlüsse haben, die vom Erdgeschoss sowie vom obersten Treppenabsatz aus bedient werden können.

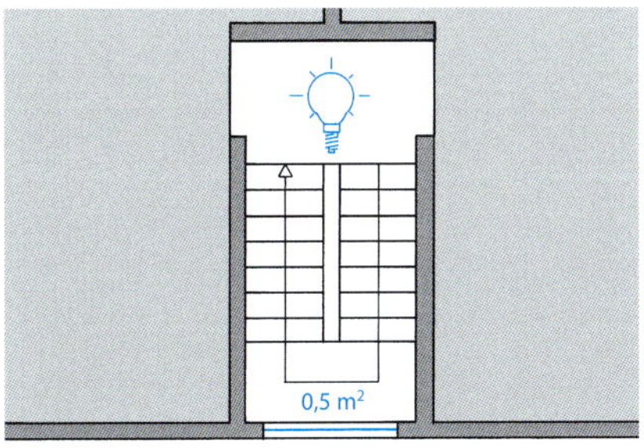

Zu Art. 33 (8)
Belüftung und Entrauchung

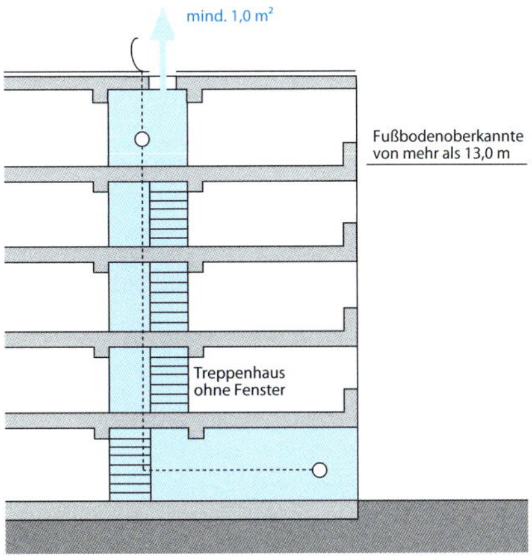

Zu Art. 33 (8)
Rauchableitung

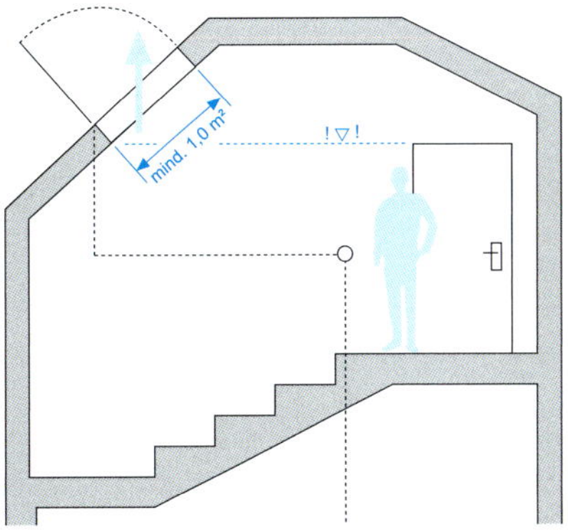

Zu Art. 33 (8)
Rauchableitung an der obersten Stelle im Treppenraum

Zu Art. 33 Abs. 8

In notwendigen Treppenhäusern sind üblicherweise öffenbare Fenster erforderlich, die auch der Rauchableitung dienen. Um Verwechslungen mit Rettungswegöffnungen (Art. 35 Abs. 4) zu vermeiden, wird eine Flächengröße (mindestens 0,50 m²) festgelegt.

Für alle innen liegenden und für Treppenräume in Gebäuden mit mehr als 13 m Höhe ist eine Öffnung zur Rauchableitung an der obersten Stelle erforderlich, deren Abschluss vom Erdgeschoss sowie vom obersten Treppenabsatz aus (manuell) geöffnet werden kann. Der Begriff „Öffnung zur Rauchableitung" stellt klar, dass weder eine Rauchabzugsanlage noch eine automatische Einschaltung verlangt werden; das Öffnen erfolgt meist durch die Feuerwehr, die auch die erforderliche Zuluftzufuhr (i. d. R. durch die offene Haustür) herstellt.

Auszug aus: Vollzugshinweise zur BayBO in der Fassung vom 1. Juli 2013

„Die Neufassung nennt nun das der Rauchableitung zu Grunde liegende Schutzziel, die Unterstützung wirksamer Löscharbeiten. Durch die redaktionelle Umstellung kommt klarer zum Ausdruck, dass zur Erfüllung dieses Schutzziels zunächst alternativ Fenster in der Außenwand oder eine Öffnung an oberster Stelle vorzusehen sind, dass jedoch ab einer Höhe (des Gebäudes) von mehr als 13 m eine Öffnung zur Rauchableitung an oberster Stelle immer erforderlich ist, auch bei Treppenräumen mit Fenstern."

Zu Art. 33 (8)
Treppenräume mit Fenster oder ohne Fenster

Art. 34
Notwendige Flure, offene Gänge

Art. 34 (1) [1]Flure, über die Rettungswege aus Aufenthaltsräumen oder aus Nutzungseinheiten mit Aufenthaltsräumen zu Ausgängen in notwendige Treppenräume oder ins Freie führen (notwendige Flure), müssen so angeordnet und ausgebildet sein, dass die Nutzung im Brandfall ausreichend lang möglich ist. [2]Notwendige Flure sind nicht erforderlich

1. in Wohngebäuden der Gebäudeklassen 1 und 2,
2. in sonstigen Gebäuden der Gebäudeklassen 1 und 2, ausgenommen in Kellergeschossen,
3. innerhalb von Nutzungseinheiten mit nicht mehr als 200 m^2 und innerhalb von Wohnungen,
4. innerhalb von Nutzungseinheiten, die einer Büro- oder Verwaltungsnutzung dienen, mit nicht mehr als 400 m^2; das gilt auch für Teile größerer Nutzungseinheiten, wenn diese Teile nicht größer als 400 m^2 sind, Trennwände nach Art. 27 Abs. 2 Nr. 1 haben und jeder Teil unabhängig von anderen Teilen Rettungswege nach Art. 31 Abs. 1 hat.

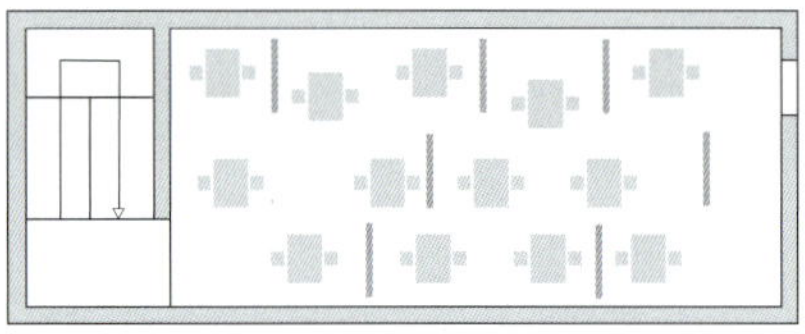

Zu Art. 34 (1)
In Nutzungseinheit für Büro oder Verwaltung: bis 400 m^2 ist kein Flur notwendig.

Zu Art. 34 Abs. 1 Satz 1
Die Regelung formuliert Funktionsbeschreibung und Schutzziel. Dies wird bei Einhaltung der nachfolgenden Anforderungen unterstellt.

Zu Art. 34 Abs. 1 Satz 2
Die Regelung nimmt bestimmte Fälle von den Anforderungen an Flure aus.

Zu Art. 34 Abs. 1 Satz 2 Nr. 3
Mehr als zwei Geschosse dürfen nicht durch Deckenöffnungen miteinander in Verbindung stehen (Art. 29 Abs. 4 Nr. 2).

Auszug aus: Vollzugshinweise zur BayBO in der Fassung vom 1. Juli 2013
„Durch die Änderung der Reihenfolge in Abs. 1 Satz 2 Nr. 3 wird klargestellt, dass sich die Begrenzung der Fläche – auf nicht mehr als 200 m^2 – nur auf die (sonstigen) Nutzungseinheiten bezieht, nicht auf die Wohnungen."

Art. 34 (2) [1]Notwendige Flure müssen so breit sein, dass sie für den größten zu erwartenden Verkehr ausreichen. [2]In den Fluren ist eine Folge von weniger als drei Stufen unzulässig.

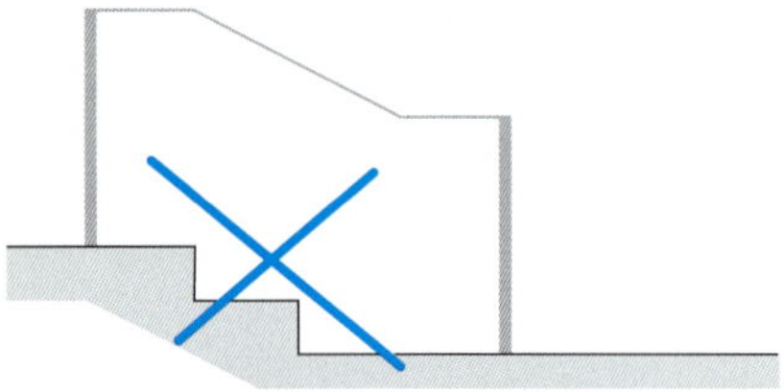

Zu Art. 34 (2)
In notwendigen Fluren sind weniger als 3 Stufen unzulässig.

Art. 34 (3) [1]Notwendige Flure sind durch nichtabschließbare, rauchdichte und selbstschließende Abschlüsse in Rauchabschnitte zu unterteilen. [2]Die Rauchabschnitte sollen nicht länger als 30 m sein. [3]Die Abschlüsse sind bis an die Rohdecke zu führen; sie dürfen bis an die Unterdecke der Flure geführt werden, wenn die Unterdecke feuerhemmend ist. [4]Notwendige Flure mit nur einer Fluchtrichtung, die zu einem Sicherheitstreppenraum führen, dürfen nicht länger als 15 m sein. [5]Die Sätze 1 bis 4 gelten nicht für notwendige Flure, die als offene Gänge vor den Außenwänden angeordnet sind.

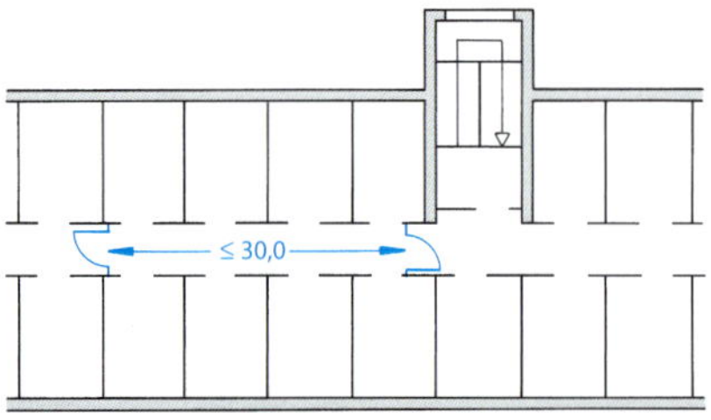

Zu Art. 34 (3)
Rauchabschnitte bilden

Zu Art. 34 Abs. 3
Um auszuschließen, dass der sich ausbreitende Rauch oberhalb der abgehängten Decke den Rauchabschluss „überläuft", sind Rauchabschlüsse bis an die Rohdecke zu führen. Der obere Anschluss an eine Unterdecke ist aber dann zulässig, wenn die Decke feuerhemmend ist, weil dadurch ein vergleichbarer Rauchabschluss zu erwarten ist, ohne dass weitere Maßnahmen erforderlich wären.
Von Satz 4 unberührt bleibt eine ggf. kürzere Länge in Sonderbauten, wie in Hochhäusern (siehe Nr. 3.7.1.2 der HHR).

Art. 34 (4) [1]Die Wände notwendiger Flure müssen als raumabschließende Bauteile feuerhemmend, in Kellergeschossen, deren tragende und aussteifende Bauteile feuerbeständig sein müssen, feuerbeständig sein. [2]Die Wände sind bis an die Rohdecke zu führen. [3]Sie dürfen bis an die Unterdecke der Flure geführt werden, wenn die Unterdecke feuerhemmend und ein demjenigen nach Satz 1 vergleichbarer Raumabschluss sichergestellt ist. [4]Türen in diesen Wänden müssen dicht schließen; Öffnungen zu Lagerbereichen im Kellergeschoss müssen feuerhemmende, dicht- und selbstschließende Abschlüsse haben.

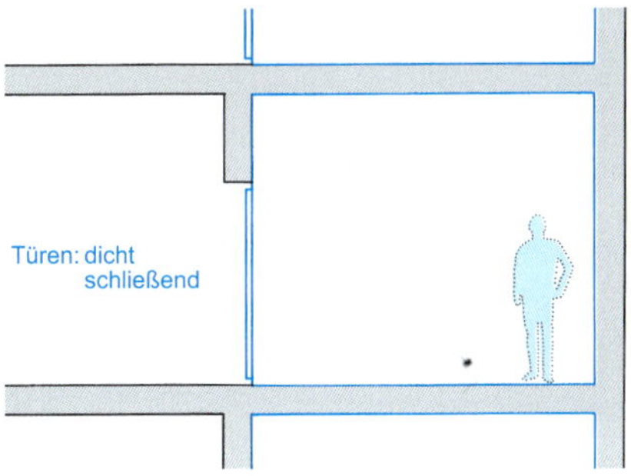

Zu Art. 34 (4)
Dicht schließende Türen

Zu Art. 34 Abs. 4

Flurwände müssen brandschutztechnischen Anforderungen genügen. Die Anforderung „feuerhemmend" genügt (außer im Kellergeschoss) für alle Gebäudeklassen. Die Feuerwiderstandsfähigkeit bezieht sich auf den Raumabschluss. Notwendige Flure von Aufenthaltsräumen in Kellergeschossen müssen – wie die Trennwände von Aufenthaltsräumen in Kellergeschossen – der Feuerwiderstandsfähigkeit der Tragkonstruktion des Kellergeschosses entsprechen, ggf. also feuerbeständig sein.

Der obere Anschluss an eine Unterdecke ist zulässig, wenn die Unterdecke feuerhemmend und der Raumabschluss sichergestellt ist, was in der Regel ein bauaufsichtlich zugelassenes System voraussetzt.

Satz 4 enthält eine Erleichterung für Türen in Flurwänden und verlangt nur, dass sie dicht schließen (dreiseitig umlaufende Dichtung, ein formeller Nachweis ist nicht erforderlich); zu Lagerbereichen in Kellergeschossen werden dagegen feuerhemmende Feuerschutzabschlüsse verlangt.

Art. 34 (5) [1]Für Wände und Brüstungen notwendiger Flure mit nur einer Fluchtrichtung, die als offene Gänge vor den Außenwänden angeordnet sind, gilt Abs. 4 entsprechend. [2]Fenster sind in diesen Außenwänden ab einer Brüstungshöhe von 0,90 m zulässig.

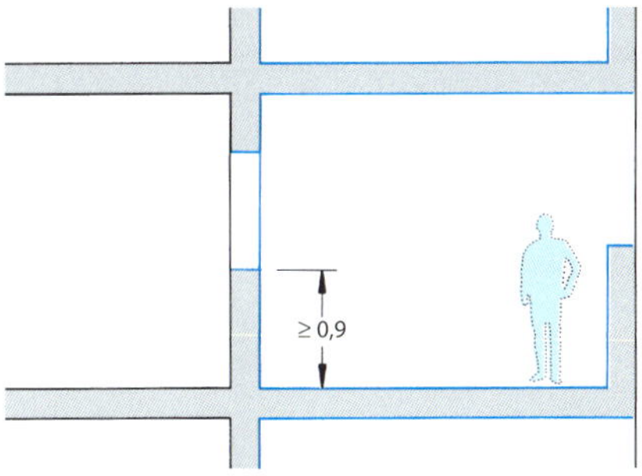

Zu Art. 34 (5)
Gänge vor Außenwänden

Zu Art. 34 Abs. 5

Abs. 5 regelt die Ausbildung der Wände von offenen Gängen, die anstelle von notwendigen Fluren die einzige Verbindung zwischen Aufenthaltsräumen und notwendigen Treppenräumen darstellen. Wandanforderungen werden an Gänge gestellt, die nur in einer Fluchtrichtung benutzt werden können. Unter „Wänden" sind hier die Außenwand, vor der der Gang liegt, und seine Brüstung zu verstehen. Diese müssen entsprechend Abs. 4 (raumabschließend) feuerhemmend sein.

Eine umwehrungsseitige Brüstung muss geschlossen und raumabschließend feuerhemmend ausgebildet werden. Ist ein Feuerüberschlag nicht zu befürchten, z. B. wegen besonders tiefer Gangbreiten und/oder der Anordnung von Schürzen, kann auf die geschlossene feuerhemmende Brüstung durch eine gesondert zu beantragende Abweichung (Art. 63) teilweise oder ganz verzichtet werden.

Art. 34 (6) In notwendigen Fluren sowie in offenen Gängen nach Abs. 5 müssen

1. Bekleidungen, Putze, Unterdecken und Dämmstoffe aus nichtbrennbaren Baustoffen bestehen,
2. Wände und Decken aus brennbaren Baustoffen eine Bekleidung aus nichtbrennbaren Baustoffen in ausreichender Dicke haben.

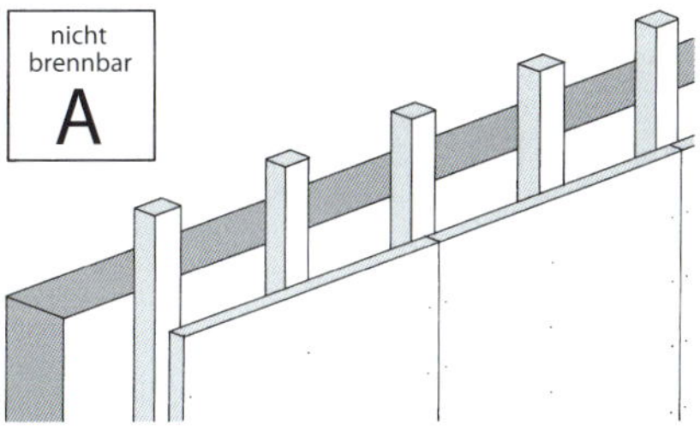

Zu Art. 34 (6)
Bekleidungen

Zu Art. 34 Abs. 6

Abs. 6 regelt die Anforderungen an die flurseitig verwendeten Baustoffe.

Art. 35
Fenster, Türen, sonstige Öffnungen

Art. 35 (1) [1]Glastüren und andere Glasflächen, die bis zum Fußboden allgemein zugänglicher Verkehrsflächen herabreichen, sind so zu kennzeichnen, dass sie leicht erkannt werden können. [2]Weitere Schutzmaßnahmen sind für größere Glasflächen vorzusehen, wenn dies die Verkehrssicherheit erfordert.

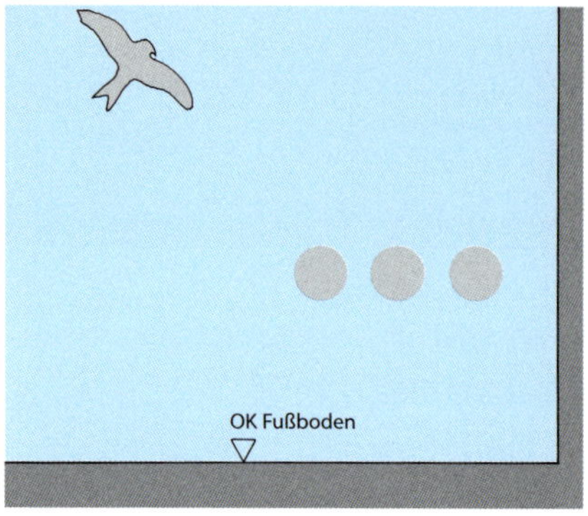

Zu Art. 35 (1)
Glasflächen kennzeichnen

Art. 35 (2) Eingangstüren von Wohnungen, die über Aufzüge erreichbar sein müssen, müssen eine lichte Durchgangsbreite von mindestens 0,90 m haben.

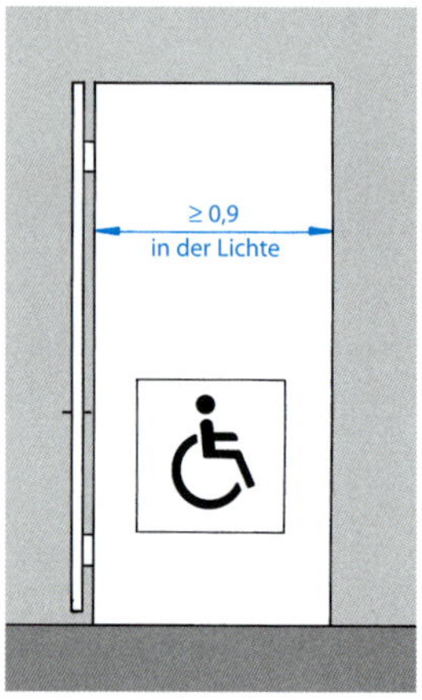

Zu Art. 35 (2)
Durchgangsbreite einer Wohnungseingangstür

Zu Art. 35 Abs. 2
Die Regelung dient dem barrierefreien Zugang zur bzw. aus der Wohnung. Insofern sind auch die Art. 37 (Aufzüge) und 48 (Barrierefreies Bauen) zu beachten.

Art. 35 (3) [1]Jedes Kellergeschoss ohne Fenster muss mindestens eine Öffnung ins Freie haben, um eine Rauchableitung zu ermöglichen. [2]Gemeinsame Kellerlichtschächte für übereinander liegende Kellergeschosse sind unzulässig.

Zu Art. 35 Abs. 3
Ohne Öffnung ins Freie ist eine Rauchableitung aus einem Kellergeschoss ohne Fenster nicht oder nur über den notwendigen Treppenraum möglich. Der Anforderung kann auch durch eine anlagentechnische Maßnahme zur Rauchabführung entsprochen werden.

Art. 35 (4) [1]Fenster, die als Rettungswege nach Art. 31 Abs. 2 Satz 2 dienen, müssen in der Breite mindestens 0,60 m, in der Höhe mindestens 1 m groß, von innen zu öffnen und nicht höher als 1,20 m über der Fußbodenoberkante angeordnet sein. [2]Liegen diese Fenster in Dachschrägen oder Dachaufbauten, so darf ihre Unterkante oder ein davor liegender Austritt von der Traufkante horizontal gemessen nicht mehr als 1 m entfernt sein.

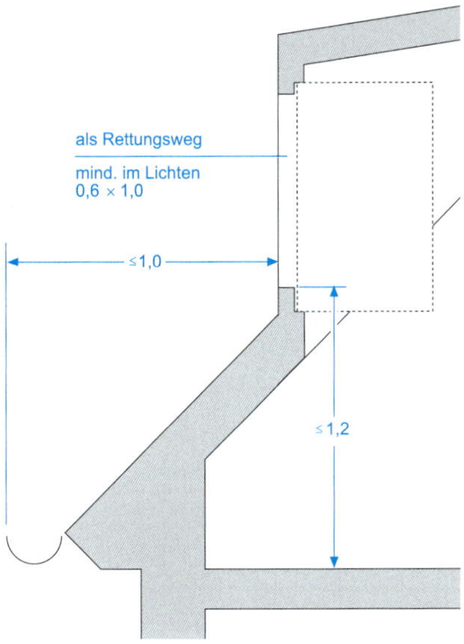

Zu Art. 35 (4)
Fenster als Rettungsweg

Zu Art. 35 Abs. 4

Die in den technischen Regeln üblichen Maße von Breite und Höhe von Rettungsfenstern (z. B. DIN 4172 „Maßordnung im Hochbau") verlangen, dass diese hochformatig sein müssen. Die Mindestgröße muss faktisch den Betroffenen zur Verfügung stehen und darf insbesondere nicht durch Fensterunterteilungen gesplittet werden.

Art. 36
Umwehrungen

Zu Art. 36

Schutzzweck der Regelung ist das Verhindern von Abstürzen. Dies ist insbesondere bei der Ausbildung von Umwehrungen zu beachten, für die Art. 36 keine konkreten Vorgaben macht.

Art. 36 (1) In, an und auf baulichen Anlagen sind zu umwehren

1. Flächen, die im Allgemeinen zum Begehen bestimmt sind und unmittelbar an mehr als 0,50 m tiefer liegende Flächen angrenzen; das gilt nicht, wenn die Umwehrung dem Zweck der Flächen widerspricht,
2. Dächer, die zum Aufenthalt von Menschen bestimmt sind, sowie Öffnungen und nicht begehbare Flächen in diesen Dächern und in begehbaren Decken, soweit sie nicht sicher abgedeckt oder gegen Betreten gesichert sind,
3. die freien Seiten von Treppenläufen, Treppenabsätzen und Treppenöffnungen (Treppenaugen); Fenster, die unmittelbar an Treppen und deren Brüstungen unter der notwendigen Umwehrungshöhe liegen, sind zu sichern.

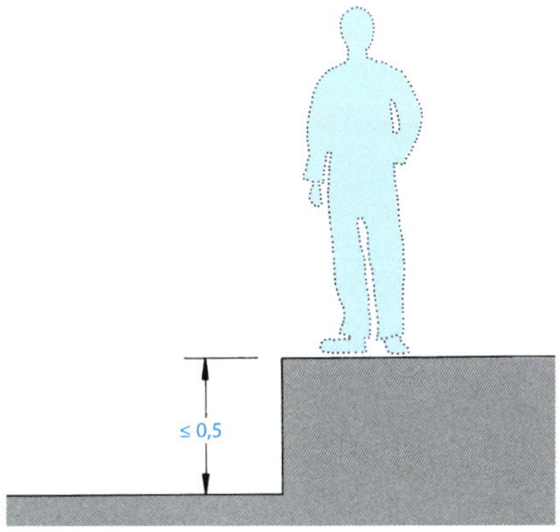

Zu Art. 36 (1)
Tiefer liegende Flächen

Art. 36 (2) [1]Die Umwehrungen müssen ausreichend hoch und fest sein. [2]Ist mit der Anwesenheit unbeaufsichtigter Kleinkinder auf der zu sichernden Fläche üblicherweise zu rechnen, müssen Umwehrungen so ausgebildet werden, dass sie Kleinkindern das Über- oder Durchklettern nicht erleichtern; das gilt nicht innerhalb von Wohngebäuden der Gebäudeklassen 1 und 2 und innerhalb von Wohnungen.

Abschnitt VI
Technische Gebäudeausrüstung

Art. 37
Aufzüge

Art. 37 (1) ¹Aufzüge im Innern von Gebäuden müssen eigene Fahrschächte haben, um eine Brandausbreitung in andere Geschosse ausreichend lang zu verhindern. ²In einem Fahrschacht dürfen bis zu drei Aufzüge liegen. ³Aufzüge ohne eigene Fahrschächte sind zulässig

1. innerhalb eines notwendigen Treppenraums, ausgenommen in Hochhäusern,
2. innerhalb von Räumen, die Geschosse überbrücken,
3. zur Verbindung von Geschossen, die offen miteinander in Verbindung stehen dürfen,
4. in Gebäuden der Gebäudeklassen 1 und 2;

sie müssen sicher umkleidet sein.

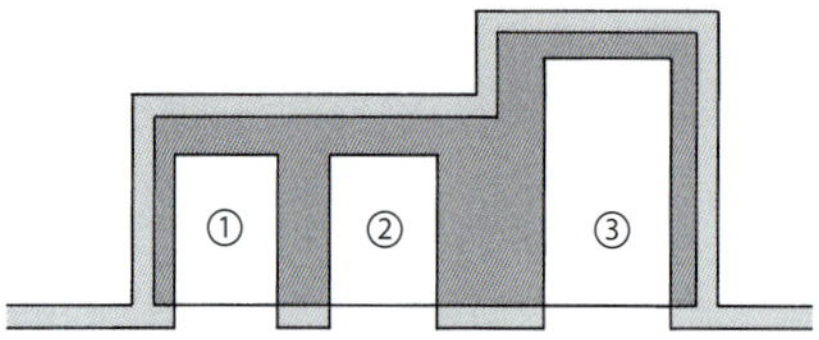

Zu Art. 37 (1)
Aufzüge mit eigenem Fahrschacht

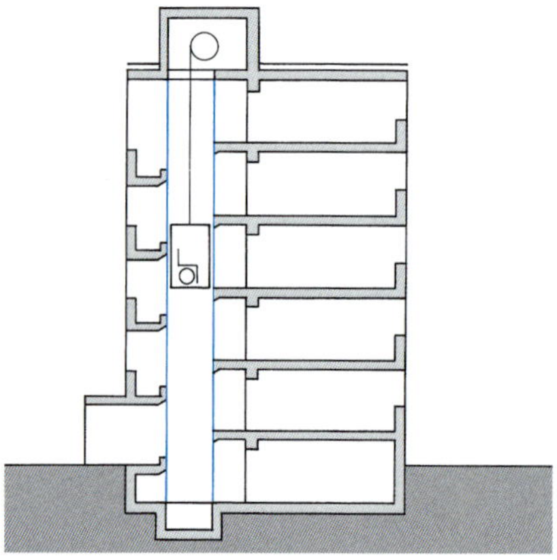

Zu Art. 37 (1)
Aufzüge ohne eigenen Fahrschacht

Zu Art. 37 Abs. 1
Schutzziel der Einbringung von Fahrschächten ist die Verhinderung der Brandausbreitung von Geschoss zu Geschoss.
Aufzüge ohne eigenen Fahrschacht gemäß Satz 3 müssen alle sicher umkleidet sein (siehe letzten Halbsatz). Aufzüge ohne eigenen Fahrschacht können z. B. auch Plattformlifte sein. Hinweise und Anforderungen zu Plattformliften und deren barrierefreien Nutzbarkeit enthalten die BayTB in Anlage A 4.2/3Bay unter Punkt 010. Außen liegende Aufzüge gehören nicht zum Regelungsbereich von Art. 37.

Zu Art. 37 Abs. 1 Satz 3 Nr. 3
Die Regelung betrifft Maisonettewohnungen.

Art. 37 (2) ¹Die Fahrschachtwände müssen als raumabschließende Bauteile

1. in Gebäuden der Gebäudeklasse 5 feuerbeständig und aus nichtbrennbaren Baustoffen,
2. in Gebäuden der Gebäudeklasse 4 hochfeuerhemmend,
3. in Gebäuden der Gebäudeklasse 3 feuerhemmend

sein; Fahrschachtwände aus brennbaren Baustoffen müssen schachtseitig eine Bekleidung aus nicht brennbaren Baustoffen in ausreichender Dicke haben. ²Fahrschachttüren und andere Öffnungen in Fahrschachtwänden mit erforderlicher Feuerwiderstandsfähigkeit sind so herzustellen, dass die Anforderungen nach Abs. 1 Satz 1 nicht beeinträchtigt werden.

Zu Art. 37 Abs. 2
Die Regelung bestimmt die Anforderungen an raumabschließende Fahrschachtwände.

Art. 46 (5) Sollen Nutzungseinheiten mit Aufenthaltsäumen in bestandsgeschützten Gebäuden in Wohnraum umgewandelt werden, sind auf bestehende Bauteile Art. 6, 25, 26, 28, 29 und 30 nicht anzuwenden.

Art. 46 (6) [1]Sollen bestandsgeschützte Gebäude zur Schaffung von Wohnraum erstmals um nicht mehr als ein Geschoss aufgestockt werden, so sind auf bestehende Bauteile die Art. 25 bis 29 und 32 bis 34 nicht anzuwenden. [2]Im Bereich der Aufstockung gelten die Anforderungen an die bisherige Gebäudeklasse. [3]In den Wänden notwendiger Treppenräume müssen Öffnungen zu Kellergeschossen mindestens feuerhemmende und selbstschließende Abschlüsse haben. [4]Soweit bei bestehenden Gebäuden in notwendigen Treppenräumen die Treppe selbst oder Wand- und Deckenbekleidungen aus brennbaren Baustoffen bestehen, müssen Öffnungen zu Nutzungseinheiten im Bereich der Aufstockung mindestens feuerhemmende und selbstschließende Abschlüsse haben. [5]Soweit in notwendigen Treppenräumen keine Fenster nach Art. 33 Abs. 8 Satz 2 Nr. 1 vorhanden sind, ist an oberster Stelle eine Öffnung nach Art. 33 Abs. 8 Satz 2 Nr. 2 zu schaffen. [6]Der zweite Rettungsweg nach Art. 31 Abs. 2 Satz 2 ist nachzuweisen.

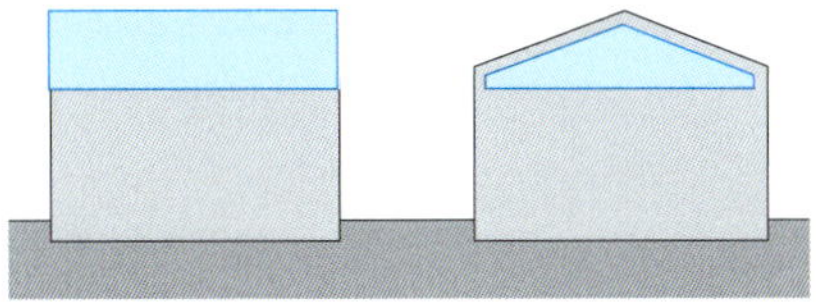

Zu Art. 46 (6)
Aufstockung und Dachgeschossausbau

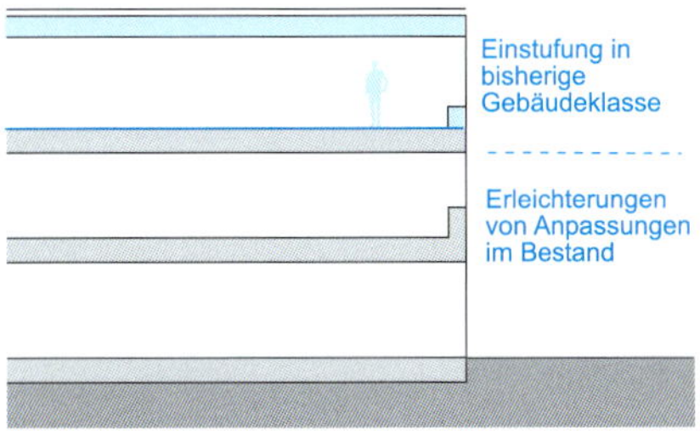

Zu Art. 46 (6)
Bisherige Gebäudeklasse mit ihren materiellen Anforderungen bei Aufstockung genügend

Zu Art. 46 Abs. 5
Die Regelung erleichtert die Umwidmung von bestehenden Nutzungseinheiten in Wohnungen, indem die Regelungen zu Abstandsflächen sowie zu tragenden Wänden, Außenwänden, Brandwänden, Decken und Dächer für bestehende Bauteile für unbeachtlich erklärt werden.

Wichtige Änderung
Zu Art. 46 Abs. 6
Der neue Absatz erleichtert den eingeschossigen Aufbau auf bestandsgeschützte Gebäude. Bestehende tragende Wände und Stützen, Außenwände, Trennwände, Brandwände, Decken, Treppen sowie notwendige Treppenräume und Flure müssen hinsichtlich ihrer Feuerwiderstandsfähigkeit nicht angepasst werden.

Auszug aus: Erstes und Zweites Modernisierungsgesetz Bayern – Vollzugshinweise zu den Änderungen der Bayerischen Bauordnung vom 4. Februar 2025 (Tz. 46.6)
„Trotz Änderung der Gebäudeklasse muss das Gebäude nicht die materiellen Anforderungen erfüllen, die für die neue Gebäudeklasse gelten. […] Für den Bereich der Aufstockung kann für die neuen Bauteile die Feuerwiderstandsfähigkeit der bisherigen Gebäudeklasse angesetzt werden. Voraussetzung ist, dass Gebäude und Nutzung bestandsgeschützt sind und die Aufstockung um nicht mehr als ein Geschoss erfolgt. Mit einer einmal nach dieser Vorschrift erfolgten Aufstockung ist dieses Privileg verbraucht. […] Lediglich für notwendige Treppenräume kann durch die Aufstockung eine Anpassung im Bestand erforderlich werden, die sich aber auf wenige wichtige Einrichtungen wie Öffnungsabschlüsse zu Kellergeschossen und im Bereich der Aufstockung (bei vorhandener Treppe oder Bekleidungen aus brennbaren Baustoffen) oder Öffnungen zur Rauchableitung (bei Treppenraum ohne Fenster) beschränkt. Der zweite Rettungsweg ist für neue Bereiche oder Nutzungseinheiten im Bereich der Aufstockung stets erforderlich, unabhängig von der bisherigen oder künftigen Gebäudeklasse.
Die Regelung gilt im „Erst-Recht-Schluss“ auch für den Dachgeschossausbau bestandsgeschützter Gebäude zu Wohnzwecken, wenn sich dadurch ein Gebäudeklassenwechsel ergibt, beispielsweise durch Einbau einer dritten Nutzungseinheit in Gebäuden der Gebäudeklassen 1 oder 2 oder durch die Errichtung von Dachgauben, um Aufenthaltsräume zu ermöglichen. Zu beachten ist die materielle Anforderung nach einem zweiten Rettungsweg gemäß Art. 31 Abs. 2 Satz 2. Ein formeller Nachweis, wie ihn Satz 6 klarstellend für Aufstockungen vorsieht, ist allerdings für den Ausbau von Dachgeschossen nicht verlangt, da sie verfah-

rensfrei sind (Art. 57 Abs. 1 Nr. 18). Es versteht sich von selbst, dass bei einer Aufstockung oder einem Dachgeschossausbau, der keinen Gebäudeklassenwechsel zur Folge hat, keine Veranlassung besteht, die von der Änderung nicht berührten Teile des Gebäudes anzupassen."

Art. 47
Stellplätze, Verordnungsermächtigung

Art. 47 (1) [1]Wenn die Gemeinde dies durch Satzung nach Art. 81 Abs. 1 Nr. 4 angeordnet hat, sind Stellplätze auf dem Baugrundstück oder auf einem geeigneten Grundstück in der Nähe des Baugrundstücks herzustellen. [2]Bei Herstellung der Stellplätze auf einem geeigneten Grundstück in der Nähe des Baugrundstücks ist dessen Benutzung für diesen Zweck gegenüber dem Rechtsträger der Bauaufsichtsbehörde rechtlich zu sichern.

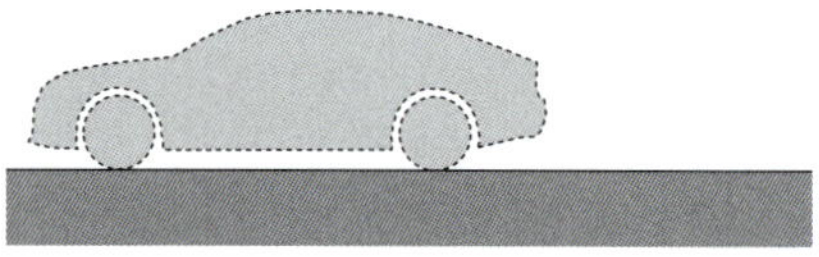

Zu Art. 47 (1)
Notwendige Stellplätze für Kfz herstellen

Wichtige Änderung
Zu Art. 47 Abs. 1

Anders als bisher, werden Stellplätze auf oder in Nähe des Grundstücks nur dann notwendig, wenn eine kommunale Satzung dies vorschreibt. Im Falle einer Verlagerung auf benachbarte Grundstücke, muss die Stellplatznutzung (z. B. durch Baulast) rechtlich gesichert sein.
Die notwendigen Stellplätze für Kfz liegen auf privatem Grund und nicht im öffentlichen Straßenraum und können auch in Garagen nachgewiesen werden.

Art. 47 (2) [1]Die Zahl der notwendigen Stellplätze nach Abs. 1 Satz 1 legt das Staatsministerium für Wohnen, Bau und Verkehr durch Rechtsverordnung fest. [2]Wird eine geringere Zahl notwendiger Stellplätze durch Satzung nach Art. 81 Abs. 1 Nr. 4 festgelegt, ist diese Zahl maßgeblich.

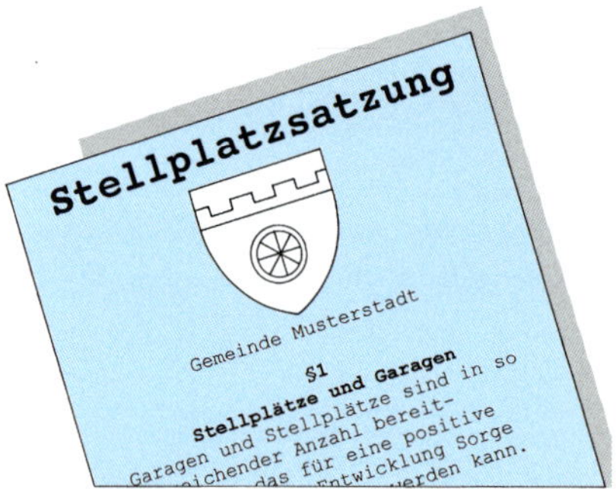

Zu Art. 47 (2)
Örtliche bzw. städtische Stellplatzsatzung beachten

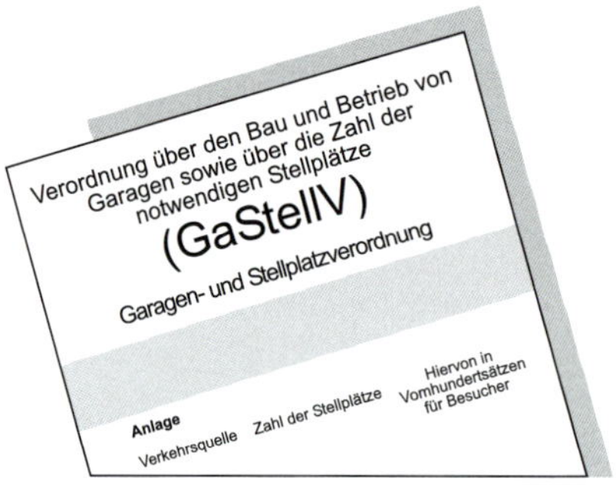

Zu Art. 47 (2)
Hinweise zur Zahl von notwendigen Stellplätzen liefert die GaStellV, siehe hierzu „Verordnung über den Bau und Betrieb von Garagen sowie über die Zahl der notwendigen Stellplätze".

Zu Art. 47 Abs. 2

Der unbestimmte Rechtsbegriff der „ausreichenden Zahl" der jeweils erforderlichen Stellplätze muss einzelfallbezogen im Baugenehmigungsverfahren konkretisiert werden; dabei können die Richtzahlen aus der GaStellV als Auslegungshilfe herangezogen werden, soweit nicht örtliche Stellplatzrichtlinien bestehen.
Existiert im kommunalen Gebiet weder eine örtliche Bauvorschrift noch eine städtebauliche Satzung, die Regelungen zu Stellplätzen trifft, ist subsidiär die GaStellV anzuwenden (Satz 2).

Art. 48
Barrierefreies Bauen

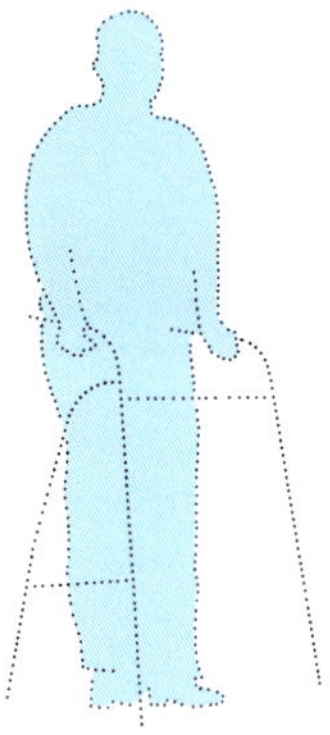

Zu Art. 48
Barrierefreie Erreichbarkeit

Zu Art. 48
Bayerische Technische Baubestimmungen (BayTB), siehe „Formulare und begleitende Vorschriften"

Zu Art. 48
Barrierefreies Bauen meint, dass Gebäude, Außenanlagen und der öffentliche Bereich ohne besondere Erschwernis und ohne fremde Hilfe erreichbar und nutzbar für alle Nutzergruppen mit unterschiedlichen Fähigkeitseinschränkungen sind. Fähigkeitseinschränkungen können sein:

- motorisch (Lähmung)
- sensorisch (Gehörlosigkeit)
- kognitiv (geistige Störung).

Auszug aus: Vollzugshinweise zur BayBO 2013 vom 1. Juli 2013 (Tz. 0.3)
„Technische Baubestimmungen
Der einzufordernde Standard des barrierefreien Bauens wird künftig durch die als Technische Baubestimmungen einzuführenden technischen Regeln festgelegt. ‚DIN 18040 Barrierefreies Bauen – Planungsgrundlagen, Teil 1: Öffentlich zugängliche Gebäude' und ‚DIN 18040 Barrierefreies Bauen – Planungsgrundlagen, Teil 2: Wohnungen' werden unter der lfd. Nr. 7.3 mit den zugehörigen Anlagen 7.3/01 und 7.3/02 in der Liste der Technischen Baubestimmungen veröffentlicht werden. Auch die Änderungen und Ergänzungen durch die Anlagen gehören zum Inhalt der Technischen Baubestimmungen. Mit der Bekanntmachung vom 30.11.2012 wird die Verbindlichkeit dieser Technischen Baubestimmungen zum 01.07.2013 geregelt; maßgeblich für die Anwendung ist, wie für die Änderungen in Art. 37 und Art. 48, bei Sonderbauten das Datum der Baugenehmigung, bei Bauvorhaben im vereinfachten Genehmigungsverfahren, bei Bauvorhaben, die von der Genehmigung freigestellt sind, und bei verfahrensfreien Bauvorhaben der Baubeginn."

Art. 48 (1) [1]In Gebäuden mit mehr als zwei Wohnungen müssen die Wohnungen eines Geschosses barrierefrei erreichbar sein; diese Verpflichtung kann auch durch barrierefrei erreichbare Wohnungen in mehreren Geschossen erfüllt werden. [2]In Gebäuden mit mehr als zwei Wohnungen und mit nach Art. 37 Abs. 4 Satz 1 erforderlichen Aufzügen muss ein Drittel der Wohnungen barrierefrei erreichbar sein. [3]In den Wohnungen nach den Sätzen 1 und 2 müssen die Wohn- und Schlafräume, eine Toilette, ein Bad, die Küche oder Kochnische sowie der Raum mit Anschlussmöglichkeit für eine Waschmaschine barrierefrei sein. [4]Art. 32 Abs. 6 Satz 2, Art. 35 Abs. 2 und Art. 37 Abs. 4 und 5 bleiben unberührt.

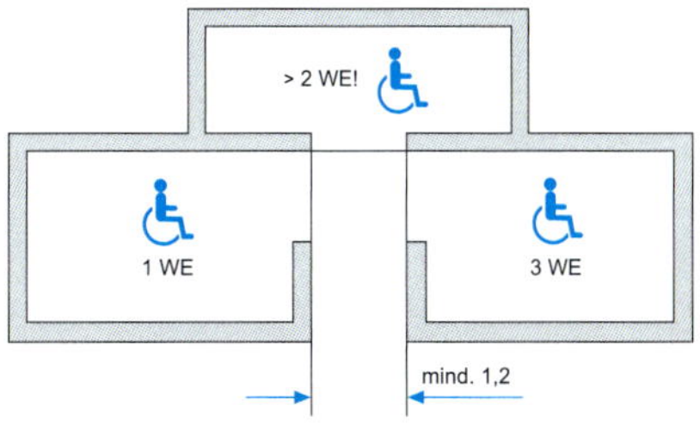

Zu Art. 48 (1)
Barrierefreie Erreichbarkeit einer Geschossebene

Zu Art. 48 Abs. 1
Barrierefrei erreichbare und nutzbare Wohnungen müssen nachgewiesen werden in

- Gebäuden mit mehr als zwei Wohnungen und
- bei Gebäuden mit Aufzügen.

Die Wohnungen eines Geschosses in Gebäuden mit mehr als zwei Wohnungen müssen barrierefrei erreichbar sein. Die Anordnung der Wohnungen in mehreren Geschossen ist möglich, wenn die barrierefreie Erreichbarkeit über die Geschosse hinweg – z. B. durch einen Aufzug – gegeben ist.
Das Gleiche gilt für Gebäude mit Wohnungen, in denen ein Aufzug erforderlich ist. Hier muss mindestens ein Drittel aller Wohnungen den barrierefreien Anforderungen genügen.

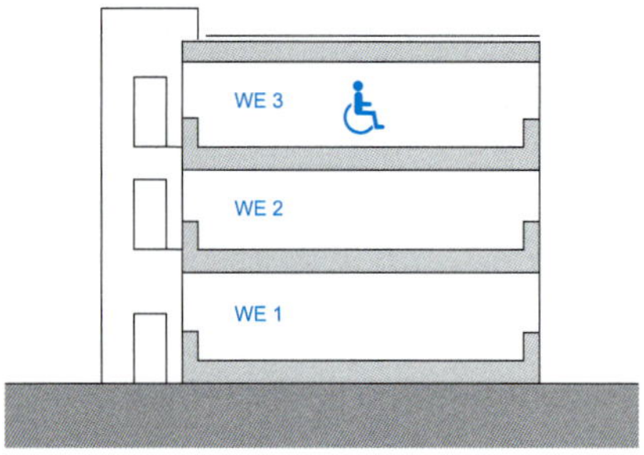

Zu Art. 48 (1)
Lage barrierefreier Wohnungen geschossübergreifend möglich

DIN 18040-2

Zu Art. 48 (1)
Die DIN 18040-2 beachten

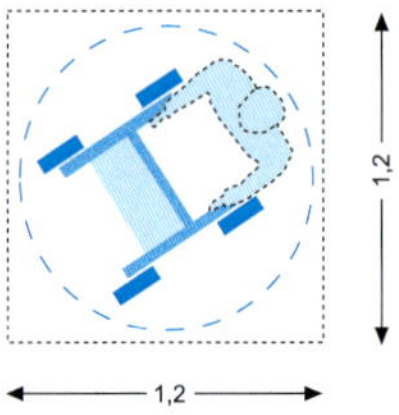

Zu Art. 48 (1)
Bewegungsflächen innerhalb von Wohnungen (DIN 18040-2, Abschnitt 5.4)

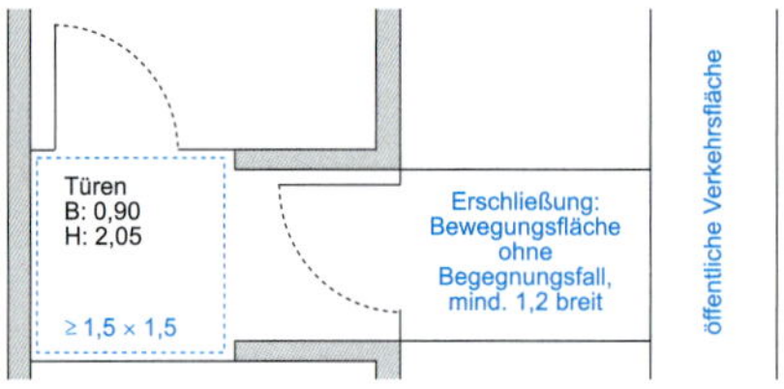

Zu Art. 48 (1)
Zugänglichkeit von der öffentlichen Verkehrsfläche zur Wohnung (DIN 18040-2, Abschnitt 4.2)

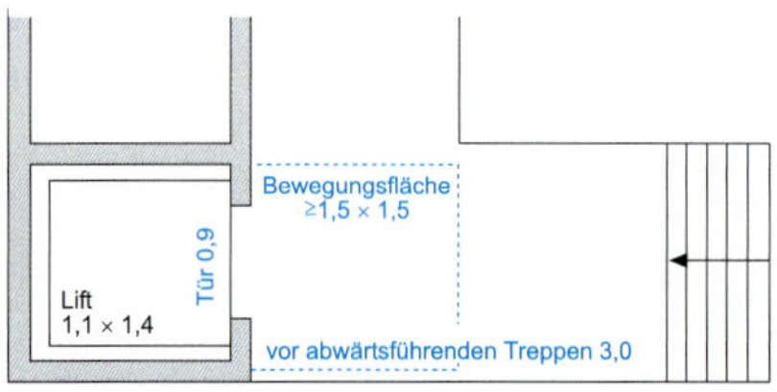

Zu Art. 48 (1)
Bewegungsflächen vor Aufzugsanlagen und direkt abwärtsführenden Treppen (DIN 18040-2, Abschnitt 4.3.5)

Die Wohnungen müssen wenigstens in Bezug auf Wohn- und Schlafräume, eine Toilette, ein Bad, die Küche/Kochnische sowie den Raum für den Anschluss der Waschmaschine barrierefrei erreichbar sein; für andere Räume gilt das Barrierefreiheitserfordernis nicht.

Die DIN 18040-2 ist in der Liste Technischer Baubestimmungen enthalten und mit der dort beschriebenen Anlage anzuwenden.

In DIN 18040-2 wird unterschieden zwischen
- barrierefrei nutzbaren Wohnungen und
- barrierefrei und uneingeschränkt mit dem Rollstuhl nutzbaren Wohnungen („R"-Anforderung).

Die R-Anforderung ist von Gesetzes wegen nicht zwingend zu erfüllen. Die Bewegungsfläche innerhalb dieser Wohnungen beträgt mindestens 1,2 m x1,2 m (DIN 18040-2, Abschnitt 5).

Auszug aus: Vollzugshinweise zur BayBO 2013 vom 1. Juli 2013 (Tz. 48.1)

„Art. 48 Abs. 1 wird geändert, da sich künftig die Anforderungen an die barrierefreie Erreichbarkeit von Wohnungen nicht mehr aus Art. 48, sondern aus der als Technische Baubestimmung einzuführenden DIN 18040-2 ergeben, die ab 01.07.2013 zusammen mit der zugehörigen Anlage 7.3/02 verbindlich zu beachten ist. Daher entfällt auch die Regelung der Detailanforderungen im bisherigen Abs. 4. Gleiches gilt für die Anforderungen an die Zugänglichkeit mit dem Rollstuhl und die barrierefreie Nutzbarkeit bestimmter Räume einer Wohnung, die im Übrigen unverändert benannt sind.

Klarstellend wird auf Folgendes hingewiesen: *Damit die Anforderungen an das barrierefreie Bauen bei niedrigeren Wohngebäuden auch weiterhin ohne Aufzugsanlagen, begrenzt auf das Erdgeschoss, erfüllt werden können, ist die Regelung in Satz 1 nach wie vor nicht auf eine bestimmte Anzahl von barrierefreien Wohnungen, sondern auf eine barrierefreie Geschossebene bezogen. Satz 2 dagegen stellt für höhere Gebäude mit ohnehin erforderlichen Aufzügen nicht auf die Geschossebene, sondern auf die Anzahl der Wohnungen im Gebäude ab.*

Soweit von der in Satz 1 Halbsatz 2 genannten Alternative Gebrauch gemacht wird und barrierefreie Wohnungen in mehreren Geschossen verteilt werden, ergibt sich daraus in der Regel auch das Erfordernis von barrierefreien Aufzügen, unabhängig vom Erfordernis nach Art. 37 Abs. 4 Satz 1. Bei Aufzügen, die der barrierefreien Erreichbarkeit von Wohnungen nach Satz 1 oder 2 dienen, sind die Vorgaben der als Technische Baubestimmung einzuführenden DIN 18040-2 zu beachten; die Anforderungen des Art. 37 Abs. 4 und 5 reichen dafür nicht aus."

Auszug aus: BayTB, Ausgabe Oktober 2018, Anlage A 4.2/3Bay

„[...] Zu DIN 18040-2

Die Einführung bezieht sich auf Wohnungen, soweit sie nach Art. 48 Abs. 1 BayBO barrierefrei sein müssen.

Bei der Anwendung der Technischen Baubestimmung ist Folgendes zu beachten:

01. Die Norm ist regelmäßig anzuwenden, wenn bauaufsichtliche Anforderungen an das barrierefreie Bauen gestellt werden.

02. Die Abschnitte 4.3.6 und 4.4 und 5.6 sowie alle Anforderungen mit der Kennzeichnung „R" sind von der Einführung ausgenommen.

03. Für Wohnungen nach Art. 48 Abs. 1 BayBO genügt es, wenn ein Fenster eines Aufenthaltsraums je Wohnung Abschnitt 5.3.2 Satz 2 entspricht. Zulässig sind auch Fenster, deren Brüstungen aufgrund der Anforderungen an die Kindersicherheit eine Höhe von 70 cm über OFF aufweisen.

04. Abweichend von Abschnitt 5.5.6 ist im Sanitärraum eine Badewanne anstelle eines Duschplatzes schon bei der Errichtung zulässig, sofern der Raum so dimensioniert und bauseits vorbereitet ist, dass ein barrierefreier Duschplatz nachträglich möglich ist. [...]"

Öffnungen und Durchgänge	notwendige Abmessung (m)
Wohnungseingangstür	0,9 × 2,05
Tür innerhalb der Wohnung	0,8 × 2,05
Flur innerhalb der Wohnung	1,2
Fenster für Durchblick in sitzender Position, Brüstung durchsichtig ab	0,7 gem. BayTB

Zu Art. 48 (1)
Übersicht über Hauptmaße für Öffnungen und Durchgänge in barrierefrei nutzbaren Wohnungen ohne „R"-Anforderung (DIN 18040-2, Abschnitt 5)

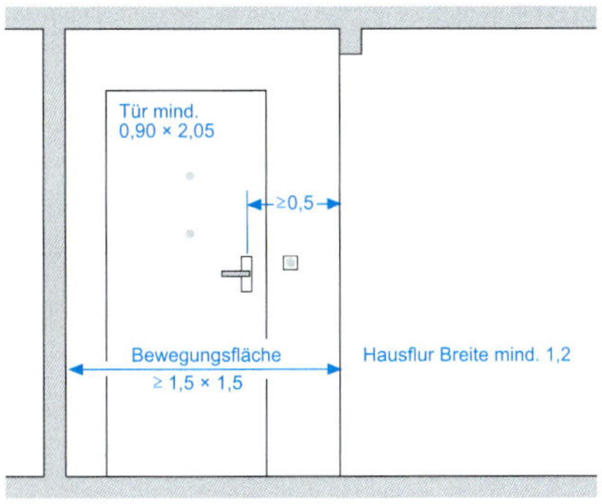

Zu Art. 48 (1)
Wohnungseingangstüren
(DIN 18040-2, Abschnitt 5.3)

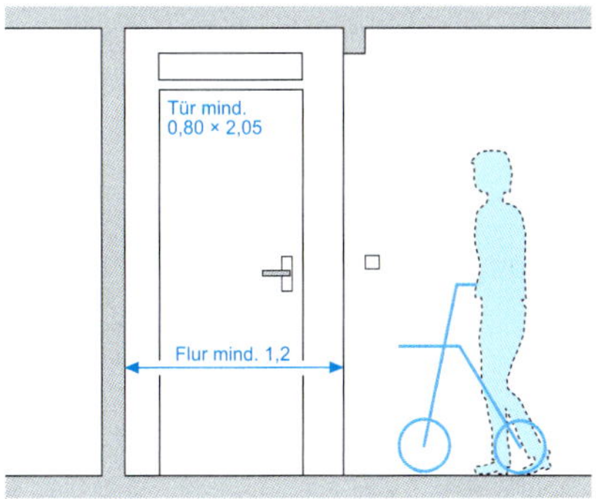

Zu Art. 48 (1)
Türen und Flure innerhalb von Wohnungen
(DIN 18040-2, Abschnitt 5.3.1)

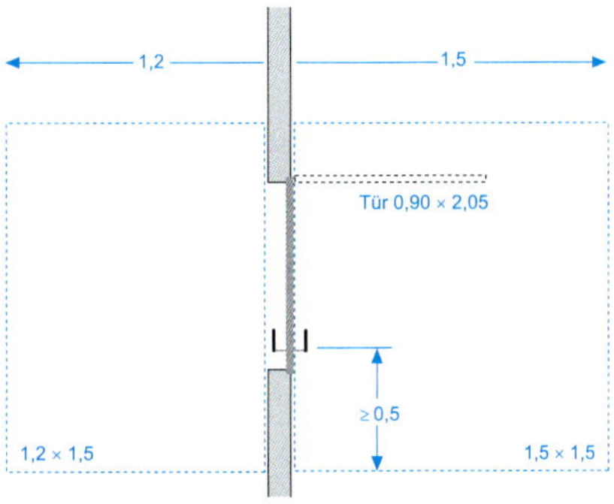

Zu Art. 48 (1)
Bewegungsflächen vor Drehflügeltüren im Regelfall (DIN 18040-2, Abschnitt 4.3.3)

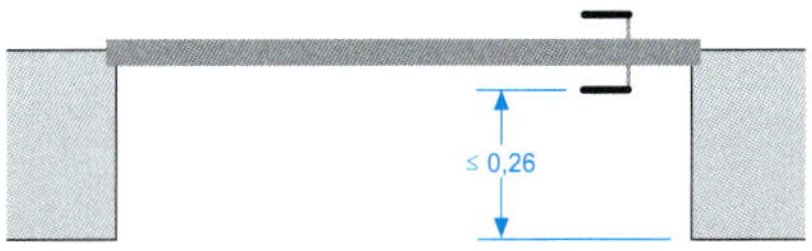

Zu Art. 48 (1)
Greiftiefe vor Bedienelementen, Abschnitt 4.3.3.2)

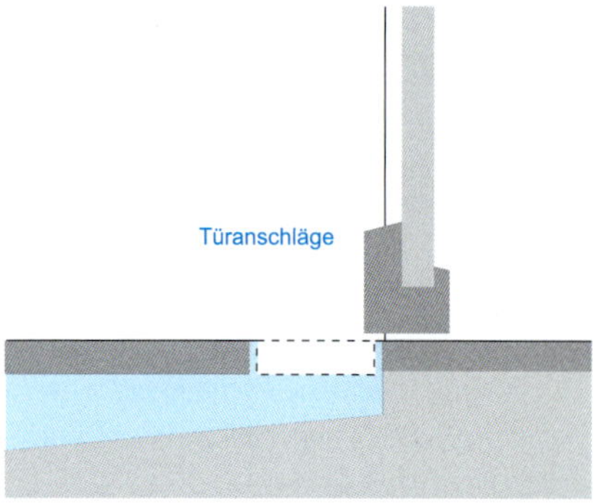

Zu Art. 48 (1)
Türen (DIN 18040-2, Abschnitt 4.3)

Aktivität	**notwendige Bewegungsfläche (in m)**
Wenden und Drehen	1,2 × 1,2
Durchgang zwischen Einrichtungen	0,9
vor Möbeln, die bedient werden	1,2
ein Bett, eine Längsseite und andere Längsseite	1,2 0,9
vor Kücheneinrichtungen	1,2
jeweils vor Sanitärobjekten	1,2 × 1,2
neben Sanitärobjekten	0,2
Freisitz	1,2 × 1,2
Bewegungsflächen dürfen sich überlagern.	

Zu 48 (1)
Übersicht über Bewegungsflächen in barrierefrei nutzbaren Wohnungen ohne „R"-Anforderung (DIN 18040-2, Abschnitt 5)

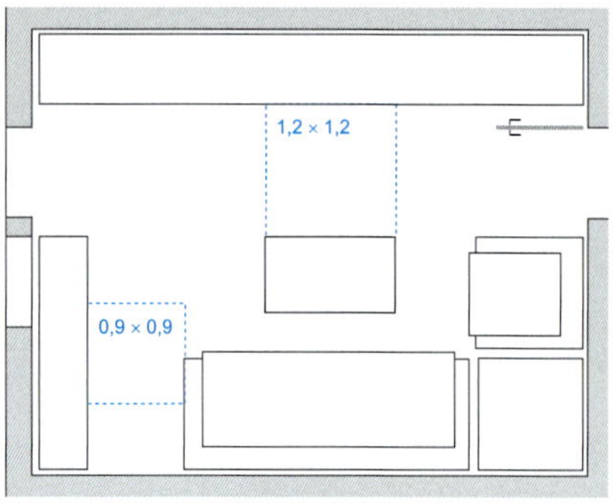

Zu Art. 48 (1)
Bewegungsfläche Wohnräume
(DIN 18040-2, Abschnitt 5.4)

Zu Art. 48 Abs. 1

Räume sind so zu bemessen, dass eine barrierefreie Nutzung bei typischer Einrichtung möglich ist. Menschen mit Fähigkeitseinschränkungen sollen ihren speziellen Bedürfnissen entsprechend Räume leicht nutzen, einrichten und ausstatten können. Beachtet werden sollen insbesondere die Bedürfnisse folgender Personengruppen:

- ältere Menschen
- Menschen mit Einschränkungen
- Personen mit Kleinkindern.

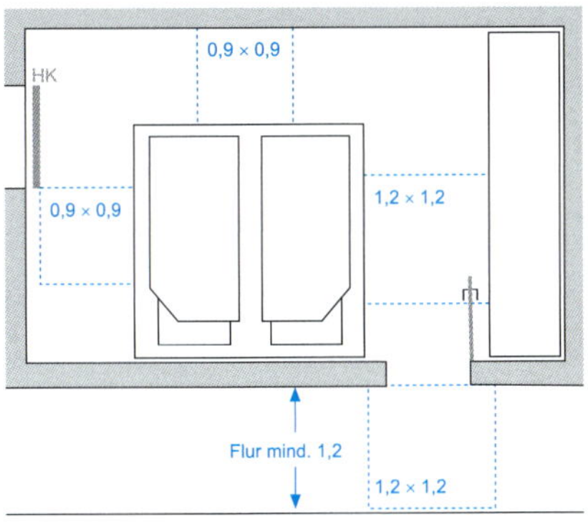

Zu Art. 48 (1)
Bewegungsfläche Schlafräume
(DIN 18040-2, Abschnitt 5.4)

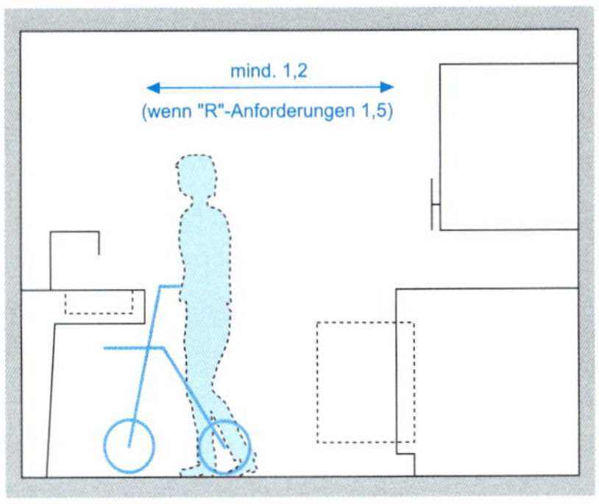

Zu Art. 48 (1)
Bewegungsfläche Küche
(DIN 18040-2, Abschnitt 5.4)

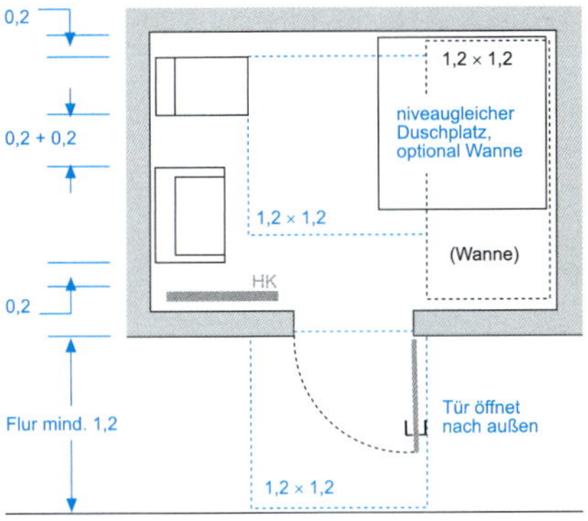

Zu Art. 48 (1)
Bewegungsfläche Sanitärräume
(DIN 18040-2, Abschnitt 5.5)

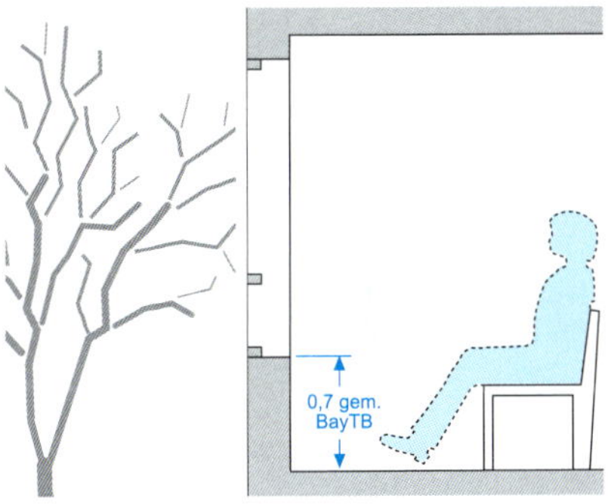

Zu Art. 48 (1)
Fenster mit Durchblick in Umgebung
(DIN 18040-2, Abschnitt 5.3.2)

Art. 48 (2) [1]Bauliche Anlagen, die öffentlich zugänglich sind, müssen in den dem allgemeinen Besucher- und Benutzerverkehr dienenden Teilen barrierefrei sein. [2]Dies gilt insbesondere für

1. Einrichtungen der Kultur und des Bildungswesens,
2. Tageseinrichtungen für Kinder,
3. Sport- und Freizeitstätten,
4. Einrichtungen des Gesundheitswesens,
5. Büro-, Verwaltungs- und Gerichtsgebäude,
6. Verkaufsstätten,
7. Gaststätten, die keiner gaststättenrechtlichen Erlaubnis bedürfen,
8. Beherbergungsstätten,
9. Stellplätze, Garagen und Toilettenanlagen.

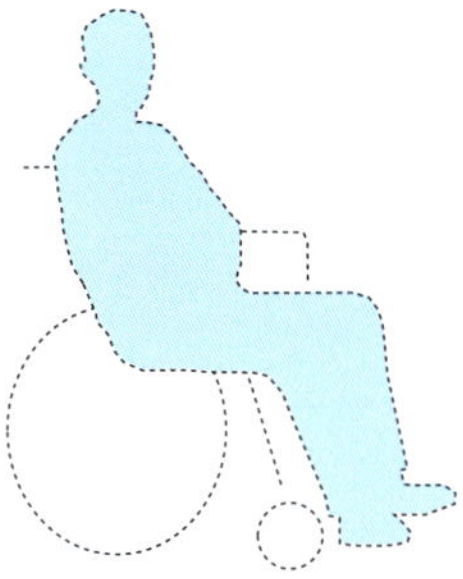

Zu Art. 48 (2)
Öffentlich zugängliche Anlagen: barrierefreie Gestaltung

Zu Art. 48 Abs. 2

Die Barrierefreiheit ist für alle Neubauten und Bauten, die wesentlich geändert werden, umzusetzen. Diese Anforderungen gelten z. B. auch für Schulen, Geschäfte und Banken.

Auszug aus: Vollzugshinweise zur BayBO 2013 vom 1. Juli 2013 (Tz. 48.2.1)

„Der bisher ausdrücklich in Art. 48 Abs. 2 Satz 1 genannte Personenkreis ist künftig auch ohne ausdrückliche Nennung durch die barrierefreie Beschaffenheit der baulichen Anlage in gleicher Weise begünstigt. Die Nennung ist daher verzichtbar. Die Erweiterung auf den Begriff ‚Besucher- und Benutzerverkehr' stellt übereinstimmend mit der bisherigen Auslegung der Vorschrift klar, dass sich die Barrierefreiheit bei baulichen Anlagen mit ständigen Benutzern, die nicht dort beschäftigt sind, auch auf die barrierefreie Benutzbarkeit für diesen Benutzerkreis erstreckt; dies sind z. B. die Patienten im Krankenhaus oder die Schüler in der Schule. Die Barrierefreiheit der Arbeitsplätze richtet sich nach Arbeitsstättenrecht."

[3]Für die der zweckentsprechenden Nutzung dienenden Räume und Anlagen genügt es, wenn sie in dem erforderlichen Umfang barrierefrei sind. [4]Toilettenräume und Stellplätze für Besucher und Benutzer müssen in der erforderlichen Anzahl barrierefrei sein. [5]Diese Anforderungen gelten nicht bei Nutzungsänderungen, wenn die Anforderungen nur mit unverhältnismäßigem Aufwand erfüllt werden können. [6]Die Anforderungen an Gaststätten, die einer gaststättenrechtlichen Erlaubnis bedürfen, sind im Rahmen des gaststättenrechtlichen Erlaubnisverfahrens zu beachten.

DIN 18040-1

Zu Art. 48 (2)
Die DIN 18040-1 „Barrierefreies Bauen – Planungsgrundlagen – Teil 1: Öffentlich zugängliche Gebäude" beachten

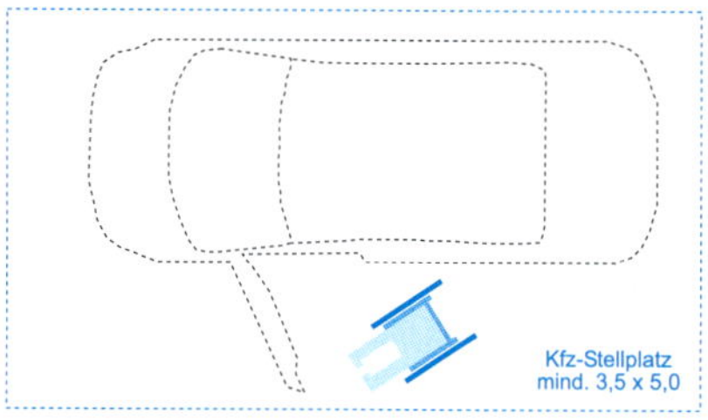

Zu Art. 48 (2)
Barrierefreier Kfz-Stellplatz
(DIN 18040-2, Abschnitt 4.2.2)

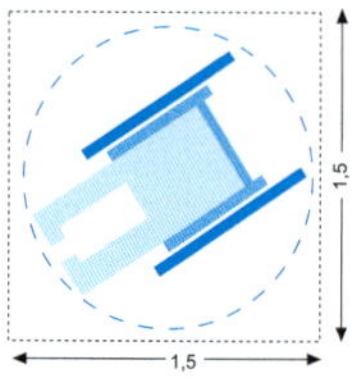

Zu Art. 48 (2)
Bewegungsfläche in öffentlich zugänglichen Anlagen: 1,5 m × 1,5 m
(DIN 18040-1, Abschnitt 4)

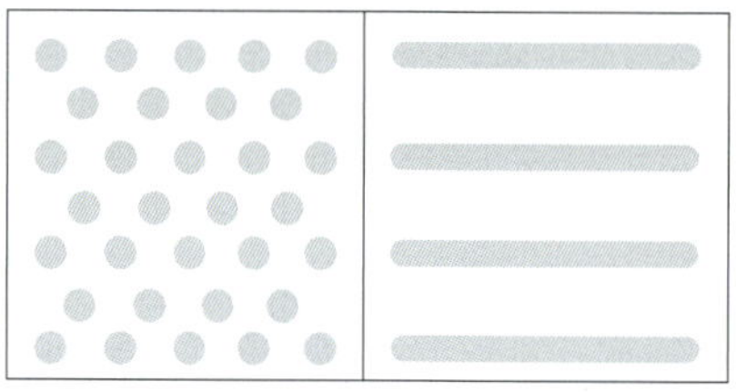

Zu Art. 48 (2)
Zugangs- und Eingangsbereiche mit Bodenindikatoren
(DIN 18040-1, Abschnitt 4.2.3)

Auszüge aus: Vollzugshinweise zur BayBO 2013 vom 1. Juli 2013 (Tz. 48.2.3 und 48.2.4)

„Der neue Satz 3 setzt die bisherige Auslegung der zweckentsprechenden Nutzbarkeit um und reagiert auf die mit der bisherigen Fassung in der Anwendung aufgetretenen Unsicherheiten hinsichtlich der Frage, ob eine im Umfang auf das Erforderliche ausgelegte Barrierefreiheit genügt. Es wird daher klargestellt, dass die Anforderungen an die Barrierefreiheit auf den für die zweckentsprechende Nutzung tatsächlich – nämlich zur Herstellung einer diskriminierungsfreien Nutzbarkeit – erforderlichen Umfang beschränkt sein dürfen. Dies kommt insbesondere in Betracht, wenn mehrere gleichartige Räume oder Anlagen, wie funktionsgleiche Klassenräume in einer Schule oder Besucherplätze in einem Versammlungsraum zur Verfügung stehen."

„Der neue Satz 4 stellt heraus, dass die Anzahl der barrierefreien Toilettenräume und barrierefreien PKW-Stellplätze in Abhängigkeit von den insgesamt für den allgemeinen Besucher- und Benutzerverkehr vorgesehenen Toilettenräumen und Stellplätzen bauaufsichtlich geregelt ist. Die konkret erforderliche Anzahl dieser Anlagen ergibt sich aus der Einführung der Anlage 7.3101 zur DIN 18040-1 als Technische Baubestimmung. Für in der VkV oder VStättV geregelte Sonderbauten gelten die weitergehenden Anforderungen dieser Verordnungen."

Zu Art. 48 Abs. 2

Die Bewegungsfläche in öffentlich zugänglichen Anlagen beträgt mindestens 1,5 m × 1,5 m (DIN 18040-1, Abschnitt 4).

Für Zugangs- und Eingangsbereiche zu öffentlich zugänglichen baulichen Anlagen sind z. B. Leitelemente wie Bodenindikatoren vorzusehen. Dies kann bewerkstelligt werden durch eine

- Noppenstruktur (Aufmerksamkeitsfeld, Abzweigefeld oder Auffindstreifen für gesicherte Überquerungsstellen) oder eine
- Rippenstruktur in Längsrichtung (Leitlinie und Auffindstreifen, parallel z. B. zu einer Fahrbahn als Absicherungsmarkierung an Überquerungsstellen).

Hinweise zu Bodenindikatoren enthält die DIN 32984 „Bodenindikatoren im Öffentlichen Raum".

Auszug aus: BayTB, Ausgabe Oktober 2018, Anlage A 4.2/3Bay

„[...] Zu DIN 18040-1
Die Einführung bezieht sich auf die baulichen Anlagen oder die Teile baulicher Anlagen, die nach Art. 48 Abs. 2 BayBO barrierefrei sein müssen.
Bei der Anwendung der Technischen Baubestimmung ist Folgendes zu beachten:
01. Die Norm ist regelmäßig anzuwenden, wenn bauaufsichtliche Anforderungen an das barrierefreie Bauen gestellt werden.

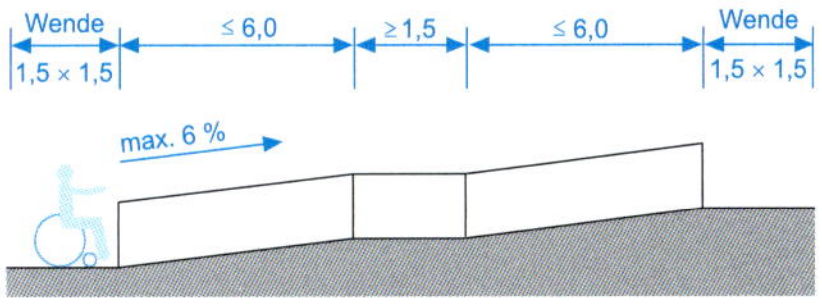

Zu Art. 48 (2)
Rampenläufe
(DIN 18040-1, Abschnitt 4.3.8)

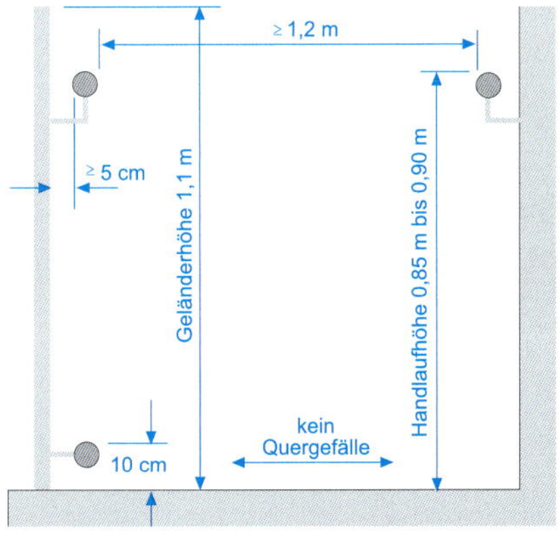

Zu Art. 48 (2)
Komponenten einer Rampe
(DIN 18040-1, Abschnitt 4.3.8)

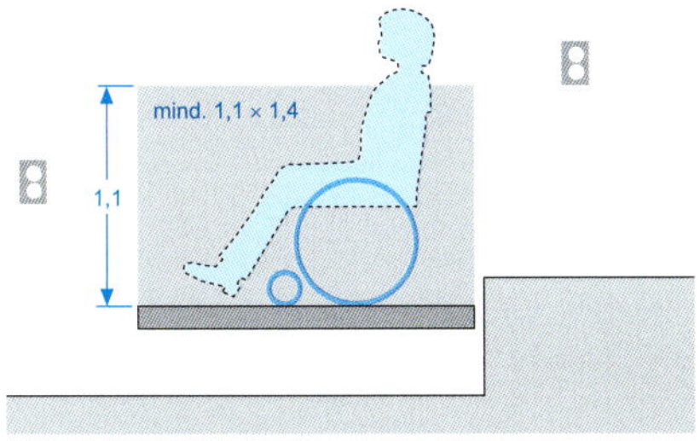

Zu Art. 48 (2)
Plattformaufzüge (BayTB)

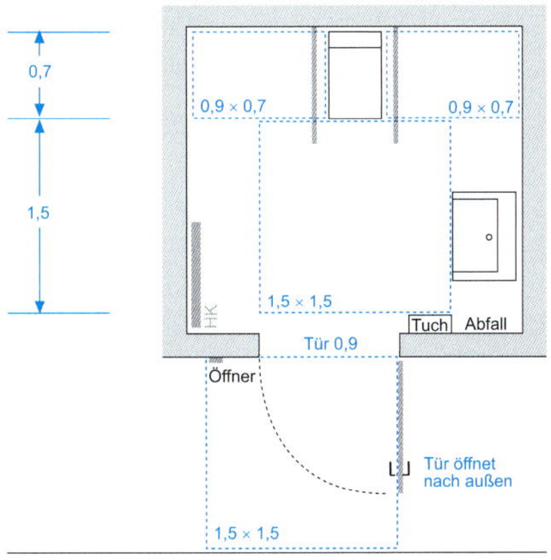

Zu Art. 48 (2)
Bewegungsfläche in barrierefreier Sanitäranlage
(DIN 18040-1, Abschnitt 5.3.2)

02. Abschnitt 4.3.7 ist von der Einführung ausgenommen.

03. Die in den Abschnitten 4.4 und 4.7 genannten Hinweise und Beispiele können im Einzelfall berücksichtigt werden.

04. Das in Abschnitt 4.3.3.2, Tabelle 1, Zeile 6 festgelegte Achsmaß der Greifhöhe für Türdrücker ist grundsätzlich nur bei Türen zu den barrierefreien Sanitärräumen auszuführen. Die Greifhöhe aller anderen Türen kann in Abhängigkeit von der Nutzung und mit Blick auf den Nutzerkreis des öffentlich zugänglichen Bereichs zwischen 85 cm und 105 cm festgelegt werden.

05. Abschnitt 4.3.6 muss nur auf notwendige Treppen im Sinn des Art. 32 BayBO angewendet werden.

06. Mindestens ein Toilettenraum für den allgemeinen Besucher- und Benutzerverkehr muss Abschnitt 5.3.3 entsprechen; Abschnitt 5.3.3 Satz 1 ist nicht anzuwenden

07. Mindestens 1 v. H., mindestens jedoch einer der notwendigen Stellplätze für den allgemeinen Besucher- und Benutzerverkehr müssen Abschnitt 4.2.2 Sätze 1 und 2 entsprechen.

08. Mindestens 1 v. H., mindestens jedoch einer der Besucherplätze in Versammlungsräumen mit festen Stuhlreihen müssen Abschnitt 5.2.1 entsprechen; sie können auf die nach § 10 Abs. 7 VStättV erforderlichen Plätze für Rollstuhlbenutzer angerechnet werden.

09. Barrierefreie Beherbergungsräume und die zugehörigen Sanitärräume müssen den Abschnitten 5.1 und 5.3 entsprechen; für die Bewegungsflächen in den Wohn- und Schlafräumen ist DIN 18040-2 Abschnitt 5, Anforderungen mit der Kennzeichnung „R" anzuwenden. Soweit nur Mindeststandards für die barrierefreie Nutzbarkeit gefordert sind, genügt es, wenn die Beherbergungsräume einschließlich der zugehörigen Sanitärräume DIN 18040-2 Abschnitt 5 ohne Anforderungen mit der Kennzeichnung „R" entsprechen.

10. DIN 18040-1 berücksichtigt Plattformaufzüge nicht. Vertikale Plattformaufzüge sind bei Änderungen baulicher Anlagen für die barrierefreie Erreichbarkeit zur Überwindung von höchstens einem Geschoss zulässig, wenn folgende Kriterien erfüllt sind:

- *Die Förderplattform muss mindestens 110 cm x 140 cm groß sein und mindestens 110 cm hoch sicher umkleidet sein (Innenkabine); ein Durchblick muss auch in sitzender Position möglich sein,*
- *die Nennlast ist auf mindestens 360 kg auszulegen,*
- *die Benutzbarkeit muss ohne fremde Hilfe und nicht ausschließlich für Rollstuhlnutzer möglich sein und*
- *die räumlichen Bedingungen außerhalb des Plattformaufzugs sind entsprechend Abschnitt 4.3.5 auszuführen. [. . .]"*

Art. 48 (3) Bauliche Anlagen und Einrichtungen, die überwiegend oder ausschließlich von Menschen mit Behinderung, alten Menschen und Personen mit Kleinkindern genutzt werden, wie

1. Tagesstätten, Werkstätten und stationäre Einrichtungen für Menschen mit Behinderung,
2. stationäre Einrichtungen für pflegebedürftige und alte Menschen

müssen in allen der zweckentsprechenden Nutzung dienenden Teilen barrierefrei sein.

Art. 48 (4) [1]Die Abs. 1 bis 3 gelten nicht, soweit die Anforderungen wegen schwieriger Geländeverhältnisse, wegen ungünstiger vorhandener Bebauung oder im Hinblick auf die Sicherheit der Menschen mit Behinderung oder alten Menschen oder bei Anlagen nach Abs. 1 auch wegen des Einbaus eines sonst nicht erforderlichen Aufzugs nur mit einem unverhältnismäßigen Mehraufwand erfüllt werden können. [2]Bei bestehenden baulichen Anlagen im Sinn der Abs. 2 und 3 soll die Bauaufsichtsbehörde verlangen, dass ein gleichwertiger Zustand hergestellt wird, wenn das technisch möglich und dem Eigentümer wirtschaftlich zumutbar ist.

Vierter Teil
Die am Bau Beteiligten

Art. 49
Grundpflichten

Art. 49 Bei der Errichtung, Änderung, Nutzungsänderung und der Beseitigung von Anlagen sind der Bauherr und im Rahmen ihres Wirkungskreises die anderen am Bau Beteiligten dafür verantwortlich, dass die öffentlich-rechtlichen Vorschriften eingehalten werden

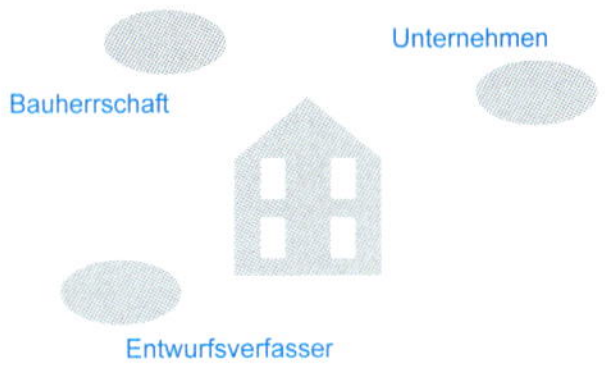

Zu Art. 49
Die am Bau Beteiligten

Zu Art. 49
Die am Bau Beteiligten sind jeweils in ihrem Wirkungsbereich dafür (tätigkeits)verantwortlich, dass die öffentlich-rechtlichen Vorschriften eingehalten werden. Die Vorschrift begrenzt die jeweilige individuelle Verantwortung des einzelnen Beteiligten auf seinen Wirkungskreis. Der jeweilige Wirkungskreis kann wie folgt zugeordnet werden:

- Bauherr: ab Beginn der ersten bauvorbereitenden Tätigkeit bis zur abschließenden Herstellung
- Entwurfsverfasser: für die Planung
- Unternehmer: für die Bauausführung.

Ein Verstoß gegen öffentlich-rechtliche Vorschriften kann mitunter als Ordnungswidrigkeit mit einem Bußgeld geahndet werden (siehe Art. 79). (Zustands)verantwortlich ist neben den am Bau Beteiligten auch immer der Bau- bzw. Grundstückeigentümer, ungeachtet ob er eine aktive Rolle beim Vorhaben hat (Verantwortung aus dinglichem Recht, dem Eigentum).

Art. 50
Bauherr

Art. 50 (1) [1]Der Bauherr hat zur Vorbereitung, Überwachung und Ausführung eines nicht verfahrensfreien Bauvorhabens sowie der Beseitigung von Anlagen geeignete Beteiligte nach Maßgabe der Art. 51 und 52 zu bestellen, soweit er nicht selbst zur Erfüllung der Verpflichtungen nach diesen Vorschriften geeignet ist. [2]Dem Bauherrn obliegen außerdem die nach den öffentlich-rechtlichen Vorschriften erforderlichen Anträge und Anzeigen. [3]Erforderliche Nachweise und Unterlagen hat er bereitzuhalten. [4]Werden Bauprodukte verwendet, die die CE-Kennzeichnung nach der Verordnung (EU) Nr. 305/2011 tragen, ist die Leistungserklärung bereitzuhalten [5]Wechselt der Bauherr, hat der neue Bauherr dies der Bauaufsichtsbehörde unverzüglich in Textform mitzuteilen.

Zu Art. 50
Die Bauherren

Zu Art. 50 Abs. 1
Der Bauherr ist die zentrale Person des Bauvorhabens. Er ist über den gesamten Zeitraum verantwortlich – von der ersten bauvorbereitenden Tätigkeit bis zur abschließenden Fertigstellung. Er ist primäre Ansprechperson für die Behörden und muss daher eine entsprechend ordentliche Verwaltung haben (siehe Sätze 3 und 4). Wenn der Bauherr – wie in der Regel – nicht ausreichende Kenntnisse über die Einhaltung aller öffentlich-rechtlichen Vorschriften aufweist, muss er geeignete Beteiligte am Bau beauftragen.

Art. 50 (2) [1]Treten bei einem Bauvorhaben mehrere Personen als Bauherr auf, so kann die Bauaufsichtsbehörde verlangen, dass ihr gegenüber ein Vertreter bestellt wird, der die dem Bauherrn nach den öffentlich-rechtlichen Vorschriften obliegenden Verpflichtungen zu erfüllen hat. [2]Im Übrigen finden Art. 18 Abs. 1 Sätze 2 und 3 sowie Abs. 2 des Bayerischen Verwaltungsverfahrensgesetzes (BayVwVfG) mit der Maßgabe entsprechende Anwendung, dass eine Erklärung in Textform ausreichend ist.

Art. 51
Entwurfsverfasser

Art. 51 (1) [1]Der Entwurfsverfasser muss nach Sachkunde und Erfahrung zur Vorbereitung des jeweiligen Bauvorhabens geeignet sein. [2]Er ist für die Vollständigkeit und Brauchbarkeit seines Entwurfs verantwortlich. [3]Der Entwurfsverfasser hat dafür zu sorgen, dass die für die Ausführung notwendigen Einzelzeichnungen, Einzelberechnungen und Anweisungen den öffentlich-rechtlichen Vorschriften entsprechen.

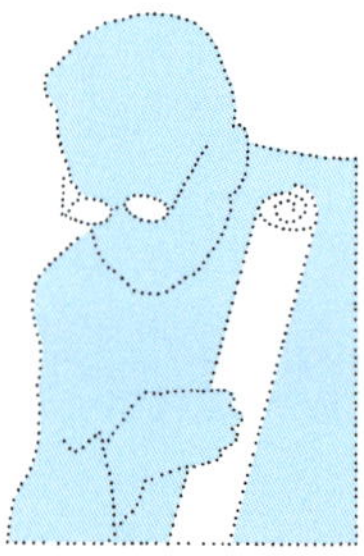

Zu Art. 51
Entwurfsverfasser

Zu Art. 51 Abs. 1

Entwurfsverfasser im Sinne der Vorschrift ist nicht nur, wer die Bauvorlagen fertigt und/oder gegenüber der Bauaufsichtsbehörde dafür verantwortlich zeichnet (Art. 64 Abs. 4 Satz 1), sondern auch, wer die in der Vorschrift angesprochenen weiteren, für die Bauausführung erforderlichen Unterlagen erstellt bzw. – bei Bestellung von Fachplanern nach Abs. 2 – die Koordinationsverantwortung trägt.
An einem Bauvorhaben können also – nacheinander – mehrere Entwurfsverfasser mitwirken.
In die Pflichten des Entwurfsverfassers werden auch diejenigen Fälle einbezogen, in denen kein Baugenehmigungsverfahren durchgeführt wird wie bei der Genehmigungsfreistellung (siehe Art. 58). Der Fall, dass formell unzulässig (da genehmigungsbedürftig, aber ungenehmigt) von genehmigten Bauvorhaben abgewichen wird, wird nach wie vor von der Regelung erfasst, da es sich auch dann um einen Verstoß gegen öffentlich-rechtliche Vorschriften handelt.

Art. 51 (2) [1]Hat der Entwurfsverfasser auf einzelnen Fachgebieten nicht die erforderliche Sachkunde und Erfahrung, so hat er den Bauherrn zu veranlassen, geeignete Fachplaner heranzuziehen. [2]Diese sind für die von ihnen gefertigten Unterlagen, die sie zu unterzeichnen haben, verantwortlich. [3]Für das ordnungsgemäße Ineinandergreifen aller Fachplanungen bleibt der Entwurfsverfasser verantwortlich.

Zu Art. 51 Abs. 2

Müssen ein oder mehrere Fachplaner hinzugezogen werden, ist der zentrale Entwurfsverfasser für die Kompatibilität der Einzelplanungen verantwortlich. Fachplaner sind verpflichtet, die von ihnen gefertigten Unterlagen zu unterzeichnen und damit auch nach außen hin die Verantwortung dafür zu übernehmen; die Regelung ergänzt die Unterschriftsverpflichtung nach Art. 64 Abs. 4 Satz 2.
Als „sachkundig" gilt hier nur, wer eine (Fach-)Planung eines anderen beurteilt (Vier-Augen-Prinzip), nicht aber, wer – unter Einsatz eigenen Sachverstands – fachkundig plant. Der sachkundige Fachplaner ist vom Prüfsachverständigen abzugrenzen.

Die hinter der öffentlichen Sicherheit zurückstehende öffentliche Ordnung umfasst alle nicht-verrechtlichten Verhaltensregeln, die von der jeweils herrschenden sozialen Mehrheitsauffassung für ein friedliches Zusammenleben in der Gesellschaft für unabdingbar gehalten werden. Die öffentliche Ordnung wird in der Bauverwaltungs- und Baurechtsprechungspraxis nur selten bemüht, da sie von den bereits geschriebenen Rechtsnormen überlagert wird.

Die rechtliche Folge der Vorschrift ist ein weites Ermessen der Baubehörde: Sie entscheidet, ob sie überhaupt einschreiten will und wie. Ihr Handeln muss verhältnismäßig sein und darf insbesondere den Betroffenen nicht übermäßig belasten.

Beispiel für eine Verfügung: Verpflichtung des Nutzers/Eigentümers eines Einfamilienhauses zur Entfernung eines maroden Stahlrings, der nur noch marginal um einen baufälligen Schornstein gelegt und ohne Spannkraft ist, und zugleich Verpflichtung, einen neuen, spannkräftigen Stahlring anzubringen

Zu Art. 54 Abs. 2 Satz 3

Die Vorschrift stellt klar, was schon seit jeher im Baurecht gilt: Baugenehmigungen und Ordnungsverfügungen, die den Bau betreffen, sind grundstücks- und nicht personengebunden. Da die Baubeteiligung funktional zu verstehen ist, haben personelle Veränderungen auf die Wirksamkeit von Baugenehmigungen und Bauordnungsverfügungen keine unmittelbaren Auswirkungen. Die Verfügungen werden lediglich regelmäßig neu bekannt gegeben.

Art. 54 (3) [1]Soweit die Vorschriften des Zweiten und des Dritten Teils mit Ausnahme der Art. 8 und 9 und die auf Grund dieses Gesetzes erlassenen Vorschriften nicht ausreichen, um die Anforderungen nach Art. 3 zu erfüllen, können die Bauaufsichtsbehörden im Einzelfall weitergehende Anforderungen stellen, um erhebliche Gefahren abzuwehren, bei Sonderbauten auch zur Abwehr von Nachteilen; dies gilt nicht für Sonderbauten, soweit für sie eine Rechtsverordnung nach Art. 80 Abs. 1 Nr. 4 erlassen worden ist. [2]Die Anforderungen des Satzes 1 Halbsatz 1 gelten nicht für Sonderbauten, wenn ihre Erfüllung wegen der besonderen Art oder Nutzung oder wegen anderer besonderer Anforderungen nicht erforderlich ist.

Art. 54 (4) Bei bestandsgeschützten baulichen Anlagen können Anforderungen gestellt werden, wenn das zur Abwehr von erheblichen Gefahren für Leben und Gesundheit notwendig ist.

Bayerisches Gesetz- und Verordnungsblatt

Zu Art. 54 (4)
Alte Rechtslage

Zu Art. 54 Abs. 4
Bestandsschutz genießen nur solche Anlagen, die formell und materiell in vollem Einklang mit der Rechtslage zur Zeit der Errichtung gebaut worden sind und noch entsprechend genutzt werden. Jeder Rechtsverstoß oder jede Nutzungsaufgabe (Nutzungsbeendigung) führen nach der Rechtsprechung zum Erlöschen des Bestandsschutzes.

Art. 54 (5) Werden bestehende bauliche Anlagen wesentlich geändert, so kann angeordnet werden, dass auch die von der Änderung nicht berührten Teile dieser baulichen Anlagen mit diesem Gesetz oder den auf Grund dieses Gesetzes erlassenen Vorschriften in Einklang gebracht werden, wenn das aus Gründen des Art. 3 Abs. 1 Satz 1 erforderlich und dem Bauherrn wirtschaftlich zumutbar ist und diese Teile mit den Teilen, die geändert werden sollen, in einem konstruktiven Zusammenhang stehen oder mit ihnen unmittelbar verbunden sind.

Zu Art. 54 Abs. 5
Bei der Einbeziehung von nicht berührten Teilen bei einer wesentlichen Änderung von baulichen Anlagen besteht Bestandsschutz, aber bei „erheblicher Gefahr" ist dennoch die Ertüchtigung z. B. des Brandschutzes notwendig.

Art. 54 (6) Bei Modernisierungsvorhaben soll von der Anwendung des Abs. 5 abgesehen werden, wenn sonst die Modernisierung erheblich erschwert würde.

Abschnitt II
Genehmigungspflicht, Genehmigungsfreiheit

Art. 55
Grundsatz

Art. 55 (1) Die Errichtung, Änderung und Nutzungsänderung von Anlagen bedürfen der Baugenehmigung, soweit in Art. 56 bis 58, 72 und 73 nichts anderes bestimmt ist.

Zu Art. 55 Abs. 1
Es besteht im Grundsatz eine Genehmigungspflicht zur Errichtung, Änderung und Nutzungsänderung baulicher Anlagen. Abweichend hiervon sind weitere Formen genehmigungsfreier Bauausführung vorgesehen

- Vorrang anderer Gestattungsverfahren (Art. 56)
- Baugenehmigungsfreiheit (Art. 57 und 58)
- Vereinfachtes Baugenehmigungsverfahren (Art. 59)

Der Abriss ist nach der Bauordnung weder genehmigungs- noch anzeigebedürftig, kann aber nach einer gesonderten Rechtsverordnung anzeigebedürftig sein (siehe Art. 80 Abs. 4 Satz 1 Nr. 1).

Art. 55 (2) Die Genehmigungsfreiheit nach Art. 56 bis 58, 72 und 73 Abs. 1 Satz 3, die Beschränkung der bauaufsichtlichen Prüfung nach Art. 59, 60, 62a Abs. 2, Art. 62b Abs. 2, Art. 73 Abs. 2 und Art. 73a sowie die Genehmigungsfiktion nach Art. 68 Abs. 2 entbinden nicht von der Verpflichtung zur Einhaltung der Anforderungen, die durch öffentlich-rechtliche Vorschriften an Anlagen gestellt werden, und lassen die bauaufsichtlichen Eingriffsbefugnisse unberührt.

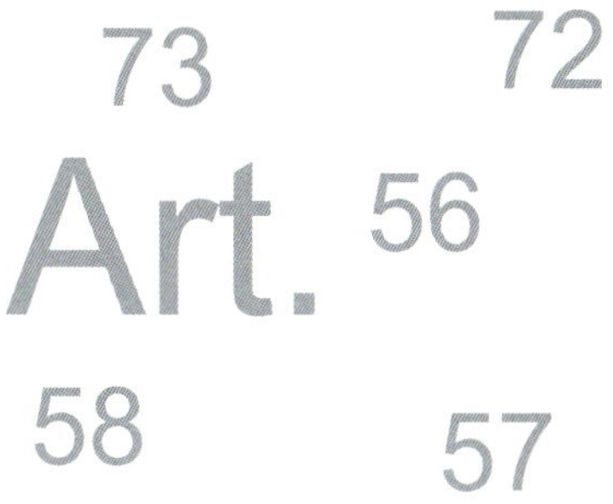

Zu Art. 55 (2)
Genehmigungsfreiheit … dennoch Vorschriften beachten!

Zu Art. 55 Abs. 2
Eine Genehmigungsfreiheit oder die vorgesehene Beschränkung bauaufsichtlicher Prüfungen entbindet die Baubeteiligten nicht von der Verpflichtung, materielle Vorschriften zu beachten.

Art. 56
Vorrang anderer Gestattungsverfahren

Art. 56 [1]Keiner Baugenehmigung, Abweichung, Genehmigungsfreistellung, Zustimmung und Bauüberwachung nach diesem Gesetz bedürfen

1. nach anderen Rechtsvorschriften zulassungsbedürftige Anlagen in oder an oberirdischen Gewässern und Anlagen, die dem Ausbau, der Unterhaltung oder der Benutzung eines Gewässers dienen oder als solche gelten, ausgenommen Gebäude, Überbrückungen, Lager-, Camping- und Wochenendplätze,
2. Anlagen, die einer Genehmigung nach dem Bayerischen Abgrabungsgesetz bedürfen,
3. nach anderen Rechtsvorschriften zulassungsbedürftige Anlagen für die öffentliche Versorgung mit Elektrizität, Gas, Wärme, Wasser und für die öffentliche Verwertung oder Entsorgung von Abwässern, ausgenommen oberirdische Anlagen mit einem Brutto-Rauminhalt von mehr als 100 m^3, Gebäude und Überbrückungen,
4. nichtöffentliche Eisenbahnen, nichtöffentliche Seilbahnen und sonstige Bahnen besonderer Bauart, auf die die Vorschriften über fliegende Bauten keine Anwendung finden, im Sinn des Bayerischen Eisenbahn- und Seilbahngesetzes (BayESG),
5. Werbeanlagen, soweit sie einer Ausnahmegenehmigung nach Straßenverkehrsrecht bedürfen,
6. Anlagen, die nach dem Kreislaufwirtschaftsgesetz einer Genehmigung bedürfen,
7. Beschneiungsanlagen nach Art. 59a des Bayerischen Wassergesetzes (BayWG),
8. Anlagen, die einer Erlaubnis nach der Betriebssicherheitsverordnung bedürfen,

Zu Art. 56
Die in Satz 1 genannten Anlagen werden nach spezialgesetzlichen Genehmigungsvorschriften behandelt, die eine Prüfung des Baurechts inkludieren; ein eigenständiges Bauverfahren findet nicht statt.
Hierdurch wird die Konzentrationswirkung der Baugenehmigung nicht infrage gestellt, sondern nur auf jene Fälle beschränkt, in denen eine Baugenehmigung erforderlich ist.

Zu Art. 56 Satz 1 Nr. 5
Werbeanlagen, die nicht der straßenverkehrsrechtlichen Genehmigung bedürfen, sind prinzipiell baugenehmigungspflichtig.

Zu Art. 56 Satz 1 Nr. 7
Anlagen nach dem Bayerischen Wassergesetz, die keine Beschneiungsanlagen sind, sind prinzipiell baugenehmigungspflichtig.

9. Anlagen, die einer Errichtungsgenehmigung nach dem Atomgesetz bedürfen,

10. Friedhöfe, die einer Genehmigung nach dem Bestattungsgesetz (BestG) bedürfen.

[2]Für Anlagen, bei denen ein anderes Gestattungsverfahren die Baugenehmigung, die Abweichung oder die Zustimmung einschließt oder die nach Satz 1 keiner Baugenehmigung, Abweichung oder Zustimmung bedürfen, nimmt die für den Vollzug der entsprechenden Rechtsvorschriften zuständige Behörde die Aufgaben und Befugnisse der Bauaufsichtsbehörde wahr. [3]Sie kann Prüfingenieure, Prüfämter und Prüfsachverständige in entsprechender Anwendung der Art. 62a Abs. 2, Art. 62b Abs. 2 und Art. 77 Abs. 2 sowie der auf Grund des Art. 80 Abs. 2 erlassenen Rechtsverordnung heranziehen; Art. 59 Satz 1, Art. 60 Satz 1, Art. 62, 62a Abs. 1 und 2 Satz 3 Nr. 2, Art. 62b Abs. 1, Art. 63 Abs. 1 Satz 3 und Art. 77 Abs. 2 Satz 3 gelten entsprechend.

Zu Art. 56 Satz 2

Die Vorschrift stellt klar, dass bei den in Satz 1 genannten Fällen die Aufgaben und Befugnisse der Baubehörde von der jeweiligen Fachbehörde wahrgenommen werden.

Art. 57
Verfahrensfreie Bauvorhaben, Beseitigung von Anlagen

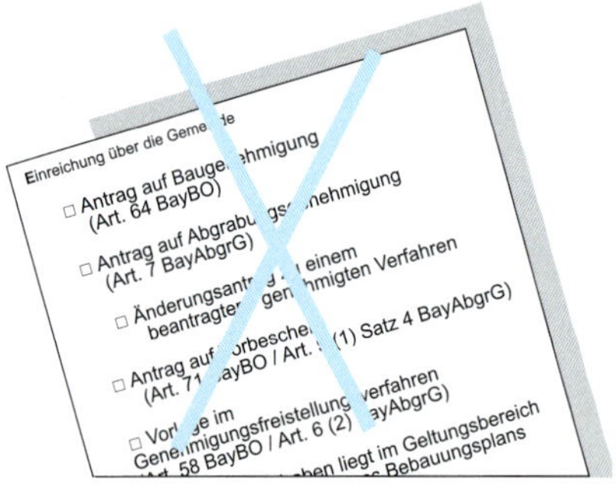

Zu Art. 57
Verfahrensfrei

Zu Art. 57

Die Vorschrift macht in den genannten Fällen ein Verfahren für Bauvorhaben obsolet. Der wesentliche Unterschied zu Art. 58 besteht darin, dass von Gesetzes wegen lediglich in der Genehmigung freigestellte Vorhaben durch kommunale Satzung einer Genehmigungspflicht unterzogen werden können.

Auch bei verfahrensfreien Bauvorhaben oder der Beseitigung von Anlagen sind gleichwohl **alle** öffentlich-rechtlichen Vorschriften zu beachten. Dies können insbesondere sein:

- Abstandsflächen
- Brandschutz
- Anforderungen aus Bebauungsplan

Art. 57 (1) Verfahrensfrei sind:

1. folgende Gebäude:

   a) Gebäude mit einem Brutto-Rauminhalt bis zu 75 m^3, außer im Außenbereich, sowie Gebäude ohne Aufenthaltsräume, Toiletten oder Feuerstätten, wenn die Gebäude weder Verkaufs- noch Ausstellungszwecken dienen, im Außenbereich bis 20 m^3 Brutto-Rauminhalt,

   b) Garagen einschließlich überdachter Stellplätze im Sinn des Art. 6 Abs. 7 Satz 1 Nr. 1 mit einer Fläche bis zu 50 m^2, außer im Außenbereich,

   c) freistehende Gebäude ohne Feuerungsanlagen, die einem land- oder forstwirtschaftlichen Betrieb oder einem Betrieb der gartenbaulichen Erzeugung im Sinn der § 35 Abs. 1 Nrn. 1 und 2, § 201 BauGB dienen, nur eingeschossig und nicht unterkellert sind, höchstens 100 m^2 Brutto-Grundfläche und höchstens 140 m^2 überdachte Fläche haben und nur zur Unterbringung von Sachen oder zum vorübergehenden Schutz von Tieren bestimmt sind,

   d) Gewächshäuser mit einer Firsthöhe bis zu 5 m und nicht mehr als 1 600 m^2 Fläche, die einem land- oder forstwirtschaftlichen Betrieb oder einem Betrieb der gartenbaulichen Erzeugung im Sinn der § 35 Abs. 1 Nrn. 1 und 2, § 201 BauGB dienen,

   e) Fahrgastunterstände, die dem öffentlichen Personenverkehr oder der Schülerbeförderung dienen,

   f) Schutzhütten für Wanderer, die jedermann zugänglich sind und keine Aufenthaltsräume haben,

   g) Terrassenüberdachungen mit einer Fläche bis zu 30 m^2,

   h) Gartenlauben in Kleingartenanlagen im Sinn des § 1 Abs. 1 des Bundeskleingartengesetzes (BKleingG) vom 28. Februar 1983 (BGBl I S. 210), zuletzt geändert durch Art. 11 des Gesetzes vom 19. September 2006 (BGBl I S. 2146),

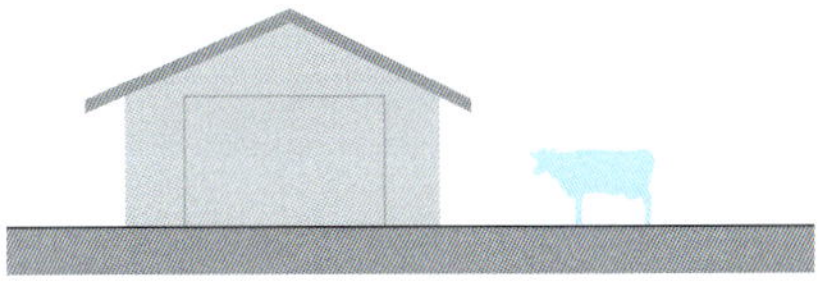

Zu Art. 57 (1) Nr. 1c
Unterbringung und vorübergehender Schutz

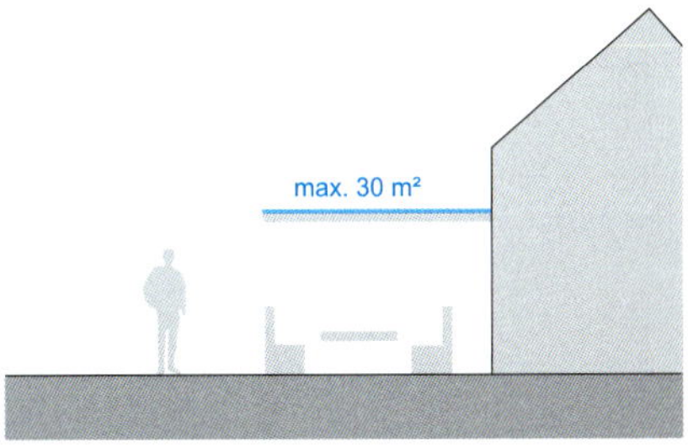

Zu Art. 57 (1) Nr. 1 g
Terrassenüberdachungen

Zu Art. 57 Abs. 1 Nr. 1 Buchstabe a
Verfahrensfrei sind mit der letzten Änderung der Bauordung untergeordnete Gebäude im Außenbereich.

Zu Art. 57 Abs. 1 Nr. 1 Buchstabe g
Gemeint sind dauerhafte Terrassenüberdachungen an Gebäuden oder freistehende Terrassenüberdachungen.

Zu Art. 57 Abs. 1 Nr. 2
Maßgeblich für die Verfahrensfreiheit von Anlagen der technischen Gebäudeausrüstung ist, dass diese, soweit sie sicherheitsrelevant sind, bei der (Erst-)Errichtung von Gebäuden – soweit Bauordnungsrecht geprüft wird – Gegenstand des Baugenehmigungsverfahrens sind oder (etwa im Rahmen des Brandschutzkonzepts) durch entfallende bauaufsichtliche Prüfungen ersetzende kompensatorische Vorkehrungen erfasst werden.

Zu Art. 57 Abs. 1 Nr. 2 Buchstabe a
Auszug aus: Vollzugshinweise zur BayBO in der Fassung vom 1. Juli 2013
„Mit der Einfügung des Wortes „frei" wird klargestellt, dass maßgebliches Kriterium für die Verfahrensfreiheit der Abgasanlage hinsichtlich der Höhe statisch-konstruktive Erwägungen sind. Auch bei Anlagen auf Gebäuden sowie an Gebäuden, die das Gebäude überragen, ist zur Einordnung in die Verfahrensfreiheit die freie Höhe über Dach maßgeblich, sie sind insoweit freistehende Anlagen."

Zu Art. 57 Abs. 1 Nr. 3 Buchstabe a
Auszug aus: Vollzugshinweise zur BayBO in der Fassung vom 1. Juli 2013
„Die Flächenbegrenzung für aufgeständerte Anlagen wird aufgegeben. Solaranlagen in, an und auf Dach- und Außenwandflächen sind damit künftig unabhängig von ihrer Anordnung und der Art des Daches ohne Flächenbegrenzung verfahrensfrei. Auch wenn die Errichtung von Solaranlagen in, auf oder an bestehenden Anlagen zu einer Änderung der Nutzung (z. B. weil wegen der Einspeisung des Stroms ins öffentliche Netz bei einer nicht gewerblich genutzten Anlage künftig auch eine gewerbliche Nutzung vorliegt) oder der äußeren Gestalt der Anlage führt, liegt ein verfahrensfreier Tatbestand und keine (ggf. genehmigungspflichtige) Nutzungsänderung vor."

2. folgende Anlagen der technischen Gebäudeausrüstung:

   a) Abgasanlagen in, auf und an Gebäuden sowie freistehende Abgasanlagen mit einer freien Höhe bis zu 10 m,

   b) sonstige Anlagen der technischen Gebäudeausrüstung,

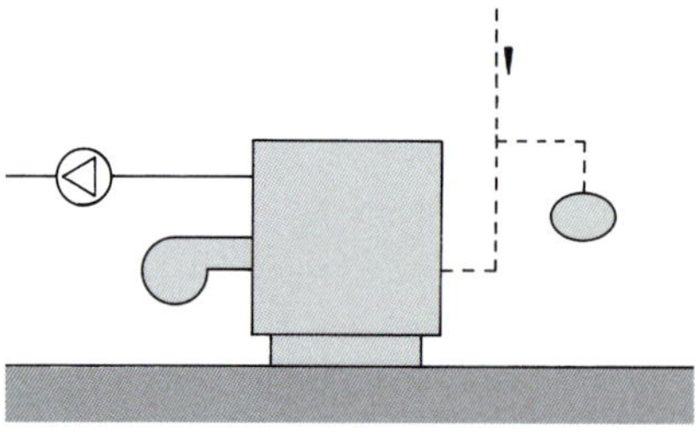

Zu Art. 57 (1) Nr. 2
Anlagen der technischen Gebäudeausrüstung

3. folgende Energiegewinnungsanlagen:

   a) Solarenergieanlagen und Sonnenkollektoren
      aa) in, auf und an Dach- und Außenwandflächen sowie, soweit sie in, auf oder an einer bestehenden baulichen Anlage errichtet werden, die damit verbundene Änderung der Nutzung oder der äußeren Gestalt der Anlage,
      bb) die gemäß § 35 Abs. 1 Nr. 8 BauGB zulässig sind, im Übrigen gebäudeunabhängig mit einer Höhe bis zu 3 m und einer Gesamtlänge bis zu 9 m,

   b) Kleinwindkraftanlagen mit einer freien Höhe bis zu 15 m,

   c) Blockheizkraftwerke,

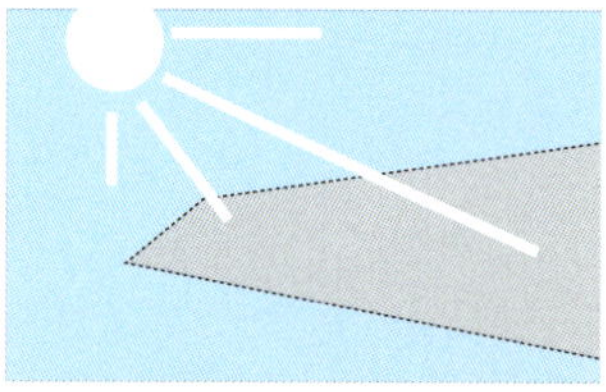

Zu Art. 57 (1) Nr. 3 a
Energiegewinnungsanlagen

4. folgende Anlagen der Versorgung:

   a) Brunnen,

   b) Anlagen, die der Telekommunikation, der öffentlichen Versorgung mit Elektrizität einschließlich Trafostationen, Gas, Öl oder Wärme dienen, mit einer Höhe bis zu 5 m und einer Fläche bis zu 10 m^2;

   c) Anlagen, die der öffentlichen Versorgung mit Wärme oder Elektrizität dienen und gemäß § 35 Abs. 1 Nr. 3 BauGB zulässig sind, einschließlich Trafostationen und Speicher,

   d) Brennstoffzellen in räumlich funktionalem Zusammenhang mit bestehenden Energieerzeugungsanlagen,

5. folgende Masten, Antennen und ähnliche Anlagen:

   a) aa) Antennen und Antennen tragende Masten mit einer freien Höhe bis zu 15 m, im Außenbereich bis zu 20 m,

      bb) zugehörige Versorgungseinheiten mit einem Brutto-Rauminhalt bis zu 30 m^3 sowie die mit solchen Vorhaben verbundene Änderung der Nutzung oder der äußeren Gestalt einer bestehenden baulichen Anlage,

Zu Art. 57 Abs. 1 Nr. 3 Buchstabe c
Auszug aus: Vollzugshinweise zur BayBO in der Fassung vom 1. Juli 2013

„Blockheizkraftwerke sind nunmehr ausdrücklich verfahrensfrei. Damit ist auch klargestellt, dass Blockheizkraftwerke in den Anwendungsbereich der BayBO fallen und keine Feuerstätten sind. Der sicheren Benutzbarkeit des Blockheizkraftwerks trägt Art. 78 Abs. 3 Halbsatz 2 BayBO Rechnung, wonach ortsfeste Verbrennungsmotore[n] und Blockheizkraftwerke erst dann in Betrieb genommen werden dürfen, wenn der Bezirkskaminkehrermeister oder der bevollmächtigte Bezirksschornsteinfeger die Tauglichkeit und sichere Benutzbarkeit der Leitungen zur Abführung von Verbrennungsgasen bescheinigt hat. Zu beachten ist, dass sich die Genehmigungspflicht der baulichen Hülle nach allgemeinen Regeln beurteilt und nicht von Nr. 3 erfasst ist. Blockheizkraftwerke, die die Schwellenwerte der 4. BImSchV erreichen (z. B. aufgrund eines Austauschs des Motors), bedürfen einer immissionsschutzrechtlichen Genehmigung."

Zu Art. 57 Abs. 1 Nr. 4

Für Anlagen mit begrenzter Höhe und Fläche, die der Telekommunikation, der öffentlichen Versorgung mit Elektrizität, Gas, Öl oder Wärme dienen, ist ein Verfahrensfreiheitstatbestand geschaffen.
Die öffentliche Versorgung erfasst – neben den ausdrücklich genannten Trafostationen – beispielsweise Schalt-, Regler- und Pumpstationen, soweit diese überhaupt in den Anwendungsbereich der Bauordnung fallen (siehe Art. 1 Abs. 2 Nr. 3).

Zu Art. 57 Abs. 1 Nr. 4 Buchstabe c
Auszug aus: Erstes und Zweites Modernisierungsgesetz Bayern – Vollzugshinweise zu den Änderungen der Bayerischen Bauordnung vom 4. Februar 2025

„Nach der bisherigen Rechtslage war die Verfahrensfreiheit aller in Art. 57 Abs. 1 Nr. 4 Buchst. b) genannten Anlagen der öffentlichen Versorgung begrenzt auf Anlagen, die eine Höhe von 5 m und eine Fläche von 10 m^2 nicht überschreiten. Art. 57 Abs. 1 Nr. 4 Buchst. b) bleibt unverändert, gilt also auch weiterhin (mit der Maßbegrenzung) für Anlagen der öffentlichen Wärme oder Elektrizität.
[. . .] Darüber hinaus können aufgrund des neuen Art. 57 Abs. 1 Nr. 4 Buchst. c) solche Anlagen der öffentlichen Wärme oder Elektrizität ohne Maßbegrenzung verfahrensfrei errichtet werden, die nach § 35 Abs. 1 Nr. 3 BauGB im bauplanungsrechtlichen Außenbereich privilegiert sind.
Schallschutzmauern oder ähnliche Vorrichtungen, die z. B. um Batteriespeicher errichtet werden, sind als untergeordnete Teile der Gesamtanlage von der Verfahrensfreiheit miterfasst.
Entscheidend für das Eingreifen des Verfahrensfreiheitstatbestandes ist das Vorliegen der Voraussetzungen von § 35 Abs. 1 Nr. 3 BauGB: [. . .]."

b) Masten und Unterstützungen für Fernsprechleitungen, für Leitungen zur Versorgung mit Elektrizität, für Sirenen und für Fahnen,

c) Masten, die aus Gründen des Brauchtums errichtet werden,

d) Signalhochbauten für die Landesvermessung,

e) Flutlichtmasten mit einer freien Höhe bis zu 10 m,

Zu Art. 57 (1) Nr. 5 c
Brauchtum

Zu Art. 57 Abs. 1 Nr. 5 Buchstabe a
Auszug aus: Vollzugshinweise zur BayBO in der Fassung vom 22.06.2023

„Art. 57 Abs. 1 Nr. 5 Buchst. a) BayBO nimmt Antennen und Antennen tragende Masten mit einer freien Höhe bis zu 15 m, im Außenbereich bis zu 20 m, sowie dazugehörige Versorgungseinheiten mit einem Brutto-Rauminhalt bis zu 10 m³ von der Baugenehmigungspflicht aus. Die Höhe, bis zu der Antenne und Antennen tragende Masten verfahrensfrei errichtet werden können, wird somit von 10 m auf 15 m im Innenbereich und von 15 m auf 20 m im Außenbereich angehoben. Verfahrensfrei sind ebenfalls die mit solchen Vorhaben verbundene Änderung der Nutzung oder der äußeren Gestalt einer bestehenden baulichen Anlage."

6. folgende Behälter:

a) ortsfeste Behälter für Flüssiggas mit einem Fassungsvermögen von weniger als 3 t, für nicht verflüssigte Gase mit einem Rauminhalt bis zu 6 m³,

b) ortsfeste Behälter für brennbare oder wassergefährdende Flüssigkeiten mit einem Rauminhalt bis zu 10 m³,

c) ortsfeste Behälter sonstiger Art mit einem Rauminhalt bis zu 50 m³,

d) Gülle- und Jauchebehälter und -gruben mit einem Rauminhalt bis zu 50 m³ und einer Höhe bis zu 3 m,

e) Gärfutterbehälter mit einer Höhe bis zu 6 m und Schnitzelgruben,

f) Dungstätten, Fahrsilos, Kompost- und ähnliche Anlagen

g) Wasserbecken mit einem Beckeninhalt bis zu 100 m³;

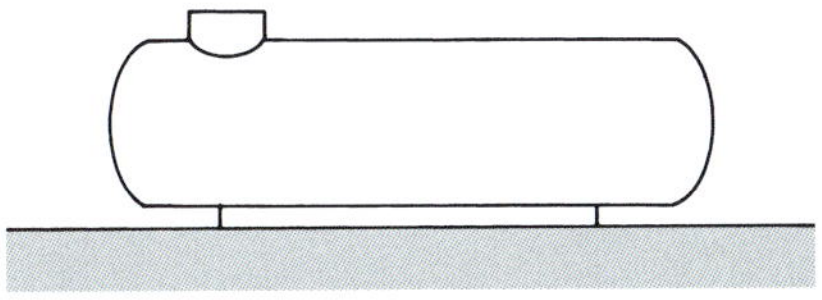

Zu Art. 57 (1) Nr. 6 a
Behälter

Zu Art. 57 Abs. 1 Nr. 6 Buchstabe a

Im Bereich eines zu berücksichtigenden Sicherheitsabstands dürfen sich keine Öffnungen zu Gebäuden befinden. Entsprechende Mindestabstände zu Kanälen und Kellerfenstern sind zu berücksichtigen. Hinweise liefern die Technische Regeln Flüssiggas (TRF).

7. folgende Mauern und Einfriedungen:

a) Mauern einschließlich Stützmauern und Einfriedungen, Sichtschutzzäunen und Terrassentrennwänden mit einer Höhe bis zu 2 m, außer im Außenbereich,

b) offene, sockellose Einfriedungen im Außenbereich, soweit sie der Hoffläche eines landwirtschaftlichen Betriebs, der Weidewirtschaft einschließlich der Haltung geeigneter Schalenwildarten für Zwecke der Landwirtschaft, dem Erwerbsgartenbau oder dem Schutz von Forstkulturen und Wildgehegen zu Jagdzwecken oder dem Schutz landwirtschaftlicher Kulturen vor Schalenwild sowie der berufsmäßigen Binnenfischerei dienen,

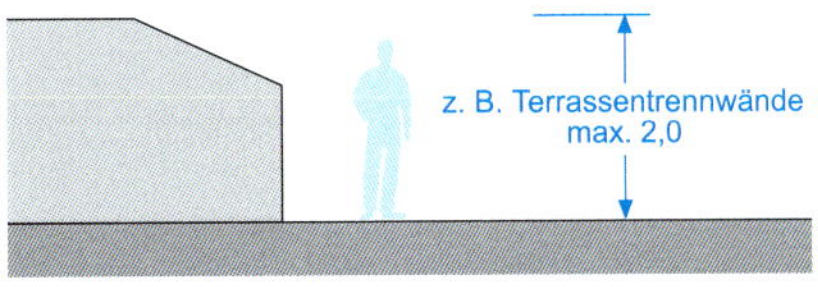

Zu Art. 57 (1) Nr. 7 a
Mauern, Sichtschutzzäune und Einfriedungen

Zu Art. 57 Abs. 1 Nr. 7 Buchstabe a
Auszug aus: Vollzugshinweise zur BayBO in der Fassung vom 1. Juli 2013

„Sichtschutzzäune und Terrassentrennwände werden ausdrücklich in den Verfahrensfreiheitstatbestand der Nr. 7 Buchst. a aufgenommen. Eine inhaltliche Änderung liegt nicht vor, da bereits bisher der Buchst. c durch die erweiterte Verfahrensfreiheit für Einfriedungen nach Art. 57 Abs. 1 Nr. 7 Buchst. a BayBO leerlief."

8. private Verkehrsanlagen einschließlich Brücken und Durchlässen mit einer lichten Weite bis zu 5 m und Untertunnelungen mit einem Durchmesser bis zu 3 m;

9. Aufschüttungen mit einer Höhe bis zu 2 m und einer Fläche bis zu 500 m^2;

10. folgende Anlagen in Gärten und zur Freizeitgestaltung:

    a) Schwimmbecken einschließlich dazugehöriger temporärer luftgetragener Überdachungen, außer im Außenbereich,

    b) Sprungschanzen, Sprungtürme und Rutschbahnen mit einer Höhe bis zu 10 m,

    c) Anlagen, die der zweckentsprechenden Einrichtung von Spiel-, Abenteuerspiel-, Bolz- und Sportplätzen, Reit- und Wanderwegen, Trimm- und Lehrpfaden dienen, ausgenommen Gebäude und Tribünen,

    d) Wohnwagen, Zelte und bauliche Anlagen, die keine Gebäude sind, auf Camping-, Zelt- und Wochenendplätzen,

    e) Anlagen, die der Gartennutzung, der Gartengestaltung oder der zweckentsprechenden Einrichtung von Gärten dienen, ausgenommen Gebäude und Einfriedungen;

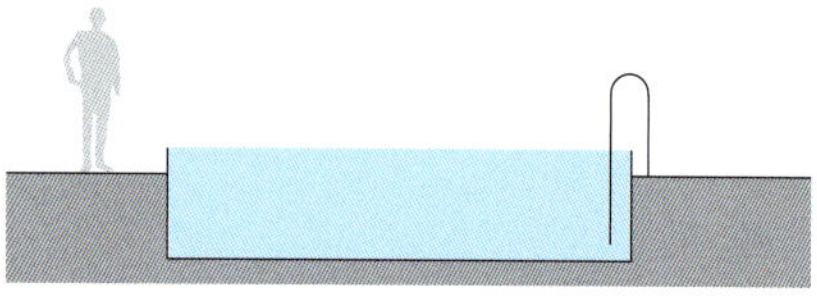

Zu Art. 57 (1) Nr. 10 a
Schwimmbecken

Zu Art. 57 Abs. 1 Nr. 10 Buchstabe a
Gemeint sind von Gebäuden losgelöste Schwimmbecken.

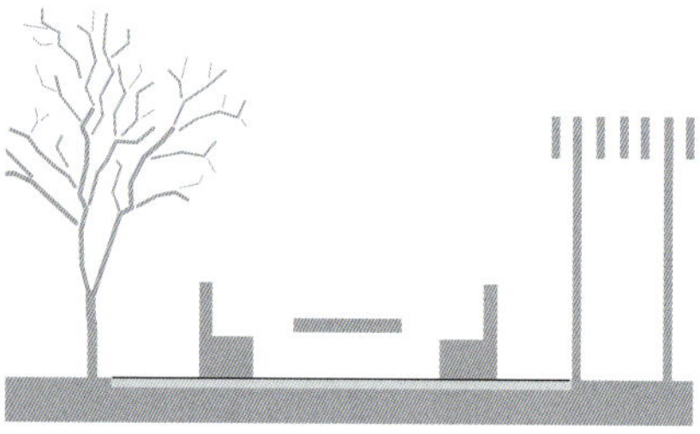

Zu Art. 57 (1) Nr. 10 e
Einrichtungen zur Gartennutzung

Zu Art. 57 Abs. 1 Nr. 10 Buchstabe e
Einrichtungen zur Gartennutzung sind z. B. Pergolen, Bänke und Sitzgruppen.

11. folgende tragende und nichttragende Bauteile:

    a) nichttragende und nichtaussteifende Bauteile in baulichen Anlagen,

    b) die Änderung tragender oder aussteifender Bauteile innerhalb von Wohngebäuden,

    c) Fenster und Türen sowie die dafür bestimmten Öffnungen,

    d) Außenwandbekleidungen einschließlich Maßnahmen der Wärmedämmung, ausgenommen bei Hochhäusern, Verblendungen und Verputz baulicher Anlagen,

    e) Bedachungen einschließlich Maßnahmen der Wärmedämmung ausgenommen bei Hochhäusern,

    auch vor Fertigstellung der Anlage;

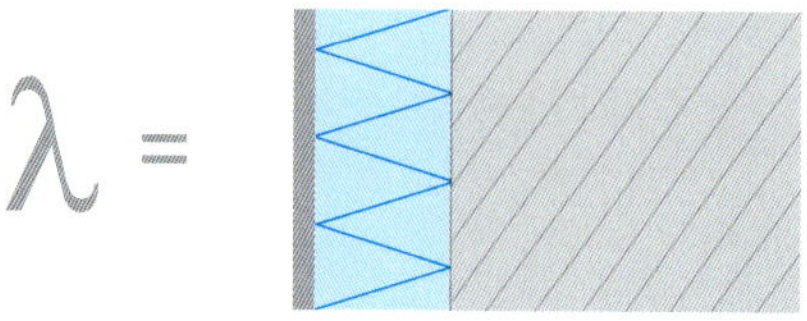

Zu Art. 57 (1) Nr. 11 d
Außenwandbekleidung und Wärmedämmung

Zu Art. 57 Abs. 1 Nr. 11 Buchstabe e
Auszug aus: Vollzugshinweise zur BayBO in der Fassung vom 1. Juli 2013
„Die Regelung stellt neu auch ‚Bedachungen' verfahrensfrei und ermöglicht damit auch die im Rahmen einer Sanierung oder nachträglichen Dämmung erforderlichen Maßnahmen an konstruktiven Teilen des Dachs (z. B. Aufdoppelung von Sparren), ohne dass allein deshalb ein Antrag auf Baugenehmigung erforderlich würde. Art. 57 Abs. 1 Nr. 11 Buchst. c bleibt jedoch unberührt. So sind z. B. die konstruktiv/ gestalterische Änderung des Dachs im Rahmen eines Dachgeschossausbaus oder die komplette (Neu-)errichtung eines Dachstuhls nach wie vor genehmigungspflichtig. Die Verfahrensfreiheit bezieht sich auch nicht auf konstruktive Teile raumhaltiger Bedachungen mit großen Spannweiten, die einen wesentlichen Beitrag zur Standsicherheit der gesamten Dachkonstruktion leisten."

12. folgende Werbeanlagen:

a) Werbeanlagen am Ort der Leistungserbringung, in Auslagen oder an Schaufenstern, im Übrigen mit einer Ansichtsfläche bis zu 1 m^2,

b) Waren- und Geldautomaten,

c) Werbeanlagen, die nicht vom öffentlichen Verkehrsraum aus sichtbar sind,

d) Werbeanlagen, die nach ihrem erkennbaren Zweck nur vorübergehend für höchstens zwei Monate angebracht werden, im Außenbereich nur, soweit sie einem Vorhaben im Sinn des § 35 Abs. 1 BauGB dienen,

e) Zeichen, die auf abseits oder versteckt gelegene Stätten hinweisen (Hinweiszeichen), außer im Außenbereich,

f) Schilder, die Inhaber und Art gewerblicher Betriebe kennzeichnen (Hinweisschilder), wenn sie vor Ortsdurchfahrten auf einer einzigen Tafel zusammengefasst sind,

g) Werbeanlagen in Gewerbe-, Industrie- und vergleichbaren Sondergebieten an der Stätte der Leistung, an und auf Flugplätzen, Sportanlagen, auf abgegrenzten Versammlungsstätten, Ausstellungs- und Messegeländen, soweit sie nicht in die freie Landschaft wirken, mit einer freien Höhe bis zu 10 m; sowie, soweit sie in, auf oder an einer bestehenden baulichen Anlage errichtet werden, die damit verbundene Änderung der Nutzung oder der äußeren Gestalt der Anlage,

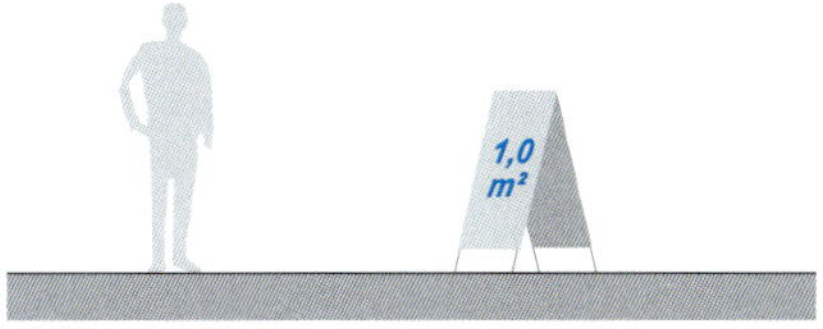

Zu Art. 57 (1) Nr. 12 a Werbeanlagen

Wichtige Änderung
Zu Art. 57 Abs. 1 Nr. 12 Buchstabe a
Neu hinzugekommen ist, dass Werbeanlagen nur verfahrensfrei sind, wenn sie am Ort der Leistungserbringung aufgestellt sind. Weiterhin maßgeblich ist außerdem eine Ansichtsfläche von max. 1 m^2.

13. folgende vorübergehend aufgestellte oder benutzbare Anlagen:

a) Baustelleneinrichtungen einschließlich der Lagerhallen, Schutzhallen und Unterkünfte,

b) Toilettenwagen,

c) Behelfsbauten, die der Landesverteidigung, dem Katastrophenschutz oder der Unfallhilfe dienen,

d) bauliche Anlagen, die für höchstens drei Monate auf genehmigtem Messe- und Ausstellungsgelände errichtet werden, ausgenommen fliegende Bauten,

e) Verkaufsstände und andere bauliche Anlagen wie Zelte, Bühnen und Tribünen auf Straßenfesten, Volksfesten, Vereinsfesten und Märkten, ausgenommen fliegende Bauten,

f) Zeltlager, die nach ihrem erkennbaren Zweck gelegentlich, höchstens für zwei Monate errichtet werden;

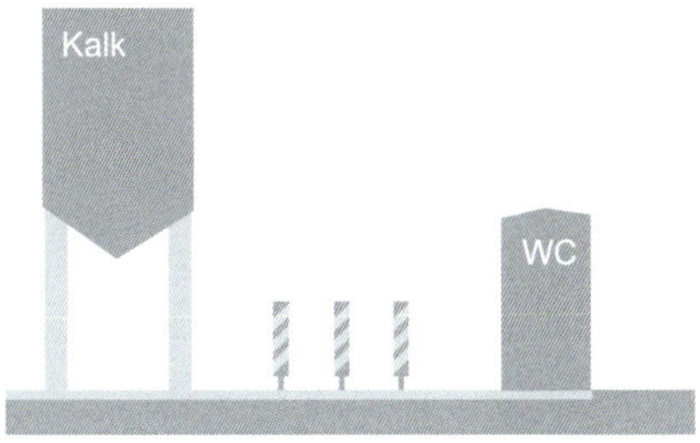

Zu Art. 57 (1) Nr. 13 a Baustelleneinrichtung

Zu Art. 57 Abs. 1 Nr. 13 Buchstabe a
Baustelleneinrichtungen sind keine Fliegenden Bauten (Art. 72 Abs. 1 Satz 2).

14. Fahrgeschäfte mit einer Höhe bis zu 5 m, die für Kinder betrieben werden und eine Geschwindigkeit von höchstens 1 m/s haben,

15. folgende Plätze:

a) Lager-, Abstell- und Ausstellungsplätze, die einem land- oder forstwirtschaftlichen Betrieb oder einem Betrieb der gartenbaulichen Erzeugung im Sinn der § 35 Abs. 1 Nrn. 1 und 2, § 201 BauGB dienen,

b) nicht überdachte Stellplätze und sonstige Lager- und Abstellplätze und deren Zufahrten, außer im Außenbereich,

c) Kinderspielplätze;

d) Freischankflächen bis zu 100 m^2 einschließlich einer damit verbundenen Nutzungsänderung einer Gaststätte oder einer Verkaufsstelle des Lebensmittelhandwerks,

16. folgende sonstige Anlagen:

a) Fahrradabstellanlagen, soweit sie nicht Gebäude sind,

b) Ladestationen für Elektrofahrzeuge einschließlich technischer Nebenanlagen,

c) Zapfsäulen und Tankautomaten genehmigter Tankstellen,

d) Regale mit einer Höhe bis zu 7,50 m Oberkante Lagergut,

e) Feldkreuze, Denkmäler und sonstige Kunstwerke jeweils mit einer Höhe bis zu 4 m sowie Grabdenkmale auf Friedhöfen,

f) transparente Wetterschutzeinrichtungen, die auf Masten mit einer Höhe bis zu 10 m befestigt werden und einem Betrieb der gartenbaulichen Erzeugung im Sinn von § 36 Abs. 1 Nr. 2 BauGB dienen,

g) andere unbedeutende Anlagen oder unbedeutende Teile von Anlagen wie Hauseingangsüberdachungen, Markisen, Rollläden, Terrassen, Maschinenfundamente, Straßenfahrzeugwaagen, Pergolen, Jägerstände, Wildfütterungen, Bienenfreistände, Taubenhäuser, Hofeinfahrten und Teppichstangen,

17. alle baulichen Anlagen inländischer öffentlicher Stellen auf Militärgelände,

Wichtige Änderung
Zu Art. 57 Abs. 1 Nr. 15 Buchstabe c
Erfasst sind nunmehr alle Arten von Kinderspielplätzen.

Wichtige Änderung
Zu Art. 57 Abs. 1 Nr. 15 Buchstabe d
Die maximale m^2-Begrenzung wurde von 40 auf 100 erhöht.
Es wird davon ausgegangen, dass derartige kleine Freischankflächen – soweit sie bauplanungsrechtlich zulässig sind, andernfalls ist ohnehin eine Ausnahme oder Befreiung nach § 31 BauGB, Art. 63 Abs. 2 erforderlich – auch unter nachbarrechtlichen Gesichtspunkten nicht derart problematisch sind, dass sie zwingend einem präventiven Kontrollverfahren unterworfen werden müssen. Etwa berührte Fragen der Sicherheit und Leichtigkeit des Straßenverkehrs sind ohnehin im Rahmen der Entscheidung über die regelmäßig erforderliche straßenrechtliche Sondernutzungserlaubnis abzuarbeiten.

Zu Art. 57 (1) Nr. 16 g
Unbedeutende Anlagen

Zu Art. 57 Abs. 1 Nr. 16 Buchstabe g
Die Vorschrift enthält mit einem (offenen) Katalog von Beispielen zur Orientierung einen Auffangtatbestand für andere unbedeutende Anlagen und Teile von Anlagen.

18. Dachgeschossausbauten zu Wohnzwecken einschließlich der Errichtung von Dachgauben und im Anwendungsbereich des § 34 Abs. 1 Satz 1 BauGB der Einbau weiterer Wohnungen in bestehende Gebäude, wenn die Konstruktion und die äußere Gestalt des Gebäudes im Übrigen nicht verändert werden.

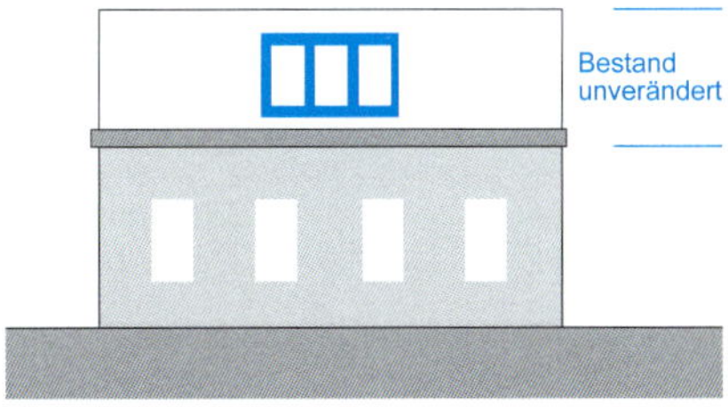

Zu Art. 57 (1) Nr. 18
Erleichterung von Dachgeschossausbauten

Wichtige Änderung
Zu Art. 57 Abs. 1 Nr. 18
Durch das Dritte Modernisierungsgesetz Bayern wurde das Einbauen von weiteren Wohnungen in bestehende Gebäude, die innerhalb bebauter Ortsteile liegen, verfahrensfrei gestellt.

Auszug aus: Erstes und Zweites Modernisierungsgesetz Bayern – Vollzugshinweise zu den Änderungen der Bayerischen Bauordnung vom 4. Februar 2025
„In Fällen, in denen für eine bereits bestehende Wohnung im Dachgeschoss nachträglich Dachgauben angebracht werden, können diese im Sinne eines „Erst-Recht-Schlusses" ebenso nach Art. 57 Abs. 1 Nr. 18 verfahrensfrei errichtet werden. In den Anwendungsbereich von Art. 57 Abs. 2 Nr. 4 fallen somit nur noch Dachgauben, die für nicht zu Wohnzwecken genutzte Dachgeschossausbauten angebracht werden sollen.
Der Wortlaut „wenn die Dachkonstruktion und die äußere Gestalt des Gebäudes im Übrigen nicht verändert wird" macht deutlich, dass sich Dachkonstruktion und äußere Gestalt des Gebäudes nur durch die Errichtung von Dachgauben verändern darf, um unter die Verfahrensfreiheit zu fallen. Weitergehende Eingriffe führen zur Verfahrenspflichtigkeit des Vorhabens. Dies gilt z. B. für an der Außenwand angebrachte Treppen, die die äußere Gestalt verändern können."

Art. 57 (2) Unbeschadet des Abs. 1 sind verfahrensfrei

1. Garagen mit einer Nutzfläche bis zu 100 m^2 sowie überdachte Stellplätze,
2. Wochenendhäuser sowie Anlagen, die keine Gebäude sind, in durch Bebauungsplan festgesetzten Wochenendhausgebieten,
3. Anlagen in Dauerkleingärten im Sinn des § 1 Abs. 3 (BKleingG),
4. Dachgauben und vergleichbare Dachaufbauten,
5. Mauern und Einfriedungen,
6. Werbeanlagen mit einer freien Höhe bis zu 10 m, sowie, soweit sie in, auf oder an einer bestehenden baulichen Anlage errichtet werden, die damit verbundene Änderung der Nutzung oder der äußeren Gestalt der Anlage,
7. Spiel- und Bolzplätze
8. Friedhöfe,

Zu Art. 57 Abs. 2
Die Vorschrift regelt die Verfahrensfreiheit von Anlagen, die im Geltungsbereich einer städtebaulichen Satzung liegen oder örtlichen Bauvorschriften unterliegen.

9. Solarenergieanlagen und Sonnenkollektoren sowie, soweit sie in, auf oder an einer bestehenden baulichen Anlage errichtet werden, die damit verbundene Änderung der Nutzung oder der äußeren Gestalt der Anlage

im Geltungsbereich einer städtebaulichen oder einer Satzung nach Art. 81, die Regelungen über die Zulässigkeit, den Standort und die Größe der Anlage enthält, wenn sie den Festsetzungen der Satzung entspricht.

Art. 57 (3) [1]Verfahrensfrei sind

1. luftrechtlich zugelassenen Flugplätzen dienende Anlagen, ausgenommen Gebäude, die Sonderbauten sind,
2. Antennen und Antennen tragende Masten für den Mobilfunk und die zugehörigen Versorgungseinheiten mit einem Brutto-Rauminhalt bis zu 30 m^3, die zur Schließung von Versorgungslücken für längstens 24 Monate aufgestellt werden,
3. Instandsetzungsarbeiten.

[2]Für nach Satz 1 Nr. 1 verfahrensfreie Anlagen sowie Instandsetzungsarbeiten nach Satz 1 Nr. 3 gelten die Art. 61 bis 62b entsprechend. [3]Für nach Satz 1 Nr. 2 verfahrensfreie Anlagen gelten die Art. 61, 62, 62a Abs. 1, 2 Satz 1, 3 und 4 sowie Art. 62b Abs. 1 entsprechend. [4]Der Bauherr hat die Aufstellung verfahrensfreier Anlagen nach Satz 1 Nr. 2 sowie Instandsetzungsarbeiten nach Satz 1 Nr. 3 mindestens zwei Wochen vorher der Bauaufsichtsbehörde anzuzeigen.

Art. 57 (4) Verfahrensfrei ist die Änderung der Nutzung von Anlagen, wenn

1. für die neue Nutzung keine anderen öffentlich-rechtlichen Anforderungen nach Art. 60 Satz 1 und Art. 62 bis 62b als für die bisherige Nutzung in Betracht kommen, wobei andere öffentliche-rechtliche Anforderungen in diesem Sinne die Verfahrensfreiheit unberührt lassen, soweit die neue Nutzung gebietstypisch im jeweiligen Baugebiet nach den Vorschriften der Baunutzungsverordnung allgemein zulässig ist und kein Sonderbau betroffen ist, oder
2. die Errichtung oder Änderung der Anlagen nach Abs. 1 und 2 verfahrensfrei wäre.

Wichtige Änderung
Zu Art. 57 Abs. 4
Die Verfahrensfreiheit nach Nr. 1 wurde erweitert auf Fälle, in denen das Vorhaben gebietstypisch für ein Gebiet im Sinne der BauNVO zugeordnet werden kann und kein Sonderbau betroffen ist.
Eine Nutzungsänderung (auch Umnutzung) meint den ganzen oder teilweisen Verzicht der genehmigten oder angezeigten Nutzung einer Anlage unter Begründung einer (teilweise) neuen Nutzung. Beispiel: Umnutzung einer früheren Scheune als Lagerraum für Wirtschaftsgüter.
Die Nutzungsänderung ist grundsätzlich genehmigungsbedürftig und nur in den in Abs. 4 genannten Fällen verfahrensfrei.

Auszug aus: Vollzugshinweise zur BayBO in der Fassung vom 1. Juli 2013
„Der Kreis der verfahrensfreien Nutzungsänderungen wird erweitert. Verfahrensfreiheit tritt künftig bereits ein, wenn durch die Nutzungsänderung nur möglicherweise Anforderungen berührt wer-

den, die nicht einmal im Baugenehmigungsverfahren nach Art. 60 BayBO geprüft würden. Kommen für die Nutzungsänderung nur andere öffentlich-rechtliche Anforderungen außerhalb des Bauordnungsrechts, des Bauplanungsrechts und des aufgedrängten Fachrechts und außerhalb bautechnischer Nachweise in Betracht, ist die Nutzungsänderung verfahrensfrei. Auf die Sonderbaueigenschaft der Nutzungsänderung kommt es für die Frage der Verfahrensfreiheit hingegen nicht an. Auch bei Nicht-Sonderbauten ist die Nutzungsänderung genehmigungspflichtig, wenn Anforderungen berührt werden, die in einem Baugenehmigungsverfahren nach Art. 60 BayBO geprüft würden, auch wenn sie im späteren Baugenehmigungsverfahren nicht in das Prüfprogramm fallen. Der Bezug auf die anderen öffentlich-rechtlichen Anforderungen nach Art. 60 Satz 1 und Art. 62 BayBO ist damit unabhängig von der Art des Vorhabens nur für die Frage relevant, ob ein bauaufsichtliches Genehmigungsverfahren überhaupt durchzuführen ist. Unmaßgeblich ist, ob die andere öffentlich-rechtliche Anforderung, die zum Genehmigungsverfahren geführt hat, auch Prüfmaßstab im anzuwendenden Genehmigungsverfahren ist. Des Weiteren ist die Nutzungsänderung auch denn [sic] genehmigungspflichtig, wenn andere bautechnische Anforderungen an das Vorhaben in Betracht kommen, deren Einhaltung durch die bautechnischen Nachweise nach Art. 62 BayBO nachzuweisen ist."

Art. 57 (5) [1]Verfahrensfrei ist die Beseitigung von

1. Anlagen nach Abs. 1 bis 3,
2. freistehenden Gebäuden der Gebäudeklassen 1 und 3,
3. sonstigen Anlagen, die keine Gebäude sind, mit einer Höhe bis zu 10 m.

[2]Im Übrigen ist die beabsichtigte Beseitigung von Anlagen mindestens einen Monat zuvor der Gemeinde und der Bauaufsichtsbehörde anzuzeigen. [3]Bei nicht freistehenden Gebäuden muss durch einen qualifizierten Tragwerksplaner im Sinn des Art. 62a Abs. 1 beurteilt und im erforderlichen Umfang nachgewiesen werden, dass das Gebäude oder die Gebäude, an die das zu beseitigende Gebäude angebaut ist, während und nach der Beseitigung standsicher sind; die Beseitigung ist, soweit notwendig, durch den qualifizierten Tragwerksplaner zu überwachen. [4]Satz 3 gilt nicht, soweit an verfahrensfreie Gebäude angebaut ist. [5]Art. 68 Abs. 6 Nr. 3 und Abs. 8 gelten entsprechend.

ACHTUNG!
Abbrucharbeiten

Zu Art. 57 (5)
Beseitigung von Anlagen

Zu Art. 57 Abs. 5 Satz 4
Auszug aus: Vollzugshinweise zur BayBO in der Fassung vom 1. Juli 2013

„Die bisherige Unterscheidung nach Gebäudeklassen bei der Beurteilung der Standsicherheit des angebauten Gebäudes entfällt. Der Bauherr hat wie bisher der Bauaufsichtsbehörde die geplante Beseitigung anzuzeigen und nach der Neufassung einen qualifizierten Tragwerksplaner im Sinn des Art. 62 Abs. 2 zu benennen, der die Standsicherheit des angebauten Gebäudes beurteilt und den Beseitigungsvorgang, soweit dies nach seiner Einschätzung erforderlich ist, überwacht. Der qualifizierte Tragwerksplaner muss gegenüber der Bauaufsichtsbehörde bestätigen, dass die Standsicherheit im erforderlichen Umfang nachgewiesen und er mit der Überwachung des Beseitigungsvorgangs beauftragt ist. Die Vorlage von Berechnungen der Standsicherheit oder eines ggf. erstellten Standsicherheitsnachweises können von der Bauaufsichtsbehörde grundsätzlich nicht verlangt werden. Die Anlage 4 (Beseitigungsanzeige) und die Anlage 7 (Baubeginnsanzeige) der Bauvordrucke wurden an Art. 57 Abs. 5 BayBO angepasst und sind ab 01.01.2013 verbindlich zu verwenden."

Maßnahme / Gebäudeklasse	Anzeige erforderlich	Nachweisverfahren
frei stehende Gebäude der Gebäudeklassen 1 und 3 sowie verfahrensfreie Anlagen bzw. Anbau an verfahrensfreie Anlagen	nein	nein
sonstige Anlagen, die keine Gebäude sind, mit einer Höhe ≤ 10 m	nein	nein
Anlagen gem. Katalog Art. 57 Abs. 1 bis 3	nein	nein
frei stehende Gebäude der Gebäudeklasse 4 und 5	ja, mind. 1 Monat vorher	nein
nicht frei stehende Gebäude	ja, mind. 1 Monat vorher	Erklärung eines Tragwerksplaners, evtl. Überwachung Abbrucharbeiten

Zu Art. 57 (5)
Beseitigen von Anlagen

Art. 57 (6) Verfahrensfrei sind Instandhaltungsarbeiten.

Art. 57 (7) Ausbauten im Sinne von Abs. 1 Nr. 18 sind der Gemeinde zwei Wochen vor Baubeginn in Textform anzuzeigen, Nutzungsänderungen nach Abs. 4 Nr. 1 zwei Wochen vor Aufnahme der geänderten Nutzung.

Art. 58 Genehmigungsfreistellung

Art. 58 (1) [1]Die Errichtung, Änderung und Nutzungsänderung einer baulichen Anlage, die kein Sonderbau ist, ist genehmigungsfrei gestellt, wenn

1. sie im Geltungsbereich eines Bebauungsplans im Sinn des § 30 Abs. 1 oder der §§ 12, 30 Abs. 2 BauGB liegt,
2. sie den Festsetzungen des Bebauungsplans und den Regelungen örtlicher Bauvorschriften im Sinn des Art. 81 Abs. 1 nicht widerspricht,
3. die Erschließung im Sinn des Baugesetzbuchs gesichert ist,
4. sie nicht die Errichtung, Änderung oder Nutzungsänderung baulicher Anlagen betrifft,
   a) durch die dem Wohnen dienende Nutzungseinheiten mit einer Größe von insgesamt mehr als 5 000 m² Bruttogrundfläche geschaffen werden oder
   b) die öffentlich zugänglich sind und der gleichzeitigen Nutzung durch mehr als 100 Personen dienen und die Vorhaben den angemessenen Sicherheitsabstand im Sinn des Art. 13 Abs. 2 Buchst. a der Richtlinie 2012/18/EU zu einem Betriebsbereich nicht einhalten und

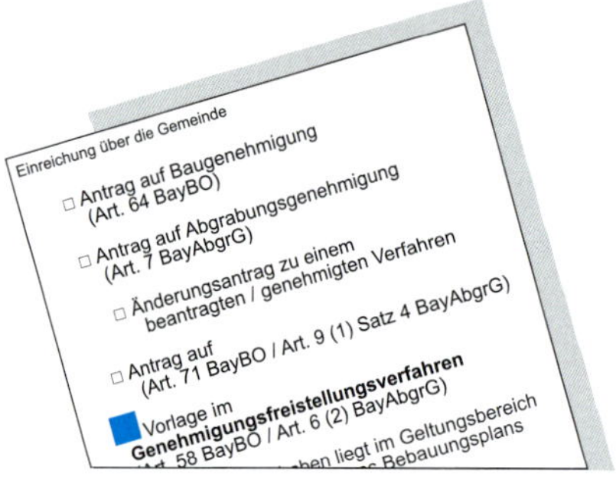

Zu Art. 58 (1)
Vorlage im Genehmigungsfreistellungsverfahren

Zu Art. 58 (1)
Bauvorhaben entspricht Bebauungsplan.

Zu Art. 58 Abs. 1
Der Geltungsbereich der Genehmigungsfreistellung erstreckt sich prinzipiell nur auf Regelbauten; ausgenommen sind Sonderbauten.
Die Regelungen aus dem bisher geltenden Abs. 2 wurden – der besseren Übersichtlichkeit halber – in Abs. 1 Satz 1 integriert, ohne dass damit eine inhaltliche Änderung bei den Voraussetzungen der Genehmigungsfreistellung erfolgt wäre.
Die Genehmigungsfreistellung entbindet nicht von der Pflicht, Bauvorlagen einzureichen.

5. die Gemeinde nicht innerhalb der Frist nach Abs. 3 Satz 3 erklärt, dass das vereinfachte Baugenehmigungsverfahren durchgeführt werden soll, oder eine vorläufige Untersagung nach § 15 Abs. 1 Satz 2 BauGB beantragt.

[2]Die Gemeinde kann durch örtliche Bauvorschrift im Sinn des Art. 81 Abs. 2 die Anwendung dieser Vorschrift auf bestimmte handwerkliche und gewerbliche Bauvorhaben ausschließen.

Art. 58 (2) [1]Der Bauherr hat die erforderlichen Unterlagen bei der Gemeinde einzureichen; die Gemeinde legt, soweit sie nicht selbst Bauaufsichtsbehörde ist, eine Fertigung der Unterlagen unverzüglich der unteren Bauaufsichtsbehörde vor. [2]Spätestens mit der Vorlage bei der Gemeinde benachrichtigt der Bauherr die Eigentümer der benachbarten Grundstücke von dem Bauvorhaben. [3]Ist ein zu benachrichtigender Eigentümer nur unter Schwierigkeiten zu ermitteln oder zu benachrichtigen, so genügt die Benachrichtigung des unmittelbaren Besitzers. [4]Art. 66 Abs. 1 Satz 1 und 2 und Abs. 3 gilt entsprechend. [5]Mit dem Bauvorhaben darf einen Monat nach Vorlage der erforderlichen Unterlagen bei der Gemeinde begonnen werden. [6]Teilt die Gemeinde dem Bauherrn vor Ablauf der Frist schriftlich mit, dass kein Genehmigungsverfahren durchgeführt werden soll und sie eine Untersagung nach § 15 Abs. 1 Satz 2 BauGB nicht beantragen wird, darf der Bauherr mit der Ausführung des Bauvorhabens beginnen; von der Mitteilung nach Halbsatz 1 hat die Gemeinde die Bauaufsichtsbehörde zu unterrichten. [7]Will der Bauherr mit der Ausführung des Bauvorhabens mehr als vier Jahre, nachdem die Bauausführung nach den Sätzen 5 und 6 zulässig geworden ist, beginnen, gelten die Sätze 1 bis 6 entsprechend.

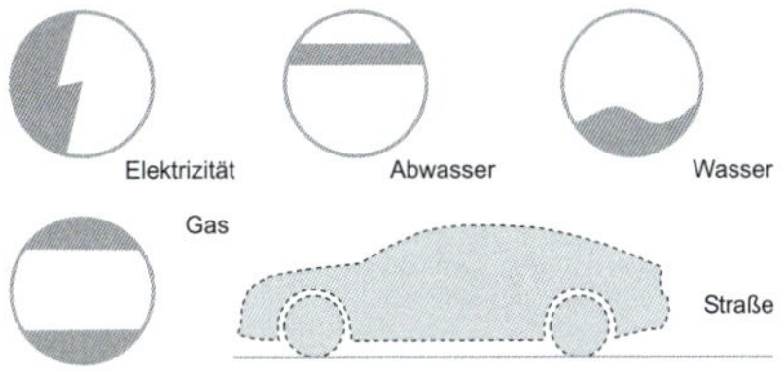

Zu Art. 58 (1)
Erschließung gesichert

Zu Art. 58 (2)
Benachbarte Eigentümer benachrichtigen

Zu Art. 58 (2)
Frist von einem Monat

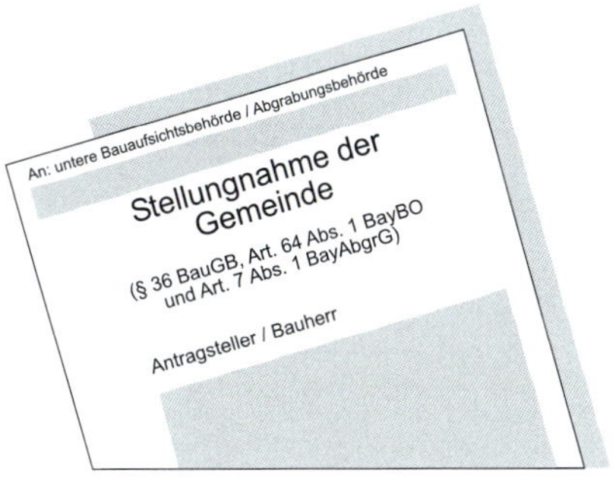

Zu Art. 58 (2)
Stellungnahme der Gemeinde

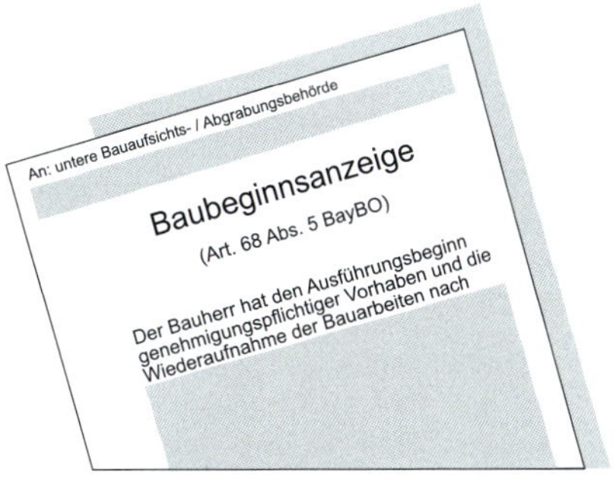

Zu Art. 58 (2)
Baubeginnsanzeige einreichen

Zu Art. 58 Abs. 2

Vor Baubeginn in der Genehmigungsfreistellung:

- Die Vorlage im Genehmigungsfreistellungsverfahren ist bei der zuständigen Gemeinde einzureichen.
- Der Bauherr bzw. der Entwurfsverfasser sind für die Vollständigkeit der Bauvorlage verantwortlich. Es ist die Bauvorlagenverordnung (BauVorlV) zu beachten (siehe „Formulare und begleitende Vorschriften").
- Der Bauherr benachrichtigt die Eigentümer der benachbarten Grundstücke von dem Bauvorhaben. Neu ist hierbei die Verfahrenserleichterung, auf den unmittelbaren Besitzer als den Inhaber der tatsächlichen Gewalt zuzugehen, wenn der Eigentümer nur unter Schwierigkeiten zu ermitteln oder zu benachrichtigen ist.
- Innerhalb einer Frist von einem Monat, nach dem Vorliegen der vollständigen Bauvorlagen, kann die Gemeinde erklären, dass ein Baugenehmigungsverfahren erforderlich ist oder Unterlagen nachgereicht werden müssen.
- Die Gemeinde gibt bei keinen weiteren Erfordernissen eine Ausfertigung der Bauvorlagen mit einer Stellungnahme an den Bauherren innerhalb von einem Monat zurück.
- Etwaige Nebenbestimmungen sind zu beachten. Der Baubeginn ist mindestens eine Woche vorher der Bauaufsichtsbehörde schriftlich mitzuteilen.

Die Gemeinde klärt:

- die Beachtung des Bauplanungsrechts gem. Baugesetzbuch (BauGB; z.B. Veränderungssperre und Zurückstellung von Baugesuchen), Festsetzungen des Bebauungsplans
- örtliche Bauvorschriften

Falls die Gemeinde erklärt, dass ein Genehmigungsverfahren durchgeführt werden soll, so kann dieses im Vorhinein durch den Antragsteller beantragt werden.

Seitens des Bauherrn müssen beauftragt sein:

- der bauvorlageberechtigte Entwurfsverfasser
- der Unternehmer

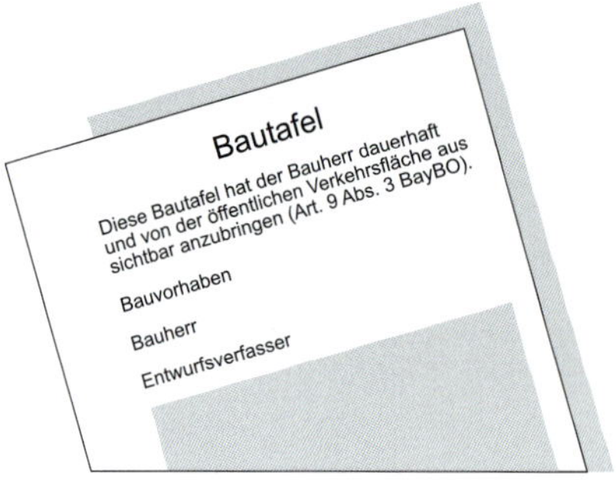

Zu Art. 58 (2)
Bautafel

An der Baustelle müssen:

- alle Bauvorlagen mit evtl. notwendigen Nachweisen zu Schall- und Wärmeschutz, Standsicherheit und Baulasten vorliegen
- eine Bautafel und evtl. eine Vorankündigung gem. Baustellenverordnung (BauStellV) gut sichtbar angebracht sein

Der Bauherr hat alle notwendigen Vorlagen, Nachweise und Bescheinigungen aufzubewahren und an nachfolgende Eigentümer zu übergeben.

Art. 58 (3) [1]Die Erklärung der Gemeinde nach Abs. 1 Satz 1 Nr. 5 Alternative 1 kann insbesondere deshalb erfolgen, weil sie eine Überprüfung der sonstigen Voraussetzungen des Abs. 2 oder des Bauvorhabens aus anderen Gründen für erforderlich hält. [2]Darauf, dass die Gemeinde von ihrer Erklärungsmöglichkeit keinen Gebrauch macht, besteht kein Rechtsanspruch. [3]Hat der Bauherr bei der Vorlage der Unterlagen bestimmt, dass seine Vorlage im Fall der Erklärung nach Abs. 1 Nr. 5 als Bauantrag zu behandeln ist, leitet sie die Unterlagen gleichzeitig mit der Erklärung an die Bauaufsichtsbehörde weiter.

Art. 58 (4) [1]Die Art. 62 bis 62b bleiben unberührt. [2]Art. 64 Abs. 2 Satz 1, Abs. 4 Sätze 1 und 2, Art. 68 Abs. 6 Nrn. 2 und 3, Abs. 6 und 7 sind entsprechend anzuwenden.

Zu Art. 58 Abs. 4

Die Regelung stellt klar, dass die Anforderungen hinsichtlich der bautechnischen Nachweise (Art. 62 bis 62b) ungeachtet einer Genehmigungsfreistellung zu beachten sind.

Abschnitt III
Genehmigungsverfahren

Art. 59
Vereinfachtes Baugenehmigungsverfahren

Art. 59 [1]Außer bei Sonderbauten prüft die Bauaufsichtsbehörde

1. die Übereinstimmung mit

   a) den Vorschriften über die Zulässigkeit der baulichen Anlagen nach den §§ 29 bis 38 BauGB

   b) den Vorschriften über Abstandsflächen nach Art. 6,

   c) den Regelungen örtlicher Bauvorschriften im Sinn des Art. 81 Abs. 1,

2. beantragte Abweichungen im Sinne des Art. 63 Abs. 1 und Abs. 2 Satz 2 sowie

3. andere öffentlich-rechtliche Anforderungen, soweit wegen der Baugenehmigung eine Entscheidung nach anderen öffentlich-rechtlichen Vorschriften entfällt, ersetzt oder eingeschlossen wird.

[2]Die Art. 62 bis 62b bleiben unberührt.

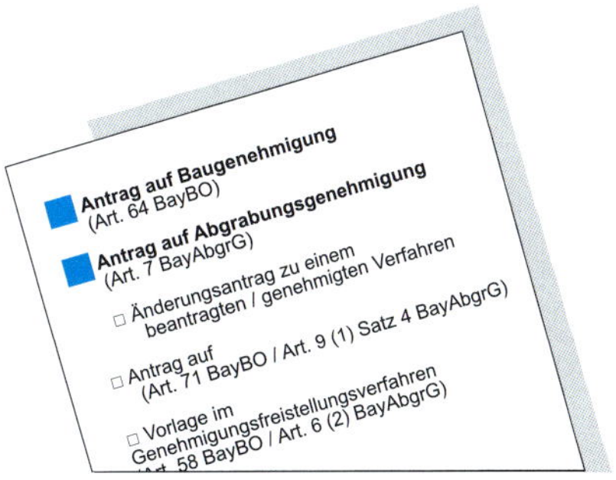

Zu Art. 59
Baugenehmigungsverfahren

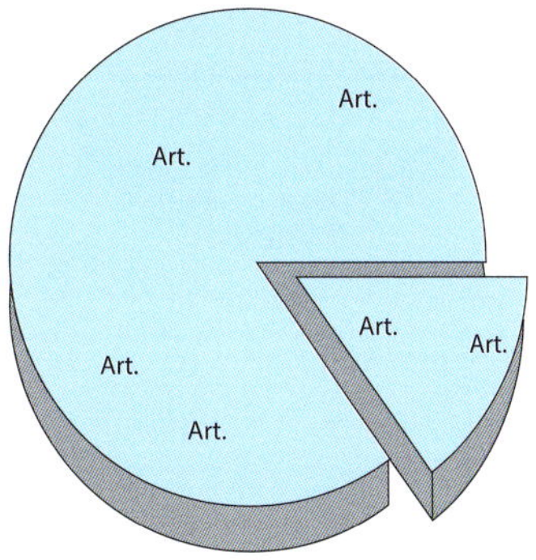

Zu Art. 59
Eingeschränkte Prüfung, Verantwortung der am Bau Beteiligten

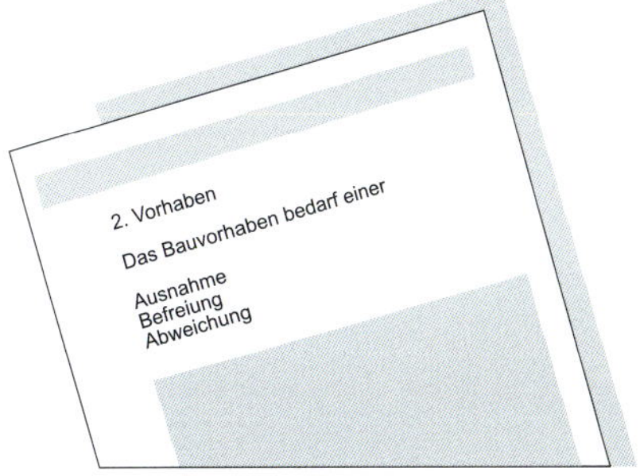

Zu Art. 59
Abweichungen beantragen, siehe Art. 63!

Zu Abschnitt III
Der Steller des Bauantrags hat kein Wahlrecht, ob er ein vereinfachtes oder gewöhnliches Genehmigungsverfahren durchführen will. Die Verfahrensarten sind differenziert danach, ob ein Sonderbau vorliegt (dann gewöhnliches Baugenehmigungsverfahren nach Art. 60) oder nicht (dann vereinfachtes Baugenehmigungsverfahren nach Art. 59).

Zu Art. 59
Das vereinfachte Baugenehmigungsverfahren gilt für prinzipiell alle Bauvorhaben; jedoch nicht für Sonderbauten (dort gilt Art. 60).
Das Prüfprogramm im vereinfachten Baugenehmigungsverfahren ist gegenüber dem gewöhnlichen Baugenehmigungsverfahren reduziert. Die Entfaltung im vereinfachten Baugenehmigungsverfahren reicht nur so weit, wie das eingeschränkte Prüfprogramm es zulässt. Die Einschränkung des Prüfprogramms korrespondiert mit einer gesteigerten Verantwortung der Bauherren und der Entwurfsverfasser. Abweichungen sind in diesem Verfahren möglich und schriftlich zu beantragen.
Aufgrund des verminderten Prüfumfangs ist die Verfahrensgebühr niedriger. Der Bauherr bzw. der Entwurfsverfasser sind für die Vollständigkeit der Bauvorlagen verantwortlich. Die BauVorlV ist zu beachten.
Die Bauvorlage in den Genehmigungsverfahren ist bei der zuständigen Gemeinde einzureichen. Zum Bauantrag und zu den Bauvorlagen siehe Art. 64.
Der Bauherr beteiligt die Eigentümer der benachbarten Grundstücke und legt Lageplan und Bauzeichnungen zur Unterschrift vor.

Zu Art. 59 Satz 1 Nr. 2
Über gemäß Art. 63 (Abweichungen) Abs. 1 und Abs. 2 Satz 2 beantragte

- Abweichungen,
- Ausnahmen und
- Befreiungen

kann zugleich im vereinfachten Baugenehmigungsverfahren mit entschieden werden.
Es ist die verfahrensrechtliche Obliegenheit des Bauherrn, diese Abweichungen im vereinfachten Baugenehmigungsverfahren ausdrücklich zur Prüfung zu stellen.

Zu Art. 59 Satz 1 Nr. 3
Sonstige öffentlich-rechtlichen Vorschriften werden im Baugenehmigungsverfahren geprüft, wenn ein fachrechtliches Anlagenzulassungsverfahren für den Fall eines Baugenehmigungsverfahrens diesem (unter Zurücktreten der fachrechtlichen Gestattung) die Prüfung des Fachrechts zuweist (sog. „aufgedrängtes" öffentliches Recht).

Art. 60
Baugenehmigungsverfahren

Art. 60 [1]Bei Sonderbauten prüft die Bauaufsichtsbehörde

1. die Übereinstimmung mit den Vorschriften über die Zulässigkeit der baulichen Anlagen nach den §§ 29 bis 38 BauGB,
2. Anforderungen nach den Vorschriften dieses Gesetzes und auf Grund dieses Gesetzes,
3. andere öffentlich-rechtliche Anforderungen, soweit wegen der Baugenehmigung eine Entscheidung nach anderen öffentlich-rechtlichen Vorschriften entfällt, ersetzt oder eingeschlossen wird.

[2]Die Art. 62 bis 62b bleiben unberührt.

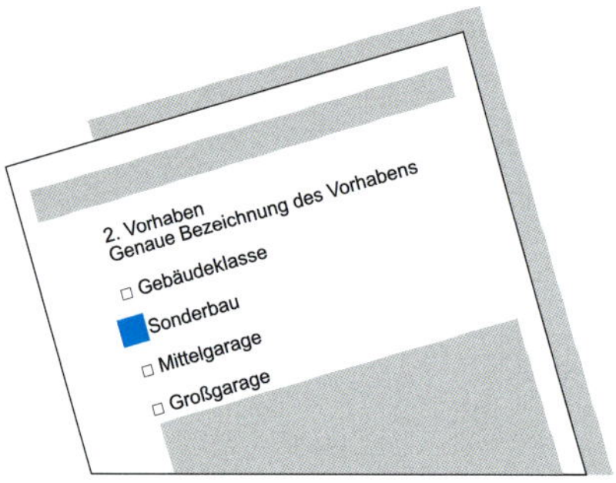

Zu Art. 60
Sonderbau

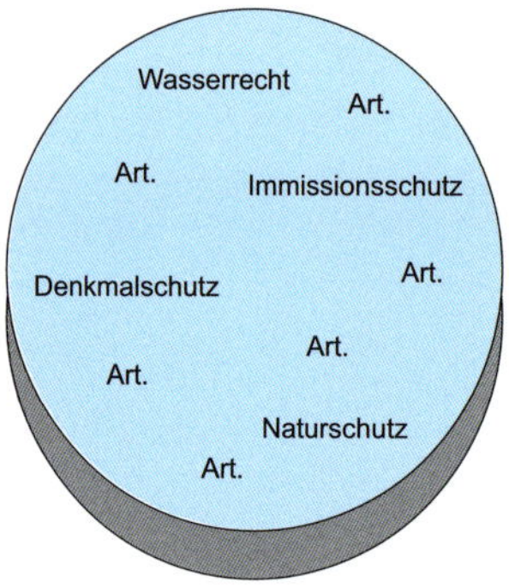

Zu Art. 60
Bauaufsichtsbehörde prüft

Zu Art. 60
Die Vorschrift regelt – anders als die Überschrift nahelegt – nur das Baugenehmigungsverfahren für Sonderbauten. Dort werden geprüft:
- die bauplanungsrechtliche Zulässigkeit der Bauvorhaben nach den §§ 29 bis 38 BauGB (Satz 1 Nr. 1)
- das (gesamte) Bauordnungsrecht (Satz 1 Nr. 2)
- „aufgedrängtes" öffentliches Recht (Satz 1 Nr. 3; vgl. Art. 59 Satz 1 Nr. 3)

Die Bauvorlage in den Genehmigungsverfahren ist bei der zuständigen Gemeinde einzureichen. Zum Bauantrag und zu den Bauvorlagen siehe Art. 64.

Art. 61
Bauvorlageberechtigung

Art. 61 (1) Bauvorlagen für die nicht verfahrensfreie Errichtung und Änderung von Gebäuden müssen von einem Entwurfsverfasser erstellt sein, der bauvorlageberechtigt ist.

Zu Art. 61 Abs. 1
Die Vorschrift regelt, wann eine Bauvorlageberechtigung erforderlich ist. Einzureichende Bauvorlagen für die nicht verfahrensfreie Errichtung und Änderung von Gebäuden müssen von einem bauvorlageberechtigten Entwurfsverfasser erstellt sein.

Art. 61 (2) Bauvorlageberechtigt ist, wer

1. die Berufsbezeichnung „Architektin" oder „Architekt" führen darf,
2. in die von der Bayerischen Ingenieurekammer-Bau geführte Liste der bauvorlageberechtigten Ingenieure eingetragen ist; vergleichbare Eintragungen anderer Länder gelten auch im Freistaat Bayern.

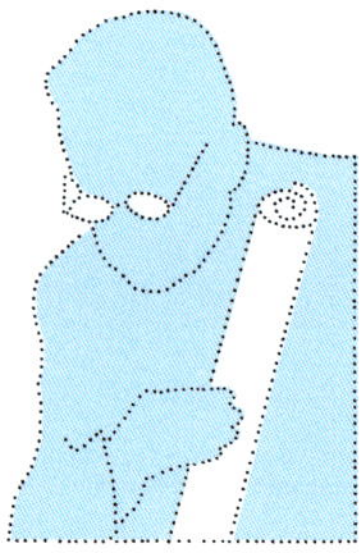

Zu Art. 61 (2)
Entwurfsverfasser

Zu Art. 61 Abs. 2 bis 4
Die Vorschriften regeln die persönlichen Voraussetzungen an die Bauvorlageberechtigung.

Art. 61 (3) [1]Bauvorlageberechtigt sind ferner die Angehörigen der Fachrichtungen Architektur, Hochbau oder Bauingenieurwesen, die Absolventen einer Ausbildung sind, die dazu berechtigt, die Berufsbezeichnung „Ingenieurin" oder „Ingenieur" führen zu dürfen, sowie die staatlich geprüften Techniker der Fachrichtung Bautechnik und die Handwerksmeister des Maurer- und Betonbauer- sowie des Zimmererfachs für

1. freistehende oder nur einseitig angebaute oder anbaubare Wohngebäude der Gebäudeklassen 1 bis 3 mit nicht mehr als drei Wohnungen,
2. eingeschossige gewerblich genutzte Gebäude mit freien Stützweiten von nicht mehr als 12 m und nicht mehr als 250 m^2,
3. land- oder forstwirtschaftlich genutzte Gebäude,
4. Kleingaragen im Sinn der Rechtsverordnung nach Art. 80 Abs. 1 Satz 1 Nr. 3,
5. einfache Änderungen von sonstigen Gebäuden.

[2]Staatsangehörige eines anderen Mitgliedstaates der Europäischen Union oder eines durch Abkommen gleichgestellten Staates sind im Sinn des Satzes 1 bauvorlageberechtigt, wenn sie eine vergleichbare Berechtigung besitzen und dafür den staatlich geprüften Technikern der Fachrichtung Bautechnik oder den Handwerksmeistern des Maurer- und Betonbauer- sowie des Zimmererfachs vergleichbare Anforderungen erfüllen mussten.

Zu Art. 61 Abs. 3 Satz 1 Nr. 3
Die Bauvorlageberechtigung umfasst hiernach auch Gewächshäuser.

Art. 61 (4) Bauvorlageberechtigt ist ferner, wer

1. unter Beschränkung auf sein Fachgebiet Bauvorlagen aufstellt, die üblicherweise von Fachkräften mit einer anderen Ausbildung als sie die in Abs. 2 genannten Personen haben, aufgestellt werden,
2. für ein Amt ab der Besoldungsgruppe A 10 in der Fachlaufbahn Naturwissenschaft und Technik, fachlicher Schwerpunkt bautechnischer und umweltfachlicher Verwaltungsdienst, qualifiziert ist, für seine Tätigkeit für seinen Dienstherrn,
3. einen berufsqualifizierenden Hochschulabschluss eines Studiums der Fachrichtung Architektur, Hochbau (Art. 49 Abs. 1 der Richtlinie 2005/36/EG) oder Bauingenieurwesen nachweist, danach mindestens zwei Jahre auf dem Gebiet der Entwurfsplanung von Gebäuden praktisch tätig gewesen ist und Bedienstete oder Bediensteter einer juristischen Person des öffentlichen Rechts ist, für die dienstliche Tätigkeit,

4. die Berufsbezeichnung „Innenarchitektin" oder „Innenarchitekt" führen darf, für die mit der Berufsaufgabe verbundenen baulichen Änderungen von Gebäuden,

5. Ingenieurin oder Ingenieur der Fachrichtung Innenausbau ist und eine praktische Tätigkeit in dieser Fachrichtung von mindestens zwei Jahren ausgeübt hat, für die Planung von Innenräumen und die damit verbundenen baulichen Änderungen von Gebäuden; Abs. 3 Satz 2 gilt entsprechend,

6. einen Studiengang der Fachrichtung Holzbau und Ausbau, den das Staatsministerium für Wohnen, Bau und Verkehr als gleichwertig mit einer Ausbildung nach Abs. 3 einschließlich der Anforderungen auf Grund der Rechtsverordnung nach Art. 80 Abs. 3 anerkannt hat, erfolgreich abgeschlossen hat, für die Bauvorhaben nach Abs. 3, sofern sie in Holzbauweise errichtet werden; Abs. 3 Satz 2 gilt entsprechend.

Art. 61 (5) [1]In die Liste der bauvorlageberechtigten Ingenieure nach Abs. 2 Nr. 2 ist auf Antrag von der Bayerischen Ingenieurekammer-Bau einzutragen, wer

1. auf Grund eines Studiums des Bauingenieurwesens die Voraussetzungen zur Führung der Berufsbezeichnung „Ingenieur" oder „Ingenieurin" nach dem Gesetz zum Schutze der Berufsbezeichnung „Ingenieur" und „Ingenieurin" – Ingenieurgesetz – IngG – (BayRS 702-2-W), in der jeweils geltenden Fassung, erfüllt oder einen berufsqualifizierenden Hochschulabschluss eines Studiums der Fachrichtung Hochbau (Art. 49 Abs. 1 der Richtlinie 2005/36/EG) nachweist und

2. danach mindestens zwei Jahre auf dem Gebiet der Entwurfsplanung von Gebäuden praktisch tätig gewesen ist.

[2]Art. 7 des Baukammerngesetzes (BauKaG) gilt entsprechend. [3]Dem Antrag sind die zur Beurteilung erforderlichen Unterlagen beizufügen. [4]Art. 42a BayVwVfG gilt entsprechend mit der Maßgabe, dass die Frist nur einmalig um bis zu einen Monat verlängert werden kann. [5]Einer Eintragung bedarf es nicht, wenn der Antragsteller aufgrund der Regelung eines anderen Landes bauvorlageberechtigt ist.

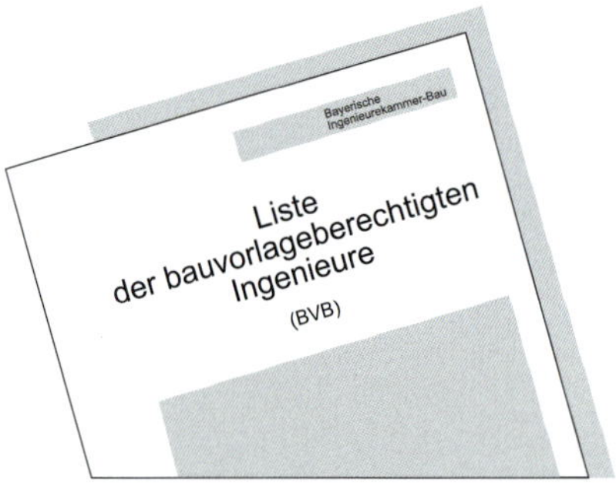

Zu Art. 61 (5)
Bauvorlageberechtigte Ingenieure

Zu Art. 61 Abs. 5
Die Vorschrift regelt die Voraussetzungen zur Eintragung in die Liste der Bauvorlageberechtigten der Bayerischen Ingenieurekammer-Bau.
Die Erteilung einer Eingangsbestätigung schließt nicht aus, dass die Kammer noch Unterlagen nachfordert.

Zu Art. 61 Abs. 5 Satz 1 Nr. 1
Berufsqualifizierend ist ein Hochschulabschluss, der die Anforderungen von Art. 11 Buchstabe d der Berufsqualifikationsanerkennungsrichtlinie erfüllt.

Art. 61 (6) [1]Unternehmen dürfen Bauvorlagen als Entwurfsverfasser erstellen, wenn dies unter der Leitung eines Bauvorlageberechtigten nach den Abs. 2 bis 4, Art. 61a Abs. 1 und 2 oder Art. 61b Abs. 1 erfolgt. [2]Auf den Bauvorlagen ist der Name des Bauvorlageberechtigten anzugeben.

Art. 61 (7) Für Bauvorlageberechtigte, die weder Mitglied der Bayerischen Architektenkammer noch der Bayerischen Ingenieurekammer-Bau sind, gilt Art. 24 Abs. 1 Satz 2 Nr. 4 BauKaG entsprechend.

Art. 61a Bauvorlageberechtigung Staatsangehöriger anderer Mitgliedstaaten

Art. 61a (1) [1]Auf Antrag ist in die Liste nach Art. 61 Abs. 5 einzutragen, wer über einen auswärtigen Hochschulabschluss verfügt, der den in Art. 61 Abs. 5 Satz 1 Nr. 1 genannten Anforderungen gleichwertig ist, und die Anforderungen des Art. 61 Abs. 5 Satz 1 Nr. 2 erfüllt. [2]Art. 61 Abs. 5 Satz 4 und 5 findet entsprechende Anwendung.

Art. 61a (2) [1]Ein Antragsteller wird in die Liste nach Art. 61 Abs. 5 auch eingetragen, wenn

1. er in Bezug auf die Studienanforderungen einen Ausbildungsnachweis nach Art. 11 der Richtlinie 2005/36/EG besitzt, soweit dieser in einem Mitgliedstaat der Europäischen Union oder einem durch Abkommen gleichgestellten Staat erforderlich ist, um in dessen Hoheitsgebiet die Erlaubnis zur Aufnahme und Ausübung dieses Berufes zu erhalten,
2. der Ausbildungsnachweis den Anforderungen nach Art. 13 Abs. 2 UnterAbs. 2 der Richtlinie 2005/36/EG genügt und
3. die berufspraktische Tätigkeit mit den Anforderungen nach Art. 61 Abs. 5 Satz 1 Nr. 2 vergleichbar ist.

[2]Satz 1 gilt auch für einen Antragsteller, der nachweist, dass er

1. diesen Beruf ein Jahr lang vollzeitbeschäftigt oder während einer entsprechenden Gesamtdauer in Teilzeit während der vorhergehenden zehn Jahre in Mitgliedstaaten der Europäischen Union oder einem gleichgestellten Staat ausgeübt hat, sofern der Beruf im Niederlassungsmitgliedstaat nicht reglementiert ist,
2. im Besitz eines Befähigungs- oder Ausbildungsnachweises ist, der den Anforderungen nach Art. 13 Abs. 2 UnterAbs. 2 der Richtlinie 2005/36/EG genügt und
3. keine wesentlichen Unterschiede gemäß Art. 61 Abs. 5 Satz 1 Nr. 1 bestehen.

[3]Kann eine Eintragung in die Liste nicht erfolgen, weil der Antragsteller die Voraussetzungen der Sätze 1 oder 2 nicht erfüllt, ist dies durch Bescheid gemäß Art. 10 des Bayerischen Berufsqualifikationsfeststellungsgesetzes (BayBQFG) festzustellen.

Art. 61a (3) [1]Antragsteller haben zum Nachweis der Voraussetzungen des Abs. 2 Unterlagen nach Art. 50 Abs. 1 der Richtlinie 2005/36/EG in Verbindung mit deren Anhang VII Nr. 1 Buchst. a und b Satz 1 sowie auf Anforderung nach Anhang VII Nr. 1 Buchst. b UnterAbs. 2 dieser Richtlinie vorzulegen. [2]Gibt der Antragsteller an, hierzu nicht in der Lage zu sein, wendet sich die Bayerische Ingenieurekammer-Bau zur Beschaffung der erforderlichen Unterlagen an das Beratungszentrum nach Art. 57b der Richtlinie 2005/36/EG, die zuständige Behörde oder eine Ausbildungsstelle des Herkunftsmitgliedstaates. [3]Bei Ausbildungsnachweisen gemäß Art. 50 Abs. 3 der Richtlinie 2005/36/EG kann die Bayerische Ingenieurekammer-Bau bei berechtigten Zweifeln von der zuständigen Stelle des Ausstellungsstaates die Überprüfung der Kriterien gemäß Art. 50 Abs. 3 Buchst. a bis c der Richtlinie 2005/36/EG verlangen. [4]War der Antragsteller bereits in einem anderen Mitgliedstaat der Europäischen Union oder einem gleichgestellten Staat tätig, kann die Bayerische Ingenieurekammer-Bau im Fall berechtigter Zweifel von der im Herkunftsstaat zuständigen Behörde eine Bestätigung der Tatsache verlangen, dass die Ausübung dieses Berufes durch den Antragsteller nicht aufgrund schwerwiegenden standeswidrigen Verhaltens oder einer Verurteilung wegen strafbarer Handlungen untersagt worden ist. [5]Im Übrigen finden die Vorschriften des Art. 50 Abs. 1 der Richtlinie 2005/36/EG in Verbindung mit deren Anhang VII Nr. 1 Buchst. d bis g Anwendung. [6]Die auf Verlangen übermittelten Unterlagen und Bescheinigungen dürfen bei ihrer Vorlage nicht älter als drei Monate sein. [7]Der Informationsaustausch erfolgt über das Binnenmarkt-Informationssystem (IMI). [8]Im Übrigen gelten die Art. 12 und 13 BayBQFG entsprechend.

Art. 61a (4) [1]Über die Eintragung nach den Abs. 1 und 2 in die Liste ist eine Bescheinigung auszustellen. [2]Die Liste enthält folgende Angaben:

1. Zeitpunkt der Eintragung,
2. Familienname, Geburtsname und Vornamen,
3. Geburtsdatum, Geburtsort und Geschlecht,
4. akademische Grade und Titel,
5. ladungsfähige Adresse,
6. Staatsangehörigkeit des Antragstellers,
7. Staat, in dem die Berufsqualifikation erworben wurde.

[3]Wesentliche Änderungen gegenüber der nach Satz 2 bescheinigten Situation hat der Antragsteller der Bayerischen Ingenieurekammer-Bau unverzüglich mitzuteilen. [4]Art. 7 BauKaG gilt entsprechend.

Art. 61a (5) [1]Antragsteller, die nicht nach Abs. 2 in die Liste eingetragen werden können, weil sie aufgrund von wesentlichen Unterschieden nicht über eine gleichwertige Berufsqualifikation verfügen und die über einen Ausbildungsnachweis im Sinne des Abs. 2 verfügen, der dem Berufsqualifikationsniveau nach Art. 11 Buchst. b, c, d oder e der Richtlinie 2005/36/EG entspricht, können einen höchstens dreijährigen Anpassungslehrgang absolvieren oder eine Eignungsprüfung (Ausgleichsmaßnahmen) ablegen. [2]Beantragt ein Inhaber einer Berufsqualifikation gemäß Art. 11 Buchst. a der Richtlinie 2005/36/EG die Anerkennung seiner Berufsqualifikationen und ist die erforderliche Berufsqualifikation unter Art. 11 Buchst. d der Richtlinie 2005/36/EG eingestuft, so kann die Bayerische Ingenieurekammer-Bau sowohl einen Anpassungslehrgang als auch eine Eignungsprüfung vorschreiben. [3]Art. 11 Abs. 3 Satz 2 BayBQFG gilt entsprechend.

Art. 61a (6) [1]Die Einzelheiten zur Durchführung von Ausgleichsmaßnahmen werden durch Satzung der Bayerischen Ingenieurekammer-Bau festgelegt. [2]Die nach Maßgabe der Rechtsverordnung gemäß Art. 18 Abs. 4 Satz 2 BauKaG erlassene Satzung bedarf der Genehmigung der nach Art. 12 Abs. 6 BauKaG zuständigen Aufsichtsbehörde.

Art. 61a (7) [1]Die Bayerische Ingenieurekammer-Bau kann mit anderen zuständigen Stellen innerhalb der Bundesrepublik Deutschland landesübergreifende Vereinbarungen zur Durchführung von Ausgleichsmaßnahmen schließen. [2]Die Vereinbarung bedarf der Genehmigung des Staatsministeriums für Wohnen, Bau und Verkehr.

Art. 61a (8) [1]Art. 61 Abs. 7 gilt entsprechend. [2]Art. 16 BayBQFG gilt entsprechend.

Art. 61b
Bauvorlageberechtigung auswärtiger Dienstleister

Art. 61b (1) Personen, die in einem anderen Mitgliedstaat der Europäischen Union oder einem durch Abkommen gleichgestellten Staat rechtmäßig als Bauvorlageberechtigte niedergelassen sind und sich zu einer vorübergehenden und gelegentlichen Dienstleistungserbringung in den Freistaat Bayern begeben (auswärtige Dienstleister) sind bauvorlageberechtigt und haben sich in ein entsprechendes Verzeichnis bei der Bayerischen Ingenieurekammer-Bau einzutragen.

Art. 61b (2) [1]Ein auswärtiger Dienstleister nach Abs. 1 hat das erstmalige Erbringen von Dienstleistungen zuvor der Bayerischen Ingenieurekammer-Bau in Textform anzuzeigen. [2]Einer Anzeige bedarf es nicht, wenn der auswärtige Dienstleister bereits aufgrund einer Regelung eines anderen Landes zur Dienstleistungserbringung berechtigt ist. [3]Mit der Anzeige sind vorzulegen:

1. ein Identitätsnachweis,
2. eine Bescheinigung, dass er in einem Mitgliedstaat der Europäischen Union oder einem durch Abkommen gleichgestellten Staat rechtmäßig zur Ausübung der betreffenden Tätigkeit niedergelassen ist und ihm die Ausübung dieser Tätigkeit zum Zeitpunkt der Vorlage der Bescheinigung nicht, auch nicht vorübergehend, untersagt ist,
3. ein Berufsqualifikationsnachweis,
4. in den in Art. 61a Abs. 2 Satz 2 genannten Fällen ein Nachweis in beliebiger Form darüber, dass der auswärtige Dienstleister die betreffende Tätigkeit mindestens ein Jahr während der vorhergehenden zehn Jahre ausgeübt hat, sofern der Beruf im Niederlassungsmitgliedstaat nicht reglementiert ist,
5. ein Nachweis über den ausreichenden Versicherungsschutz.

[4]Im Übrigen gelten die Art. 12 und 13 BayBQFG entsprechend.

Art. 61b (3) [1]Die Vorlage der Meldung nach Abs. 2 berechtigt den auswärtigen Dienstleister zur Erstellung von Bauvorlagen. [2]Die Bayerische Ingenieurekammer-Bau kann die Unterlagen nach Abs. 2 Satz 3 nachprüfen. [3]Die Erstellung von Bauvorlagen ist dem auswärtigen Dienstleister nur zu untersagen, wenn der auswärtige Dienstleister nicht zur Ausübung desselben Berufs rechtmäßig in einem Mitgliedstaat niedergelassen ist, ihm die Ausübung dieser Tätigkeit in einem Mitgliedstaat nach der Anzeige untersagt wird oder er die Voraussetzungen des Art. 61a Abs. 2 Satz 2 nicht erfüllt. [4]In diesem Fall ist dem auswärtigen Dienstleister entsprechend Art. 11 BayBQFG die Möglichkeit einzuräumen, fehlende Kenntnisse, Fähigkeiten und Kompetenzen durch einen Anpassungslehrgang zu erwerben oder eine Eignungsprüfung abzulegen. [5]Ist der auswärtige Dienstleister zur Ausübung desselben Berufs rechtmäßig in einem Mitgliedstaat niedergelassen oder erfüllt er die Voraussetzungen des Art. 61a Abs. 2 Satz 2, so darf ihm die Erstellung von Bauvorlagen nicht aufgrund seiner Berufsqualifikation beschränkt werden.

Art. 61b (4) [1]Das Recht zur Führung der Berufsbezeichnung des Niederlassungsstaates nach Art. 7 Abs. 3 der Richtlinie 2005/36/EG bleibt unberührt. [2]Die Berufsbezeichnung ist dann so zu führen, dass keine Verwechslung mit einer inländischen Berufsbezeichnung möglich ist.

Art. 61b (5) [1]Auswärtige bauvorlageberechtigte Ingenieure haben die Berufspflichten zu beachten. [2]Die Bayerische Ingenieurekammer-Bau stellt über die Eintragung in das Verzeichnis nach Abs. 1 eine auf fünf Jahre befristete Bescheinigung aus, die auf Antrag verlängert werden kann.

Art. 61b (6) [1]Art. 61 Abs. 7 gilt entsprechend. [2]Art. 16 BayBQFG gilt entsprechend.

Art. 62
Bautechnische Nachweise

Art. 62 (1) [1]Die Einhaltung der Anforderungen an die Standsicherheit, den Brand-, Schall- und Erschütterungsschutz ist nach Maßgabe der Rechtsverordnung auf Grund des Art. 80 Abs. 4 nachzuweisen (bautechnische Nachweise). [2]Bautechnische Nachweise sind nicht erforderlich für verfahrensfreie Bauvorhaben. [3]Art. 57 Abs. 5 Satz 2 bis 5 und Regelungen auf Grund des Art. 80 Abs. 4 bleiben unberührt. [4]Werden bautechnische Nachweise durch einen Prüfsachverständigen bescheinigt, gelten die entsprechenden Anforderungen auch in den Fällen des Art. 63 als eingehalten.

Zu Art. 62
Für alle nicht verfahrensfreien Bauvorhaben sind bautechnische Nachweise zu erstellen, und zwar vor Baubeginn.
Die Vorschrift enthält Regelungen für die Einhaltung der Anforderungen an die bautechnischen Nachweise zur Standsicherheit sowie den Brand-, Schall- und Erschütterungsschutz.
Für die Erstellung bauchtechnischer Nachweise sind je nach Risikopotenzial bestimmter Vorhaben folgende Anforderungen an den Ersteller notwendig:

- Bauvorlageberechtigung (Art. 62)
- für Standsicherheit und Brandschutz: zusätzliche bzw. besondere Qualifikation (Art. 62a f.)

Eine weitere Prüfung erfolgt gemäß Vier-Augen-Prinzip durch Bauaufsicht oder Prüfingenieur.

Art. 62 (2) Die Bauvorlageberechtigung nach Art. 61 Abs. 2, 3 und 4 Nrn. 2 bis 6 berechtigt zur Erstellung bautechnischer Nachweise, soweit die Art. 62a und 62b nichts Abweichendes bestimmen.

Zu Art. 62 Abs. 2
In den in der Vorschrift genannten Fällen inkludiert eine Bauvorlageberechtigung das Recht, bautechnische Nachweise zu erstellen, es sei denn, Art. 62a f. bestimmen etwas anderes.

Art. 62 (3) [1]Tragwerksplaner nach Art. 62a Abs. 1 und Brandschutzplaner nach Art. 62b Abs. 1 Nr. 3 sind in eine von der Bayerischen Architektenkammer oder der Bayerischen Ingenieurekammer-Bau zu führende Liste einzutragen. [2]Vergleichbare Berechtigungen anderer Länder gelten auch im Freistaat Bayern. [3]Für Personen, die in einem anderen Mitgliedstaat der Europäischen Union oder durch Abkommen gleichgestellten Staat zur Erstellung von Standsicherheits- oder Brandschutznachweisen niedergelassen sind, gilt Art. 61b mit der Maßgabe entsprechend, dass die Anzeige oder der Antrag auf Erteilung einer Bescheinigung bei der zuständigen Bayerischen Architektenkammer oder der Bayerischen Ingenieurekammer-Bau einzureichen ist. [4]Art. 61 Abs. 7 ist anzuwenden.

Art. 62a Standsicherheitsnachweis

Art. 62a (1) Bei Gebäuden der Gebäudeklassen 1 bis 3 und bei sonstigen baulichen Anlagen, die keine Gebäude sind, muss der Standsicherheitsnachweis erstellt sein

1. von Personen mit einem berufsqualifizierenden Hochschulabschluss eines Studiums der Fachrichtung Architektur, Hochbau (Art. 49 Abs. 1 der Richtlinie 2005/36/EG) oder des Bauingenieurwesens mit einer mindestens dreijährigen Berufserfahrung in der Tragwerksplanung oder

2. im Rahmen ihrer Bauvorlageberechtigung von

   a) staatlich geprüften Technikern der Fachrichtung Bautechnik und Handwerksmeistern des Maurer- und Betonbauer- sowie des Zimmererfachs (Art. 61 Abs. 3), wenn sie mindestens drei Jahre zusammenhängende Berufserfahrung nachweisen und die durch Rechtsverordnung gemäß Art. 80 Abs. 3 näher bestimmte Zusatzqualifikation besitzen oder

   b) Bauvorlageberechtigten nach Art. 61 Abs. 4 Nr. 6.

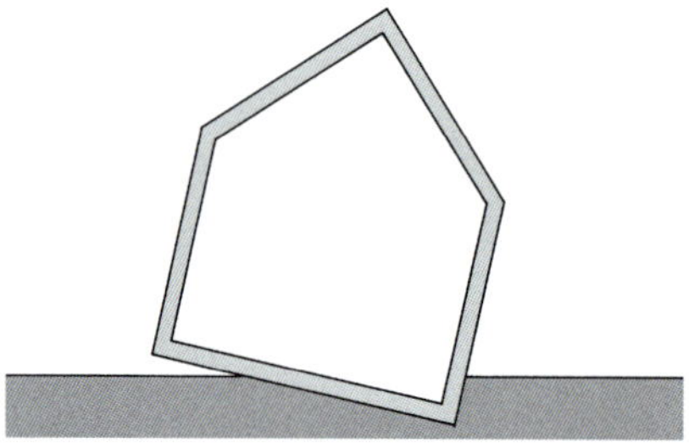

Zu Art. 62a
Bautechnischer Nachweis über die Standsicherheit

Zu Art. 62a Abs. 1

Der Standsicherheitsnachweis zu

- Gebäuden der Gebäudeklasse 1 bis 3 und
- sonstigen baulichen Anlagen, die keine Gebäude sind,

muss von einer hierfür besonders qualifizierten Person erstellt sein (qualifizierter Tragwerksplaner). Dieser Nachweis wird nicht in jedem Fall durch die Bauaufsichtsbehörden oder vergleichbare Institutionen geprüft oder bescheinigt. Die Berechtigung zum Erstellen des Standsicherheitsnachweises regelt Art. 62a Abs. 1 Satz 1.

Art. 65
Behandlung des Bauantrags

Art. 65 (1) [1]Die Bauaufsichtsbehörde hat innerhalb von drei Wochen nach Eingang des Bauantrags den Bauantrag und die Bauvorlagen auf Vollständigkeit zu prüfen. [2]Ist der Bauantrag unvollständig oder weist er sonstige erhebliche Mängel auf, fordert die Bauaufsichtsbehörde den Bauherrn zur Behebung der Mängel innerhalb einer angemessenen Frist auf. [3]Werden die Mängel innerhalb der Frist nicht behoben, gilt der Antrag als zurückgenommen, wenn der Antragsteller auf diese Rechtsfolge hingewiesen worden ist. [4]Sobald der Bauantrag und die Bauvorlagen für die Entscheidung der Gemeinde über ihr Einvernehmen nach § 36 BauGB hinreichend vollständig sind, hat die Bauaufsichtsbehörde unverzüglich die Gemeinde zu beteiligen.

Art. 65 (2) [1]Die Bauaufsichtsbehörde hört zum Bauantrag diejenigen Stellen,

1. deren Beteiligung oder Anhörung für die Entscheidung über den Bauantrag durch Rechtsvorschrift vorgeschrieben ist, oder
2. ohne deren Stellungnahme die Genehmigungsfähigkeit des Bauantrags nicht beurteilt werden kann;

die Beteiligung oder Anhörung entfällt, wenn die jeweilige Stelle dem Bauantrag bereits vor Einleitung des Baugenehmigungsverfahrens in Textform zugestimmt hat. [2]Bedarf die Erteilung der Baugenehmigung der Zustimmung oder des Einvernehmens einer anderen Körperschaft, Behörde oder sonstigen Stelle, so gilt diese als erteilt, wenn sie nicht einen Monat nach Eingang des Ersuchens verweigert wird; von der Frist nach Halbsatz 1 abweichende Regelungen durch Rechtsvorschrift bleiben unberührt. [3]Stellungnahmen bleiben unberücksichtigt, wenn sie nicht innerhalb eines Monats nach Aufforderung zur Stellungnahme bei der Bauaufsichtsbehörde eingehen, es sei denn, die verspätete Stellungnahme ist für die Rechtmäßigkeit der Entscheidung über den Bauantrag von Bedeutung.

Wichtige Änderung

Zu Art. 65

Die Vorschrift wurde systematisch neu geordnet und ergänzt.

Die Vorschrift gilt für **alle** Arten von Bauverfahren.

Zu Art. 65 Abs. 1

Klarstellend hinzugekommen sind die behördeninternen Pflichten der Bauaufsichtsbehörde nach den Sätzen 1 und 4.

Die Vorschrift regelt das Verfahren bei unvollständigen oder sonst mangelhaften Bauvorlagen und trägt damit zugleich der verstärkten Eigenverantwortung des Bauherrn Rechnung. Satz 2 knüpft – anstelle der bloßen Möglichkeit, im Ermessenswege den Bauantrag zurückzuweisen – an das fruchtlose Verstreichen der Frist eine Rücknahmefiktion (mit entsprechenden Kostenfolgen für den Bauherrn, der dann überdies ggf. den Bauantrag neu zu stellen hat), wenn der Bauherr als Antragsteller auf diese Rechtsfolge hingewiesen worden ist.

Zu Art. 65 Abs. 2

Der frühere Absatz 1 ist wortgleich der neue Absatz 2 und stellt die Beteiligungspflichten der Bauaufsichtsbehörde dar.

Art. 65 (3) Betrifft der Bauantrag eine Anlage, die in den Anwendungsbereich der Richtlinie (EU) 2018/2001 fällt, gilt:

1. Auf Antrag des Bauherrn werden die erforderlichen Zulassungsverfahren über eine einheitliche Stelle im Sinne des Art. 71a Abs. 1 BayVwVfG abgewickelt.

2. Einheitliche Stelle nach Nr. 1 sind die unteren Bauaufsichtsbehörden, soweit sich nicht aus Art. 1 Abs. 1 Satz 3 des Bayerischen Immissionsschutzgesetzes oder Art. 63 Abs. 6 BayWG Abweichendes ergibt.

3. Die einheitliche Stelle stellt ein Verfahrenshandbuch für Bauherren bereit und macht diese Informationen auch im Internet zugänglich, wobei sie auch gesondert auf kleinere Vorhaben und Vorhaben zur Eigenversorgung mit Elektrizität eingeht und darauf hinweist, für welche Anlagen sie zuständig ist und welche anderen einheitlichen Stellen für Anlagen im Anwendungsbereich der Richtlinie (EU) 2018/2001 zuständig sind.

4. Nach Eingang der vollständigen Antragsunterlagen stellt die untere Bauaufsichtsbehörde dem Bauherrn unverzüglich einen Zeitplan für das weitere Verfahren zur Verfügung.

5. Das Baugenehmigungsverfahren darf nach Eingang des vollständigen Bauantrags

   a) für eine Anlage mit einer Stromerzeugungskapazität unter 150 kW oder im Fall des Repowering einer bestehenden Anlage im Sinne des Art. 2 Nr. 10 der Richtlinie (EU) 2018/2001 nicht länger als ein Jahr und

   b) im Übrigen nicht länger als zwei Jahre dauern; die Frist kann in durch außergewöhnliche Umstände hinreichend begründeten Fällen um bis zu einem Jahr verlängert werden.

Zu Art. 65 Abs. 3

Die Vorschrift ist eine verfahrensrechtliche Sonderregelung für Anlagen nach der sog. Erneuerbare-Energien-Richtlinie (engl. Renewable Energy Directive). Auf Antrag des Bauherrn kann die Zulassung dieser Verfahren über eine einheitliche Verfahrensstelle erfolgen; dies sind dann die Baubehörden.

Art. 66
Beteiligung des Nachbarn

Art. 66 (1) [1]Den Eigentümern der benachbarten Grundstücke sind vom Bauherrn oder seinem Beauftragten der Lageplan und die Bauzeichnungen zur Zustimmung vorzulegen. [2]Die Zustimmung bedarf der Schriftform. [3]Im Bauantrag ist anzugeben, ob zugestimmt wurde. [4]Hat ein Nachbar nicht zugestimmt oder wird seinen Einwendungen nicht entsprochen, so ist ihm eine Ausfertigung der Baugenehmigung zuzustellen.

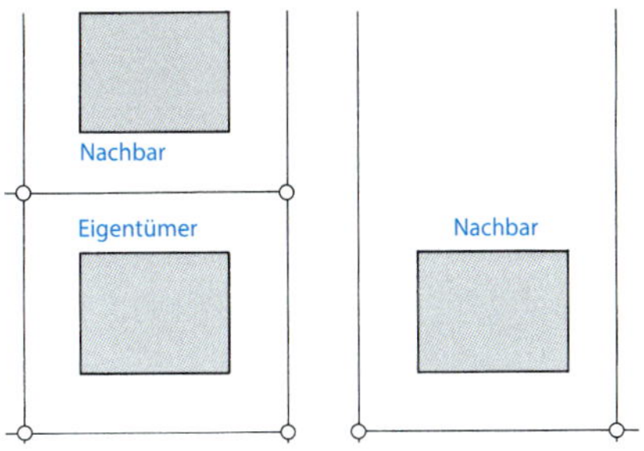

Zu Art. 66 (1)
Beteiligung des Nachbarn

Zu Art. 66
Im gewöhnlichen und im vereinfachten Baugenehmigungsverfahren sind Nachbarbeteiligungen durchzuführen. Dem Nachbarn müssen der Lageplan und die Bauzeichnungen zur schriftlichen Zustimmung vorgelegt werden; die Schriftform verlangt die eigenhändige Unterschrift (§ 126 BGB). Im Genehmigungsfreistellungsverfahren muss der Nachbar benachrichtigt werden.
Für die Durchführung der Nachbarbeteiligung ist grundsätzlich der Bauherr eigenverantwortlich. Die Gemeinde kann auf Antrag des Bauherrn die Eigentümer benachbarter Grundstücke benachrichtigen.
Die Art der geplanten baulichen Anlage ist der Maßstab für eine mögliche Beeinträchtigung. Es können je nach Einzelfall nur unmittelbar an das Baugrundstück Angrenzende betroffen sein oder auch räumlich Entferntere.

Art. 66 (2) [1]Der Nachbar ist Beteiligter im Sinn des Art. 13 Abs. 1 Nr. 1 BayVwVfG. [2]Art. 28 BayVwVfG findet keine Anwendung. [3]Sind an einem Baugenehmigungsverfahren mindestens zehn Nachbarn im gleichen Interesse beteiligt, ohne vertreten zu sein, so kann die Bauaufsichtsbehörde sie auffordern, innerhalb einer angemessenen Frist einen Vertreter zu bestellen; Art. 18 Abs. 1 Sätze 2 und 3, Abs. 2 BayVwVfG finden Anwendung. [4]Bei mehr als 20 Beteiligten im Sinn des Satzes 3 kann die Zustellung nach Abs. 1 Satz 4 durch öffentliche Bekanntmachung ersetzt werden; die Bekanntmachung hat den verfügenden Teil der Baugenehmigung, die Rechtsbehelfsbelehrung sowie einen Hinweis darauf zu enthalten, wo die Akten des Baugenehmigungsverfahrens eingesehen werden können. [5]Die Zustellung gilt mit dem Tag der Bekanntmachung als bewirkt.

Art. 66 (3) [1]Ein Erbbauberechtigter tritt an die Stelle des Eigentümers. [2]Ist Eigentümer des Nachbargrundstücks eine Eigentümergemeinschaft nach dem Wohnungseigentumsgesetz, so genügt die Vorlage nach Abs. 1 Satz 1 an den Verwalter; seine Zustimmung gilt jedoch nicht als Zustimmung der einzelnen Wohnungseigentümer. [3]Der Eigentümer des Nachbargrundstücks nimmt auch die Rechte des Mieters oder Pächters wahr, die aus deren Eigentumsgrundrecht folgen.

Art. 66a
Beteiligung der Öffentlichkeit

Art. 66a (1) [1]Bei baulichen Anlagen, die auf Grund ihrer Beschaffenheit oder ihres Betriebs geeignet sind, die Allgemeinheit oder die Nachbarschaft zu gefährden, zu benachteiligen oder zu belästigen, kann die Bauaufsichtsbehörde auf Antrag des Bauherrn das Bauvorhaben öffentlich bekannt machen; verfährt die Bauaufsichtsbehörde nach Halbsatz 1, findet Art. 66 Abs. 1 und 3 keine Anwendung. [2]Nach der Bekanntmachung sind der Antrag und die Bauvorlagen sowie die entscheidungserheblichen Berichte und Empfehlungen, die der Bauaufsichtsbehörde im Zeitpunkt der Bekanntmachung vorliegen, einen Monat zur Einsicht auszulegen. [3]Bauvorlagen, die Geschäfts- oder Betriebsgeheimnisse enthalten, sind nicht auszulegen, für sie gilt § 10 Abs. 2 des Bundes-Immissionsschutzgesetzes (BImSchG) entsprechend. [4]Mit Ablauf einer Frist von zwei Wochen nach Ablauf der Auslegungsfrist sind alle öffentlich-rechtlichen Einwendungen gegen das Bauvorhaben ausgeschlossen, dies gilt für umweltbezogene Einwendungen nur für das Genehmigungsverfahren [5]Die Zustellung der Baugenehmigung nach Art. 66 Abs. 1 Satz 4 kann durch öffentliche Bekanntmachung ersetzt werden; Satz 1 und Art. 66 Abs. 2 Satz 6 gelten entsprechend. [6]In der Bekanntmachung nach Satz 1 ist darauf hinzuweisen,

1. wo und wann Beteiligte nach Art. 29 BayVwVfG die Akten des Verfahrens einsehen können,
2. wo und wann Beteiligte Einwendungen gegen das Bauvorhaben vorbringen können,
3. welche Rechtsfolgen mit Ablauf der Frist des Satzes 2 eintreten und
4. dass die Zustellung der Baugenehmigung durch öffentliche Bekanntmachung ersetzt werden kann.

[7]Weitere Informationen, die für die Entscheidung über die Genehmigung von Bedeutung sein können und die der zuständigen Behörde erst nach Beginn der Auslegung vorliegen, sind der Öffentlichkeit nach den Bestimmungen des Bayerischen Umweltinformationsgesetzes (BayUIG) zugänglich zu machen.

Art. 66a (2) [1]Bei der Errichtung, Änderung oder Nutzungsänderung

1. von Vorhaben nach Art. 58 Abs. 1 Nr. 4 sowie
2. baulicher Anlagen, die nach Durchführung des Bauvorhabens Sonderbauten nach Art. 2 Abs. 4 Nr. 9 bis 13, 15 und 16 sind,

ist eine Öffentlichkeitsbeteiligung nach Abs. 1 durchzuführen, wenn sie den angemessenen Sicherheitsabstand im Sinn des Art. 13 Abs. 2 Buchst. a der Richtlinie 2012/18/EU zu einem Betriebsbereich nicht einhalten. [2]In die öffentliche Bekanntmachung nach Abs. 1 Satz 4 sind zusätzlich folgende Angaben aufzunehmen:

1. ob für das Vorhaben eine Umweltverträglichkeitsprüfung durchzuführen ist (§§ 3a, 8 und 9 des Gesetzes über die Umweltverträglichkeitsprüfung),
2. wo und wann die betroffene Öffentlichkeit im Sinn des Art. 3 Nr. 18 der Richtlinie 2012/18/EU Einwendungen gegen das Bauvorhaben vorbringen kann und
3. die grundsätzlichen Entscheidungsmöglichkeiten der Behörde oder, soweit vorhanden, der Entscheidungsentwurf.

[3]Die Baugenehmigung ist nach Art. 41 Abs. 4 BayVwVfG öffentlich bekannt zu geben und, soweit Einwendungen vorgebracht wurden, zu begründen. [4]In der Begründung sind die wesentlichen tatsächlichen und rechtlichen Gründe, die Behandlung der Einwendungen sowie Angaben über das Verfahren zur Beteiligung der Öffentlichkeit aufzunehmen.

Art. 67
Ersetzung des gemeindlichen Einvernehmens

Art. 67 (1) [1]Hat eine Gemeinde ihr nach § 14 Abs. 2 Satz 2, § 22 Abs. 5 Satz 1, § 145 Abs. 1 Satz 2, § 173 Abs. 1 Satz 2 Halbsatz 1 BauGB oder nach Art. 63 Abs. 3 Satz 2 Halbsatz 1 erforderliches Einvernehmen rechtswidrig versagt und besteht ein Rechtsanspruch auf Erteilung der Genehmigung, kann das fehlende Einvernehmen nach Maßgabe der Abs. 2 bis 4 ersetzt werden; in den Fällen der § 36 Abs. 1 Sätze 1 und 2 BauGB ist das fehlende Einvernehmen nach Maßgabe von Abs. 2 bis 4 zu ersetzen. [2]Außer in den Fällen des § 36 Abs. 2 Satz 3 BauGB besteht kein Rechtsanspruch auf Ersetzung des gemeindlichen Einvernehmens.

Art. 67 (2) Art. 112 der Gemeindeordnung (GO) findet keine Anwendung.

Zu Art. 67 Abs. 1 Nr. 1 und 2
Auszug aus: Vollzugshinweise zur BayBO in der Fassung vom 1. Juli 2013

„Aufgrund des Urteils des BGH vom 16.09.2011 – III ZR 29110 besteht kein Ermessensspielraum der Bauaufsichtsbehörde bei der Frage, ob ein nach § 36 Abs. 1 Sätze 1 und 2 BauGB rechtswidrig versagtes Einvernehmen ersetzt wird. Der neue Halbsatz 2 regelt daher eine Pflicht zur Ersetzung des Einvernehmens. Wenn begründete Zweifel an der Rechtmäßigkeit der Versagung bestehen, muss das gemeindliche Einvernehmen ersetzt werden. Ein Ermessensspielraum besteht jedoch bei den nun ausdrücklich aufgeführten sonstigen nach Städtebaurecht einvernehmenspflichtigen Fällen und bei einvernehmenspflichtigen Abweichungen von örtlichen Bauvorschriften nach Art. 63 Abs. 3 Satz 2.

Nach der Entscheidung des BGH vom 16.09.2011 – III ZR29|10 steht dem Bauherrn im Anwendungsbereich des § 36 Abs. 2 Satz 3 BauGB ein Rechtsanspruch auf Ersetzung des gemeindlichen Einvernehmens zu. Die bisherige Regelung des Art. 67 Abs. 1 Satz 2, die einen Rechtsanspruch verneinte, gilt daher nach der Neufassung nur noch für die Fälle der Einvernehmensersetzung außerhalb des Anwendungsbereichs von § 36 Abs. 2 Satz 3 BauGB. Der im IMS vom 03.11.2010 unter Ziffer 1 enthaltene Hinweis ist damit aufgrund der ausdrücklichen gesetzlichen Neufassung insofern obsolet."

Art. 67 (3) [1]Die Genehmigung gilt zugleich als Ersatzvornahme im Sinn des Art. 113 GO; sie ist insoweit zu begründen. [2]Entfällt die aufschiebende Wirkung der Anfechtungsklage gegen die Genehmigung nach § 80 Abs. 2 Satz 1 Nr. 3 oder 4 VwGO, hat die Anfechtungsklage auch insoweit keine aufschiebende Wirkung, als die Genehmigung als Ersatzvornahme gilt.

Art. 67 (4) [1]Die Gemeinde ist vor Erlass der Genehmigung anzuhören. [2]Dabei ist ihr Gelegenheit zu geben, binnen angemessener Frist erneut über das gemeindliche Einvernehmen zu entscheiden.

Art. 68
Baugenehmigung, Genehmigungsfiktion und Baubeginn

Art. 68 (1) [1]Die Baugenehmigung ist zu erteilen, wenn dem Bauvorhaben keine öffentlich-rechtlichen Vorschriften entgegenstehen, die im bauaufsichtlichen Genehmigungsverfahren zu prüfen sind; die Bauaufsichtsbehörde darf den Bauantrag auch ablehnen, wenn das Bauvorhaben gegen sonstige öffentlich-rechtliche Vorschriften verstößt. [2]Die durch eine Umweltverträglichkeitsprüfung ermittelten, beschriebenen und bewerteten Umweltauswirkungen sind nach Maßgabe der hierfür geltenden Vorschriften zu berücksichtigen.

Zu Art. 68
Bauaufsichtsbehörde erteilt Baugenehmigung.

Zu Art. 68

Typischer Aufbau einer Baugenehmigung:

- Briefkopf: Zustellungsverfügung, Adressat, Betreff (Vorhaben auf dem Grundstück X, Flurnummer Y, Gemarkung Z), Bezug (Bauantrag vom …)
- Tenor (Verwaltungsentscheidung) zu: Baugenehmigung, Nebenbestimmungen, Ausnahmen, Abweichungen, Befreiungen, Kosten
- Liste der Bauvorlagen
- Erteilung des Baufreigabescheins
- Begründung zu: Baugenehmigung, Nebenbestimmungen, Ausnahmen, Abweichungen, Befreiungen, Kosten
- sonstige Hinweise (ohne Regelungscharakter)
- Unterschrift
- Rechtsbehelfsbelehrung

Art. 68 (2) [1]Betrifft ein Bauantrag die Errichtung oder Änderung eines Gebäudes, das ausschließlich oder überwiegend dem Wohnen dient, oder eine Nutzungsänderung, durch die Wohnraum geschaffen werden soll, und ist über diesen Bauantrag im vereinfachten Genehmigungsverfahren nach Art. 59 zu entscheiden, gilt Art. 42a BayVwVfG mit folgenden Maßgaben entsprechend:

1. Die Frist für die Entscheidung beginnt
   a) drei Wochen nach Zugang des Bauantrags oder
   b) drei Wochen nach Zugang der verlangten Unterlagen, wenn die Bauaufsichtsbehörde vor Fristbeginn eine Aufforderung nach Art. 65 Abs. 1 Satz 2 versandt hat.
2. Die Bescheinigung nach Art. 42a Abs. 3 BayVwVfG ist unverlangt und unverzüglich auszustellen; sie hat den Inhalt der Genehmigung wiederzugeben, eine Rechtsbehelfsbelehrung nach § 58 VwGO zu enthalten und ist dem Antragsteller, der Gemeinde sowie jedem Nachbarn zuzustellen, der dem Bauantrag nicht zugestimmt hat.

[2]Betrifft ein Bauantrag die Errichtung oder Änderung einer Mobilfunkanlage, gilt Satz 1 entsprechend. [3]Die Sätze 1 und 2 finden keine Anwendung, wenn der Antragsteller vor Ablauf der Entscheidungsfrist gegenüber der Bauaufsichtsbehörde in Textform auf den Eintritt der Genehmigungsfiktion verzichtet hat. [4]Im Fall des Satzes 1 finden die Abs. 3 und 4 keine Anwendung.

Zu Art. 68 Abs. 2

Neu ist die Verfahrenserleichterung für Gebäude, die ausschließlich oder überwiegend dem Wohnen dienen, und für Nutzungsänderungen, durch die Wohnraum geschaffen werden soll. Über diese Verfahren ist nach den Maßgaben von Art. 68 Abs. 2 im vereinfachten Genehmigungsverfahren (Art. 59) zu entscheiden.

Art. 68 (3) [1]Die Baugenehmigung bedarf der Schriftform. [2]Sie ist nur insoweit zu begründen, als ohne Zustimmung des Nachbarn von nachbarschützenden Vorschriften abgewichen wird oder der Nachbar gegen das Bauvorhaben in Textform Einwendungen erhoben hat; Art. 39 Abs. 2 Nr. 2 BayVwVfG und Art. 66a Abs. 2 Satz 3 bleiben unberührt. [3]Sie ist mit einer Ausfertigung der mit einem Genehmigungsvermerk zu versehenden Bauvorlagen dem Antragsteller zuzustellen. [4]Die Gemeinde erhält die Baugenehmigung und die Bauvorlagen; hat sie dem Bauvorhaben nicht zugestimmt, ist die Baugenehmigung zuzustellen.

Art. 68 (4) Wird die Baugenehmigung unter Auflagen oder Bedingungen erteilt, kann eine Sicherheitsleistung verlangt werden.

Art. 68 (5) Die Baugenehmigung wird unbeschadet der privaten Rechte Dritter erteilt.

Zu Art. 68 Abs. 5

Die Vorschrift stellt klar, dass die Baugenehmigung nur rechtliche Wirkungen zwischen dem Bauantragsteller und der Baubehörde verursacht und die Baubehörde keine Gewähr dafür übernimmt, dass Dritte (insbesondere Nachbarn) nicht noch Rechte geltend machen können.

Ein Antragsteller kann für jedes Grundstück – unabhängig ob er Eigentümer ist oder nicht – einen Antrag auf Baugenehmigung stellen; eine Baugenehmigung kann aus diesem Grunde nicht versagt werden.

Eine Baugenehmigung wird unbeschadet privater Rechte Dritter erteilt. Dritte sind von einer Baugenehmigung prinzipiell prozessual wie materiell weder positiv noch negativ betroffen. Sie müssen ihre Nachbarrechte jedoch selbst geltend machen.

Art. 68 (6) Mit der Bauausführung oder mit der Ausführung des jeweiligen Bauabschnitts darf erst begonnen werden, wenn

1. die Baugenehmigung oder eine Bescheinigung gemäß Art. 42a Abs. 3 BayVwVfG dem Bauherrn zugegangen ist sowie
2. die Bescheinigungen nach Art. 62a Abs. 2 und Art. 62b Abs. 2 und
3. die Baubeginnsanzeige

der Bauaufsichtsbehörde vorliegen.

Zu Art. 68 Abs. 6

Die Vorschrift regelt die Voraussetzungen einer Baufreigabe.

Art. 68 (7) [1]Vor Baubeginn müssen die Grundfläche der baulichen Anlage abgesteckt und ihre Höhenlage festgelegt sein. [2]Die Bauaufsichtsbehörde kann verlangen, dass Absteckung und Höhenlage von ihr abgenommen oder die Einhaltung der festgelegten Grundfläche und Höhenlage nachgewiesen wird. [3]Baugenehmigungen, Bauvorlagen, bautechnische Nachweise, soweit es sich nicht um Bauvorlagen handelt, sowie Bescheinigungen von Prüfsachverständigen müssen an der Baustelle von Baubeginn an vorliegen.

Art. 68 (8) Der Bauherr hat den Ausführungsbeginn genehmigungspflichtiger Bauvorhaben und die Wiederaufnahme der Bauarbeiten nach einer Unterbrechung von mehr als sechs Monaten mindestens eine Woche vorher der Bauaufsichtsbehörde schriftlich mitzuteilen (Baubeginnsanzeige).

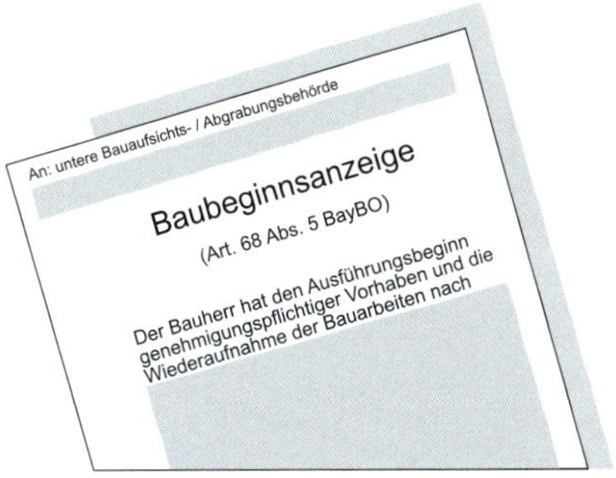

Zu Art. 68 (8)
Baubeginnsanzeige

Art. 69
Geltungsdauer der Baugenehmigung und der Teilbaugenehmigung

Art. 69 (1) Sind in ihnen keine anderen Fristen bestimmt, erlöschen die Baugenehmigung und die Teilbaugenehmigung, wenn innerhalb von vier Jahren nach ihrer Erteilung mit der Ausführung des Bauvorhabens nicht begonnen oder die Bauausführung vier Jahre unterbrochen worden ist; die Einlegung eines Rechtsbehelfs hemmt den Lauf der Frist bis zur Unanfechtbarkeit der Genehmigung.

Zu Art. 69
Geltungsdauer 4 Jahre, ggf. Verlängerung beantragen!

Zu Art. 69
Die Vorschrift regelt die Geltungsdauer der Baugenehmigung, Teilbaugenehmigung und deren Verlängerungen und stellt klar, dass die Einlegung eines Rechtsbehelfs (Widerspruch und Klage) den Lauf der Geltungsdauer bis zur Unanfechtbarkeit der Genehmigung hemmt (unterbricht). Nach Ablauf der Hemmung läuft die Geltungsdauer weiter.

Art. 69 (2) [1]Die Frist nach Abs. 1 kann auf schriftlichen Antrag jeweils bis zu vier Jahre verlängert werden. [2]Sie kann auch rückwirkend verlängert werden, wenn der Antrag vor Fristablauf bei der Bauaufsichtsbehörde eingegangen ist.

Art. 70
Teilbaugenehmigung

Art. 70 [1]Ist ein Bauantrag eingereicht, kann der Beginn der Bauarbeiten für die Baugrube und für einzelne Bauteile oder Bauabschnitte auf schriftlichen Antrag schon vor Erteilung der Baugenehmigung gestattet werden (Teilbaugenehmigung); eine Teilbaugenehmigung kann auch für die Errichtung einer baulichen Anlage unter Vorbehalt der künftigen Nutzung erteilt werden, wenn und soweit die Genehmigungsfähigkeit der baulichen Anlage nicht von deren künftiger Nutzung abhängt. [2]Art. 67 und 68 gelten entsprechend.

Zu Art. 70
Eine Teilbaugenehmigung kann nur erteilt werden, wenn bereits ein vollständiger Bauantrag eingereicht wurde.

Art. 71
Vorbescheid

Art. 71 [1]Vor Einreichung des Bauantrags ist auf Antrag des Bauherrn zu einzelnen Fragen des Bauvorhabens ein Vorbescheid zu erteilen. [2]Der Vorbescheid gilt vier Jahre, soweit in ihm keine andere Frist bestimmt ist. [3]Die Frist kann auf schriftlichen Antrag jeweils bis zu vier Jahre verlängert werden. [4]Art. 64 bis 67, Art. 68 Abs. 1 und Abs. 3 bis 5 sowie Art. 69 Abs. 2 Satz 2 gelten entsprechend; die Bauaufsichtsbehörde kann von der Anwendung des Art. 66 absehen, wenn der Bauherr dies beantragt.

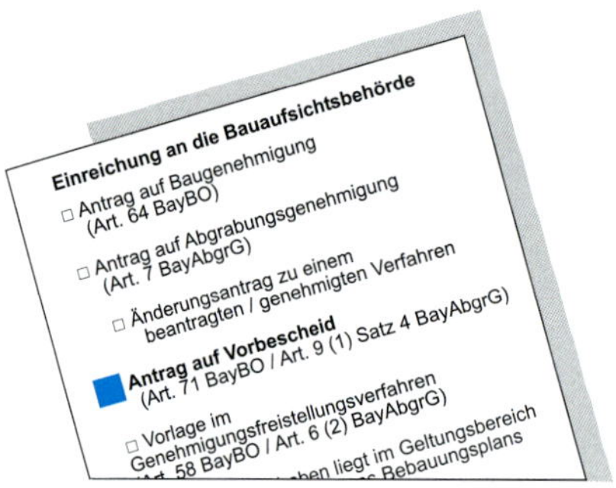

Zu Art. 71
Antrag auf Vorbescheid

Wichtige Änderung
Zu Art. 71
Die Geltungsdauer des Vorbescheids sowie die seiner Verlängerung wurden jeweils – entsprechend der Geltungsdauer von Baugenehmigungen (siehe Art. 69 Abs. 1) – auf vier Jahre verlängert, sodass Vorbescheide längerfristig bindend sind.

Die Vorschrift räumt dem Bauherrn einen ausdrücklichen Rechtsanspruch auf Erteilung des Vorbescheids im Sinne einer „kleinen" Bauzulässigkeitsbescheinigung ein und bindet die Bauaufsicht hinsichtlich der beschiedenen Fragen, gibt jedoch den Bau weder ganz noch teilweise frei (Unterschied zur Teilbaugenehmigung).
Ein Vorbescheid eignet sich, problematische Fragen vorab zu klären und von unkritischen Fragen des Vorhabens zu trennen. Dies kann wirtschaftlich sinnvoll sein, denn der Vorbescheid ist regelmäßig kostengünstiger als die volle Baugenehmigung.
Typisch ist die Vorbescheidung der bauplanungsrechtlichen Zulässigkeit des Vorhabens, da die ordnungsrechtlichen Anforderungen sich regelmäßig leichter einhalten lassen,
Wird von der Beteiligung der Nachbarn abgesehen, so entfaltet der Vorbescheid keine bindende Wirkung gegenüber den Nachbarn.
Das Schriftformerfordernis für den Vorbescheidsantrag ergibt sich aus Satz 4 in Verbindung mit Art. 64 Abs. 1 Satz 1.

Art. 72
Genehmigung fliegender Bauten

Art. 72 (1) [1]Fliegende Bauten sind bauliche Anlagen, die geeignet und bestimmt sind, wiederholt an wechselnden Orten aufgestellt und zerlegt zu werden. [2]Baustelleneinrichtungen gelten nicht als fliegende Bauten.

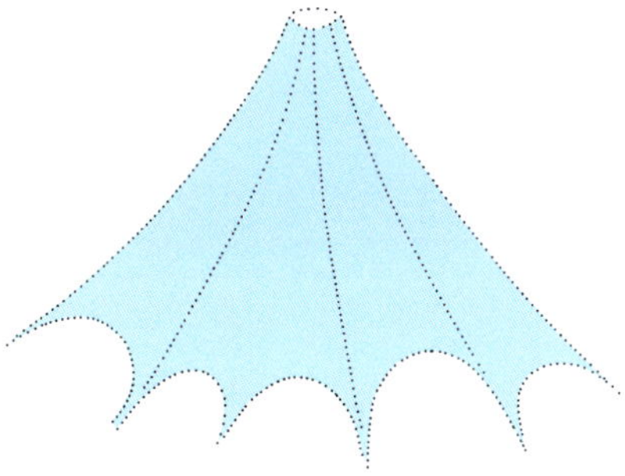

Zu Art. 72 (1)
Fliegende Bauten

Zu Art. 72 Abs. 1
Die Vorschrift enthält die Legaldefinition für den „Fliegenden Bau". Hauptanwendungsfall sind Fahrgeschäfte und Zelte.

Art. 72 (2) [1]Fliegende Bauten dürfen nur aufgestellt und in Gebrauch genommen werden, wenn vor ihrer erstmaligen Aufstellung oder Ingebrauchnahme eine Ausführungsgenehmigung erteilt worden ist. [2]Die Ausführungsgenehmigung wird für eine bestimmte Frist erteilt, die höchstens fünf Jahre betragen soll; sie kann auf schriftlichen Antrag von der für die Ausführungsgenehmigung zuständigen Behörde oder der nach Art. 80 Abs. 5 Nr. 5 bestimmten Stelle jeweils um bis zu fünf Jahre verlängert werden, wenn das der Inhaber vor Ablauf der Frist schriftlich beantragt. [3]Die Ausführungsgenehmigung kann vorschreiben, dass der fliegende Bau vor jeder Inbetriebnahme oder in bestimmten zeitlichen Abständen jeweils vor einer Inbetriebnahme von einem Sachverständigen abgenommen wird. [4]Ausführungsgenehmigungen anderer Länder der Bundesrepublik Deutschland gelten auch im Freistaat Bayern.

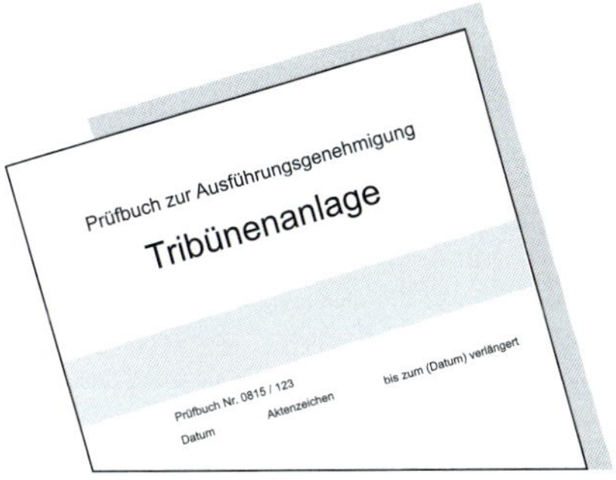

Zu Art. 72 (2)
Prüfbuch zur Ausführungsgenehmigung

Zu Art. 72 Abs. 2
Die für Fliegende Bauten notwendige Ausführungsgenehmigung ist keine Baugenehmigung im Sinne der Bauordnung, sondern ein baurechtlicher Verwaltungsakt eigener Art.

Art. 72 (3) Keiner Ausführungsgenehmigung bedürfen

1. fliegende Bauten bis zu 5 m Höhe, die nicht dazu bestimmt sind, von Besuchern betreten zu werden,
2. fliegende Bauten mit einer Höhe bis zu 5 m, die für Kinder betrieben werden und eine Geschwindigkeit von höchstens 1 m/s haben,
3. Bühnen, die fliegende Bauten sind, einschließlich Überdachungen und sonstigen Aufbauten mit einer Höhe bis zu 5 m, einer Grundfläche bis zu 100 m^2 und einer Fußbodenhöhe bis zu 1,50 m,
4. erdgeschossige Zelte und betretbare Verkaufsstände, die fliegende Bauten sind, jeweils mit einer Grundfläche bis zu 200 m^2 und einer Achsbreite von nicht mehr als 10 m,

Zu Art. 72 Abs. 3 Nr. 4
Auszug aus: Vollzugshinweise zur BayBO in der Fassung vom 1. Juli 2013
„Die Regelung trägt dem Umstand Rechnung, dass bei betretbaren Verkaufsständen im Grunde kein wesentlich anderes Gefahrenpotential besteht als bei Zelten, und stellt daher eingeschossige, betretbare Verkaufsstände, die fliegende Bauten sind [. . .], ebenso vom Erfordernis einer Ausführungsgenehmigung frei wie Zelte gleicher Größenordnung."

5. aufblasbare Spielgeräte mit einer Höhe des betretbaren Bereichs von bis zu 5 m oder mit überdachten Bereichen, bei denen die Entfernung zum Ausgang nicht mehr als 3 m, oder, sofern ein Absinken der Überdachung konstruktiv verhindert wird, nicht mehr als 10 m, beträgt,

6. Toilettenwagen.

Zu Art. 72 Abs. 3 Nr. 5
Auszug aus: Vollzugshinweise zur BayBO in der Fassung vom 1. Juli 2013

„Die neue Nr. 5 stellt aufblasbare Spielgeräte, die fliegende Bauten sind, vom Erfordernis einer Ausführungsgenehmigung frei, soweit aufgrund ihrer Abmessungen und ihrer Bauart Gefahren für die Sicherheit der Benutzer nicht zu befürchten sind. Sie trägt dem Umstand Rechnung, dass die bisherigen Ausnahmetatbestände zugeschnitten sind auf die ‚klassischen', bereits seit langer Zeit existierenden Arten von fliegenden Bauten (Zelte, Fahrgeschäfte u. ä.), denen aber die erst in jüngerer Zeit hinzu gekommenen ‚aufblasbaren Spielgeräte' nicht sinnvoll zugeordnet werden konnten. Die Begrenzung betrifft zum einen die Höhe der für Besucher betretbaren Bereiche, zum zweiten, unabhängig davon, die Fluchtweglänge unter überdachten Bereichen."

7. Tribünen und Podien ohne Überdachung mit einer Grundfläche bis zu 200 m^2 und einer Höhe der betretbaren Fläche bis zu 1 m.

Zu Art. 72 Abs. 3 Nr. 7
Auszug aus: Erstes und Zweites Modernisierungsgesetz Bayern – Vollzugshinweise zu den Änderungen der Bayerischen Bauordnung vom 4. Februar 2025

„Die Freistellungstatbestände des Abs. 3 von der Erforderlichkeit einer Ausführungsgenehmigung für fliegende Bauten werden um Tribünen und Podien ohne Überdachung und mit einer Fläche bis zu 200 m^2 und einer Höhe des betretbaren Bereichs von bis zu 1 m erweitert (Nr. 7). Ferner wird die bereits bestehende Freistellung für Zelte und erdgeschossige Verkaufsstände von Anlagen mit einer Fläche bis zu 75 m^2 erweitert auf Anlagen mit einer Fläche bis zu 200 m^2 und einer Achsbreite von nicht mehr als 10 m."

Art. 72 (4) Für erdgeschossige Zelte, betretbare Verkaufsstände, Tribünen und Podien ohne Überdachung, die nach Abs. 3 Nr. 4 und 7 keiner Ausführungsgenehmigung bedürfen, kann auf Antrag eine Ausführungsgenehmigung erteilt werden.

Zu Art. 72 Abs. 4
Auszug aus: Erstes und Zweites Modernisierungsgesetz Bayern – Vollzugshinweise zu den Änderungen der Bayerischen Bauordnung vom 4. Februar 2025

„Damit der Wegfall der Ausführungsgenehmigung nicht zu Nachteilen führt, wenn die Anlagen in Ländern aufgestellt werden sollen, in denen eine Ausführungsgenehmigungspflicht besteht, kann auf Antrag eine Ausführungsgenehmigung erteilt und können auch bestehende Ausführungsgenehmigungen verlängert werden (Abs. 4). Wird von dieser Möglichkeit Gebrauch gemacht, so ist ein Prüfbuch anzulegen, für das dann auch die einschlägigen Verfahrensregelungen gelten (Abs. 5)."

Art. 72 (5) [1]Für jeden genehmigungspflichtigen fliegenden Bau, für den eine Ausführungsgenehmigung erteilt wird, ist ein Prüfbuch anzulegen. [2]Wird die Aufstellung oder der Gebrauch des fliegenden Baus wegen Mängeln untersagt, die eine Versagung der Ausführungsgenehmigung rechtfertigen würden, ist das Prüfbuch einzuziehen und der für die Ausführungsgenehmigung zuständigen Behörde oder Stelle zuzuleiten. [3]In das Prüfbuch sind einzutragen

1. die Erteilung der Ausführungsgenehmigung und deren Verlängerungen unter Beifügung einer mit einem Genehmigungsvermerk versehenen Ausfertigung der Bauvorlagen,
2. die Übertragung des fliegenden Baus an Dritte,
3. die Änderung der für die Ausführungsgenehmigung zuständigen Behörde oder Stelle,
4. Durchführung und Ergebnisse bauaufsichtlicher Überprüfungen und Abnahmen,
5. die Einziehung des Prüfbuchs nach Satz 2.

[4]Umstände, die zu Eintragungen nach Nrn. 2 und 3 führen, hat der Inhaber der Ausführungsgenehmigung der dafür zuletzt zuständigen Behörde oder Stelle unverzüglich anzuzeigen.

Art. 72 (6) [1]Die beabsichtigte Aufstellung genehmigungspflichtiger fliegender Bauten ist der Bauaufsichtsbehörde mindestens eine Woche zuvor unter Vorlage des Prüfbuchs anzuzeigen, es sei denn, dass dies nach der Ausführungsgenehmigung nicht erforderlich ist. [2]Genehmigungsbedürftige fliegende Bauten dürfen nur in Betrieb genommen werden, wenn

1. sie von der Bauaufsichtsbehörde abgenommen worden sind (Gebrauchsabnahme), es sei denn, dass dies nach der Ausführungsgenehmigung nicht erforderlich ist oder die Bauaufsichtsbehörde im Einzelfall darauf verzichtet, und
2. in der Ausführungsgenehmigung vorgeschriebene Abnahmen durch Sachverständige nach Abs. 2 Satz 3 vorgenommen worden sind.

Art. 72 (7) [1]Auf fliegende Bauten, die der Landesverteidigung oder dem Katastrophenschutz dienen, finden die Abs. 1 bis 6 und Art. 73 keine Anwendung. [2]Sie bedürfen auch keiner Baugenehmigung.

Art. 73
Bauaufsichtliche Zustimmung

Art. 73 (1) [1]Nicht verfahrensfreie Bauvorhaben bedürfen keiner Baugenehmigung, Genehmigungsfreistellung, Anzeige und Bauüberwachung (Art. 57 Abs. 5, Art. 58, 68, 77 und 78), wenn

1. die Leitung der Entwurfsarbeiten und die Bauüberwachung einer Baudienststelle des Bundes, eines Landes oder eines Bezirks übertragen sind und
2. die Baudienststelle mindestens mit einem Bediensteten, der für ein Amt ab der Besoldungsgruppe A 14 in der Fachlaufbahn Naturwissenschaft und Technik, fachlicher Schwerpunkt bautechnischer und umweltfachlicher Verwaltungsdienst, qualifiziert ist, und mit sonstigen geeigneten Fachkräften ausreichend besetzt ist.

[2]Solche Bauvorhaben bedürfen der Zustimmung der Regierung (Zustimmungsverfahren). [3]Die Zustimmung der Regierung entfällt, wenn

1. die Gemeinde nicht widerspricht,
2. die Nachbarn dem Bauvorhaben zustimmen und
3. keine Öffentlichkeitsbeteiligung nach Art. 66a Abs. 2 vorgeschrieben ist.

[4]Keiner Baugenehmigung, Genehmigungsfreistellung oder Zustimmung bedürfen unter den Voraussetzungen des Satzes 1 Baumaßnahmen in oder an bestehenden Gebäuden, soweit sie nicht zur Erweiterung des Bauvolumens oder zu einer der Genehmigungspflicht unterliegenden Nutzungsänderung führen.

Zu Art. 73 Abs. 1

Für die Anwendung des Zustimmungsverfahrens kommt es maßgeblich darauf an, dass die Leitung der Entwurfsarbeiten und die Bauüberwachung einer der genannten Baudienststellen übertragen sind und diese über entsprechend qualifiziertes Personal verfügt. Hierfür reicht die bloße fiskalische Abwicklung des Baus nicht aus.

Art. 73 (2) [1]Der Antrag auf Zustimmung ist bei der Regierung einzureichen. [2]Die Regierung prüft

1. die Übereinstimmung des Bauvorhabens mit den Vorschriften über die Zulässigkeit der baulichen Anlagen nach den §§ 29 bis 38 BauGB und den Regelungen örtlicher Bauvorschriften im Sinn des Art. 81 Abs. 1 sowie
2. andere öffentlich-rechtliche Anforderungen, soweit wegen der Zustimmung eine Entscheidung nach anderen öffentlich-rechtlichen Vorschriften entfällt, ersetzt oder eingeschlossen wird.

Zu Art. 73 Abs. 2

Das Prüfprogramm ist demjenigen des vereinfachten Baugenehmigungsverfahrens angeglichen. Da bei Abweichungen von drittschützenden Vorschriften bei Widersprechen der Gemeinde und/oder fehlender Nachbarzustimmung Regelungsbedarf im Verhältnis zur Gemeinde und/oder zu den Nachbarn besteht, werden in das Prüfprogramm Abweichungen von nachbarschützenden Vorschriften einbezogen, auch soweit sie von Satz 2 nicht erfasst werden.

[3]Sie führt eine Öffentlichkeitsbeteiligung nach Art. 66a Abs. 2 durch. [4]Die Regierung entscheidet über Abweichungen von den nach Satz 2 zu prüfenden sowie sonstigen Vorschriften, soweit sie drittschützend sind; darüber hinaus bedarf die Zulässigkeit von Ausnahmen, Befreiungen und Abweichungen keiner bauaufsichtlichen Entscheidung. [5]Die Gemeinde ist vor Erteilung der Zustimmung zu hören; § 36 Abs. 2 Satz 2 Halbsatz 1 BauGB gilt entsprechend. [6]Im Übrigen sind die Vorschriften über das Genehmigungsverfahren entsprechend anzuwenden.

Art. 73 (3) [1]Die Baudienststelle trägt die Verantwortung dafür, dass die Errichtung, die Änderung, die Nutzungsänderung und die Beseitigung baulicher Anlagen den öffentlich-rechtlichen Vorschriften entsprechen; die Verantwortung für die Unterhaltung baulicher Anlagen trägt die Baudienststelle nur, wenn und solang sie der für die Anlage Verantwortliche ausschließlich ihr überträgt. [2]Die Baudienststelle kann Sachverständige in entsprechender Anwendung der Art. 62a Abs. 2, Art. 62b Abs. 2 und Art. 77 Abs. 2 sowie der aufgrund des Art. 80 Abs. 2 erlassenen Rechtsverordnung heranziehen. [3]Die Verantwortung des Unternehmers (Art. 52) bleibt unberührt.

Art. 73 (4) [1]Bauvorhaben, die der Landesverteidigung, dienstlichen Zwecken der Bundespolizei oder dem zivilen Bevölkerungsschutz dienen, sind vor Baubeginn mit Bauvorlagen in dem erforderlichen Umfang der Regierung zur Kenntnis zu bringen; Abs. 1 Satz 3 gilt entsprechend. [2]Im Übrigen wirken die Bauaufsichtsbehörden nicht mit.

Zu Art. 73 Abs. 4
Auszug aus: Vollzugshinweise zur BayBO in der Fassung vom 1. Juli 2013
„Das Kenntnisgabeverfahren entfällt, wenn die Gemeinde der Errichtung der in Abs. 4 genannten Anlagen nicht widerspricht. Eine Nachbarbeteiligung findet beim Kenntnisgabeverfahren nicht statt, eine Zustimmung der Nachbarn zum Vorhaben als Voraussetzung für das Entfallen des Kenntnisgabeverfahrens ist daher im Gegensatz zum Zustimmungsverfahren nicht erforderlich."

Art. 73 (5) [1]Für nicht verfahrensfreie Bauvorhaben der Landkreise und Gemeinden gelten die Abs. 1 Sätze 2 bis 4 sowie die Abs. 2 und 3 entsprechend, soweit der Landkreis oder die Gemeinde mindestens mit einem Bediensteten, der für ein Amt ab der Besoldungsgruppe A 14 in der Fachlaufbahn Naturwissenschaft und Technik, fachlicher Schwerpunkt bautechnischer und umweltfachlicher Verwaltungsdienst, qualifiziert ist, und mit sonstigen geeigneten Fachkräften ausreichend besetzt ist und diesen Bediensteten die Leitung der Entwurfsarbeiten und die Bauüberwachung übertragen sind. [2]An Stelle der Regierung ist die untere Bauaufsichtsbehörde zuständig.

Art. 73a
Typengenehmigung

Art. 73a (1) [1]Für bauliche Anlagen, die mehrfach in derselben Ausführung errichtet werden sollen, erteilt die oberste Bauaufsichtsbehörde eine allgemeine bautechnische Genehmigung (Typengenehmigung), wenn diese den Anforderungen dieses Gesetzes entsprechen. [2]Für bauliche Anlagen, die in unterschiedlicher Ausführung, aber nach einem bestimmten System aus Bauteilen errichtet werden sollen, gilt Satz 1 mit der Maßgabe entsprechend, dass die Zulässigkeit der Veränderbarkeit festgelegt wird.

Art. 73a (2) [1]Regelt die Typengenehmigung Anforderungen an die Standsicherheit, den Brand-, Schall- und Erschütterungsschutz und stellt sie fest, welche dieser Anforderungen eingehalten sind, gilt sie insoweit als bautechnischer Nachweis im Sinn von Art. 62 bis 62b. [2]Art. 81a Abs. 1 Satz 2 gilt mit der Maßgabe entsprechend, dass Art. 15 Abs. 2 und Art. 17 keine Anwendung finden. [3]Art. 63 gilt entsprechend.

Art. 73a (3) [1]Der Antrag ist schriftlich bei der obersten Bauaufsichtsbehörde einzureichen. [2]Die Typengenehmigung bedarf der Schriftform.

Art. 73a (4) Vergleichbare Typengenehmigungen anderer Länder gelten auch im Freistaat Bayern.

Art. 73a (5) Eine Typengenehmigung entbindet nicht von der Verfahrenspflicht nach Art. 58 bis 60.

Art. 73a (6) Für typengenehmigte Gebäude finden Satzungen nach Art. 81 Abs. 1 Nr. 1 keine Anwendung.

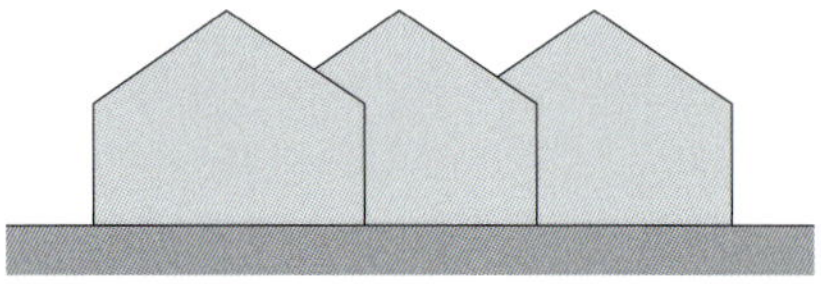

Zu Art. 73a
Serielle Bauvorhaben

Zu Art. 73a Abs. 1
Wenn alle Voraussetzungen vorliegen, dann muss als Vereinfachung nur für ein sogenanntes Referenzgebäude eine Baugenehmigung im Baugenehmigungsverfahren beantragt werden.

Sechster Teil
Ordnungswidrigkeiten, Rechtsvorschriften

Art. 79
Ordnungswidrigkeiten

Art. 79 (1) [1]Mit Geldbuße bis zu fünfhunderttausend Euro kann belegt werden, wer vorsätzlich oder fahrlässig

1. einem Gebot oder Verbot einer Rechtsverordnung nach Art. 80 Abs. 1 bis 4 oder Art. 80a oder einer Satzung nach Art. 81 Abs. 1 oder einer vollziehbaren Anordnung der Bauaufsichtsbehörde auf Grund einer solchen Rechtsverordnung oder Satzung zuwiderhandelt, sofern die Rechtsverordnung oder die Satzung für einen bestimmten Tatbestand auf diese Bußgeldvorschrift verweist,

2. einer vollziehbaren schriftlichen Anordnung der Bauaufsichtsbehörde auf Grund dieses Gesetzes zuwiderhandelt,

3. entgegen Art. 9 Abs. 1 eine Baustelle nicht ordnungsgemäß einrichtet, entgegen Art. 9 Abs. 2 Verkehrsflächen, Versorgungs- Abwasserbeseitigungs- oder Meldeanlagen, Grundwassermessstellen, Vermessungszeichen, Abmarkungszeichen oder Grenzzeichen nicht schützt oder zugänglich hält oder entgegen Art. 9 Abs. 3 ein Schild nicht oder nicht ordnungsgemäß anbringt,

4. Bauprodukte entgegen Art. 21 Abs. 2 Satz 1 ohne Ü-Zeichen verwendet,

5. Bauarten entgegen Art. 15 Abs. 2 Satz 1 ohne Bauartgenehmigung oder entgegen Art. 15 Abs. 3 Satz 1 ohne allgemeines bauaufsichtliches Prüfzeugnis für Bauarten anwendet,

6. entgegen Art. 21 Abs. 2 Satz 2 ein Ü-Zeichen nicht oder nicht ordnungsgemäß anbringt,

7. als Verfügungsberechtigter entgegen Art. 5 Abs. 2 Satz 1 Halbsatz 2 Zu- oder Durchfahrten, Aufstell- oder Bewegungsflächen nicht frei hält,

8. entgegen Art. 55 Abs. 1, Art. 63 Abs. 1 Satz 1 oder Art. 70 bauliche Anlagen errichtet, ändert oder benutzt oder entgegen Art. 57 Abs. 5 Satz 2 eine Beseitigung nicht oder nicht rechtzeitig anzeigt,

Zu Art. 79

Die Vorschrift regelt die Ahndung von Zuwiderhandlungen gegen die Bauordnung mithilfe von Bußgeldern. Unberührt bleiben davon die Strafbarkeit nach dem Strafgesetzbuch oder speziellen Strafvorschriften sowie die zivilrechtliche Haftbarkeit.

Zu Art. 79 Abs. 1

Vorsätzlich handelt derjenige,

- der die Zuwiderhandlung nach der Bauordnung begehen will,
- der um die Zuwiderhandlung nach der Bauordnung weiß oder
- der die Zuwiderhandlung nach der Bauordnung billigend in Kauf nimmt.

Fahrlässig handelt, wer gegen das ihn treffende Pflichtenprogramm verstößt, obwohl der Verstoß objektiv und subjektiv vorhersehbar ist.

9. entgegen Art. 58 Abs. 2 Satz 5 und 6, auch in Verbindung mit Satz 7, mit der Ausführung eines Bauvorhabens beginnt,

10. entgegen Art. 72 Abs. 2 Satz 1 fliegende Bauten aufstellt oder einer nach Art. 72 Abs. 2 Satz 3 mit einer Ausführungsgenehmigung verbundenen vollziehbaren Auflage zuwiderhandelt oder entgegen Art. 72 Abs. 5 Satz 1 die Aufstellung eines fliegenden Baus nicht oder nicht rechtzeitig anzeigt oder entgegen Art. 72 Abs. 5 Satz 2 einen fliegenden Bau in Gebrauch nimmt,

11. entgegen Art. 68 Abs. 6, auch in Verbindung mit Art. 57 Abs. 5 Satz 5, mit der Bauausführung, der Ausführung eines Bauabschnitts oder der Beseitigung einer Anlage beginnt, entgegen Art. 78 Abs. 1 Bauarbeiten fortsetzt, entgegen Art. 78 Abs. 2 Satz 1 in Verbindung mit Satz 2 die Aufnahme der Nutzung nicht, nicht rechtzeitig oder nicht richtig anzeigt oder entgegen Art. 78 Abs. 3 Feuerstätten, Verbrennungsmotoren oder Blockheizkraftwerke in Betrieb nimmt,

12. entgegen Art. 68 Abs. 8 den Ausführungsbeginn oder die Wiederaufnahme der Bauarbeiten nicht oder nicht rechtzeitig mitteilt,

13. entgegen Art. 50 Abs. 1 Satz 5 keine geeigneten Beteiligten bestellt oder entgegen Art. 50 Abs. 1 Satz 3 eine Mitteilung nicht oder nicht rechtzeitig erstattet oder entgegen 50 Abs. 1 Satz 4 oder entgegen Art. 52 Abs. 1 Satz 2 und 3 die erforderlichen Nachweise und Unterlagen nicht bereithält,

14. entgegen Art. 57 Abs. 7 einen Ausbau im Sinne von Art. 57 Abs. 1 Nr. 18 oder eine Nutzungsänderung nach Art. 57 Abs. 4 Nr. 1 nicht oder nicht rechtzeitig anzeigt.

[2]Ist eine Ordnungswidrigkeit nach Satz 1 Nrn. 9 bis 11 begangen worden, können Gegenstände, auf die sich die Ordnungswidrigkeit bezieht, eingezogen werden; § 23 des Gesetzes über Ordnungswidrigkeiten (OWiG) ist anzuwenden.

Art. 79 (2) Mit einer Geldbuße bis zu fünfhunderttausend Euro belegt werden kann ferner, wer

1. vorsätzlich oder fahrlässig unrichtige Angaben macht oder unrichtige Pläne oder Unterlagen vorlegt, um einen nach diesem Gesetz vorgesehenen Verwaltungsakt zu erwirken oder zu verhindern,

2. vorsätzlich oder fahrlässig unrichtige Angaben in dem Kriterienkatalog nach Art. 62a Abs. 2 Satz 1 macht,

Zu Art. 79 Abs. 2

Führen unrichtige Angaben zu einer Genehmigung, die nicht hätte erteilt werden dürfen, ist diese regelmäßig seitens der Bauaufsicht zurückzunehmen (materielle Illegalität). Insofern genießt der Antragsteller keinen Vertrauensschutz.

3. ohne dazu berechtigt zu sein, bautechnische Nachweise im Sinn des Art. 57 Abs. 5 Satz 3, des Art. 62 Abs. 1 Satz 1 oder des Art. 78 Abs. 2 Satz 2 erstellt, bescheinigt oder bestätigt,
4. als Prüfsachverständiger unrichtige Bescheinigungen über die Einhaltung bauordnungsrechtlicher Anforderungen ausstellt.

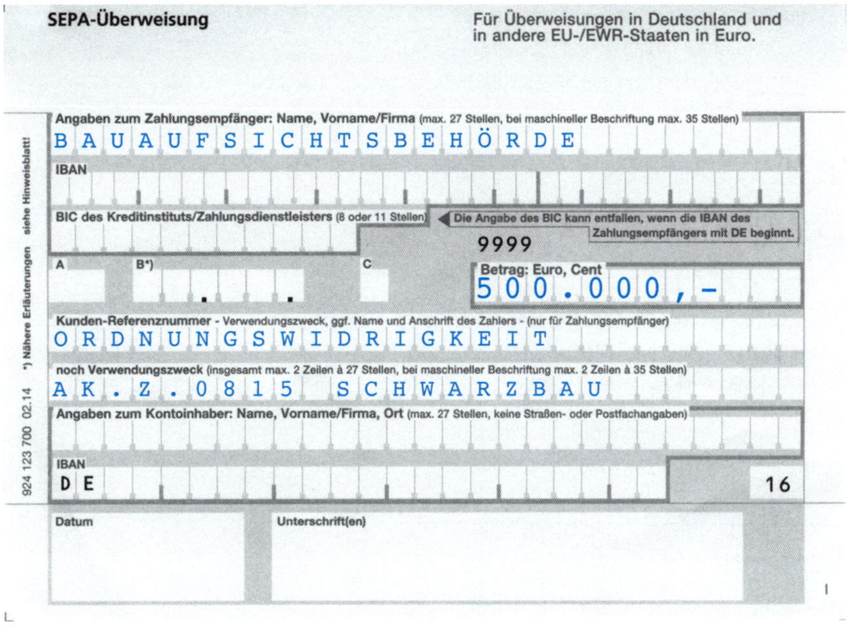
SEPA-Überweisung

Für Überweisungen in Deutschland und in andere EU-/EWR-Staaten in Euro.

Angaben zum Zahlungsempfänger: Name, Vorname/Firma (max. 27 Stellen, bei maschineller Beschriftung max. 35 Stellen)

BAUAUFSICHTSBEHÖRDE

IBAN

BIC des Kreditinstituts/Zahlungsdienstleisters (8 oder 11 Stellen)

Die Angabe des BIC kann entfallen, wenn die IBAN des Zahlungsempfängers mit DE beginnt.

9999

A B*) C

Betrag: Euro, Cent

500.000,-

Kunden-Referenznummer - Verwendungszweck, ggf. Name und Anschrift des Zahlers - (nur für Zahlungsempfänger)

ORDNUNGSWIDRIGKEIT

noch Verwendungszweck (insgesamt max. 2 Zeilen à 27 Stellen, bei maschineller Beschriftung max. 2 Zeilen à 35 Stellen)

AK.Z.0815 SCHWARZBAU

Angaben zum Kontoinhaber: Name, Vorname/Firma, Ort (max. 27 Stellen, keine Straßen- oder Postfachangaben)

IBAN

DE

16

Datum

Unterschrift(en)

924 123 700 02.14 *) Nähere Erläuterungen siehe Hinweisblatt!

Zu Art. 79 (2)
Bußgeld!

Art. 80
Rechtsverordnungen

Art. 80 (1) [1]Zur Verwirklichung der in Art. 3 Satz 1, Art. 15 Abs. 1 und Art. 16 Abs. 2 Satz 1 bezeichneten Anforderungen wird das Staatsministerium für Wohnen, Bau und Verkehr ermächtigt, durch Rechtsverordnung Vorschriften zu erlassen über

1. die nähere Bestimmung allgemeiner Anforderungen der Art. 4 bis 46,
2. Anforderungen an Feuerungsanlagen (Art. 40),
3. Anforderungen an Garagen (Art. 2 Abs. 8),
4. besondere Anforderungen oder Erleichterungen, die sich aus der besonderen Art oder Nutzung der baulichen Anlagen für Errichtung, Änderung, Unterhaltung, Betrieb und Nutzung ergeben (Art. 2 Abs. 4), sowie über die Anwendung solcher Anforderungen auf bestehende bauliche Anlagen dieser Art,
5. Erst-, Wiederholungs- und Nachprüfung von Anlagen, die zur Verhütung erheblicher Gefahren oder Nachteile ständig ordnungsgemäß unterhalten werden müssen, und die Erstreckung dieser Nachprüfungspflicht auf bestehende Anlagen,
6. die Anwesenheit fachkundiger Personen beim Betrieb technisch schwieriger baulicher Anlagen und Einrichtungen wie Bühnenbetriebe und technisch schwierige fliegende Bauten einschließlich des Nachweises der Befähigung dieser Personen.

[2]In diesen Rechtsverordnungen kann wegen der technischen Anforderungen auf Bekanntmachungen besonders sachverständiger Stellen mit Angabe der Fundstelle verwiesen werden.

Art. 80 (2) [1]Das Staatsministerium für Wohnen, Bau und Verkehr wird ermächtigt, durch Rechtsverordnung Vorschriften zu erlassen über

1. Prüfingenieure und Prüfämter, denen bauaufsichtliche Prüfaufgaben einschließlich der Bauüberwachung und der Bauzustandsbesichtigung übertragen werden, sowie
2. Prüfsachverständige, die im Auftrag des Bauherrn oder des sonstigen nach Bauordnungsrecht Verantwortlichen die Einhaltung bauordnungsrechtlicher Anforderungen prüfen und bescheinigen.

[2]Die Rechtsverordnungen nach Satz 1 regeln, soweit erforderlich,

1. die Fachbereiche und die Fachrichtungen, in denen Prüfingenieure, Prüfämter und Prüfsachverständige tätig werden,
2. die Anerkennungsvoraussetzungen und das Anerkennungsverfahren,
3. Erlöschen, Rücknahme und Widerruf der Anerkennung einschließlich der Festlegung einer Altersgrenze,
4. die Aufgabenerledigung,
5. die Vergütung.

[3]Das Staatsministerium für Wohnen, Bau und Verkehr kann durch Rechtsverordnung ferner

1. den Leitern und stellvertretenden Leitern von Prüfämtern die Stellung eines Prüfsachverständigen nach Satz 1 Nr. 2 zuweisen,
2. soweit für bestimmte Fachbereiche und Fachrichtungen Prüfsachverständige nach Satz 1 Nr. 2 noch nicht in ausreichendem Umfang anerkannt sind, anordnen, dass die von solchen Prüfsachverständigen zu prüfenden und zu bescheinigenden bauordnungsrechtlichen Anforderungen bauaufsichtlich geprüft werden können,
3. soweit Tragwerksplaner oder Brandschutzplaner nach Art. 62 Abs. 3 noch nicht in ausreichendem Umfang eingetragen sind, anordnen, dass die Standsicherheits- oder Brandschutznachweise bauaufsichtlich geprüft werden und die Bauausführung bauaufsichtlich überwacht wird.

Art. 80 (3) [1]Das Staatsministerium für Wohnen, Bau und Verkehr wird ermächtigt, durch Rechtsverordnung Vorschriften für eine Zusatzqualifikation im Sinn des Art. 62a Abs. 1 zu erlassen, die bezogen auf die Bauvorhaben nach Art. 61 Abs. 3 Satz 1 ausreichende Kenntnisse und Fertigkeiten hinsichtlich Standsicherheit, Schall-, Wärme- und baulichen Brandschutz sicherstellen. [2]Dabei können insbesondere geregelt werden

1. die Notwendigkeit einer staatlichen Anerkennung, die die erfolgreiche Ablegung der Prüfung voraussetzt,
2. die Voraussetzungen, die Inhalte und das Verfahren für diese Prüfung,
3. das Verfahren sowie die Voraussetzungen der Anerkennung, ihren Widerruf, ihre Rücknahme und ihr Erlöschen,
4. Weiter- und Fortbildungserfordernisse sowie
5. die Maßnahmen bei Pflichtverletzungen.

Art. 80 (4) [1]Das Staatsministerium für Wohnen, Bau und Verkehr wird ermächtigt, durch Rechtsverordnung Vorschriften zu erlassen über

1. Umfang, Inhalt und Zahl der erforderlichen Unterlagen einschließlich der Vorlagen bei der Anzeige der beabsichtigten Beseitigung von Anlagen nach Art. 57 Abs. 5 Satz 2 und bei der Genehmigungsfreistellung nach Art. 58,
2. die erforderlichen Anträge, Anzeigen, Nachweise, Bescheinigungen und Bestätigungen, auch bei verfahrensfreien Bauvorhaben,
3. das Verfahren im Einzelnen.

[2]Es kann dabei für verschiedene Arten von Bauvorhaben unterschiedliche Anforderungen und Verfahren festlegen.

Art. 80 (5) Das Staatsministerium für Wohnen, Bau und Verkehr wird ermächtigt, durch Rechtsverordnung

1. die Zuständigkeit für die vorhabenbezogene Bauartgenehmigung nach Art. 15 Abs. 2 Satz 1 Nr. 2 und den Verzicht darauf nach Art. 15 Abs. 4 sowie die Zustimmung im Einzelfall nach Art. 20 auf ihm unmittelbar nachgeordnete Behörden zu übertragen,
2. die Zuständigkeit für die Anerkennung von Prüf-, Zertifizierungs- und Überwachungsstellen nach Art. 23 Abs. 3 auf das Deutsche Institut für Bautechnik zu übertragen,
3. das Ü-Zeichen festzulegen und zu diesem Zeichen zusätzliche Angaben zu verlangen,

Art. 80 4. das Anerkennungsverfahren nach Art. 23 Abs. 3, die Voraussetzungen für die Anerkennung, ihre Rücknahme, ihren Widerruf und ihr Erlöschen zu regeln, insbesondere auch Altersgrenzen festzulegen, sowie eine ausreichende Haftpflichtversicherung zu fordern,

5. die Anwendbarkeit der Art. 15 Abs. 2, Art. 17 bis 23 für bestimmte Bauprodukte und Bauarten, auch soweit sie Anforderungen nach anderen Rechtsvorschriften unterliegen, hinsichtlich dieser Anforderungen ganz oder teilweise vorzuschreiben, wenn die anderen Rechtsvorschriften dies verlangen oder zulassen,

6. besondere Sachkunde- und Sorgfaltsanforderungen nach Art. 22, insbesondere auch Mindestanforderungen an die Ausbildung, die durch Prüfung nachzuweisende Befähigung und die Ausbildungsstätten einschließlich der Anerkennungsvoraussetzungen zu stellen,

7. zu bestimmen, dass Ausführungsgenehmigungen für fliegende Bauten nur durch bestimmte Bauaufsichtsbehörden oder durch von ihm bestimmte Stellen erteilt werden, und die Vergütung dieser Stellen zu regeln.

Art. 80 (6) [1]Das Staatsministerium für Wohnen, Bau und Verkehr wird ermächtigt, durch Rechtsverordnung zu bestimmen, dass die Anforderungen der auf Grund des § 34 des Produktsicherheitsgesetzes (ProdSG) und des § 49 Abs. 4 des Energiewirtschaftsgesetzes erlassenen Rechtsverordnungen entsprechend für Anlagen gelten, die weder gewerblichen noch wirtschaftlichen Zwecken dienen und in deren Gefahrenbereich auch keine Arbeitnehmer beschäftigt werden. [2]Es kann auch die Verfahrensvorschriften dieser Rechtsverordnungen für anwendbar erklären oder selbst das Verfahren bestimmen sowie Zuständigkeiten und Gebühren regeln. [3]Dabei kann es auch vorschreiben, dass danach zu erteilende Erlaubnisse die Baugenehmigung einschließlich der zugehörigen Abweichungen einschließen und dass § 35 Abs. 2 ProdSG insoweit Anwendung findet.

Art. 80 (7) [1]Das Staatsministerium für Wohnen, Bau und Verkehr wird ermächtigt, durch Rechtsverordnung die zuständigen Behörden zur Durchführung

1. des Baugesetzbuchs,
2. des § 6b Abs. 9 des Einkommensteuergesetzes,
3. der Verordnung (EG) Nr. 765/2008, der Verordnung (EU) Nr. 305/2011 und des Bauproduktengesetzes

in den jeweils geltenden Fassungen zu bestimmen, soweit nicht durch Bundesgesetz oder Landesgesetz etwas anderes vorgeschrieben ist. [2]Die Zuständigkeiten nach Satz 1 Nr. 3 können auch auf das Deutsche Institut für Bautechnik übertragen werden.

Art. 80a
Digitale Baugenehmigung, digitale Verfahren

Art. 80a [1]Die Staatsregierung wird ermächtigt, zur Digitalisierung der Baugenehmigung oder anderer bauaufsichtlicher Verfahren durch Rechtsverordnung räumlich bestimmte Abweichungen von den durch oder aufgrund dieses Gesetzes bestehenden Zuständigkeits-, Verfahrens- und Formvorschriften vorzusehen. [2]Abweichungen nach Satz 1 für Zuständigkeits- und Verfahrensvorschriften können sich auch auf die Einreichung in Papierform erstrecken. [3]Soweit die Festlegung des örtlichen Anwendungsbereichs einer Rechtsverordnung nach Satz 1 und 2 betroffen ist, kann die Staatsregierung die Ermächtigung nach Satz 1 und 2 durch Rechtsverordnung auf das Staatsministerium für Wohnen, Bau und Verkehr übertragen.

Art. 81
Örtliche Bauvorschriften

Art. 81 (1) Die Gemeinden können durch Satzung im eigenen Wirkungskreis örtliche Bauvorschriften erlassen

1. über besondere Anforderungen an die äußere Gestaltung von baulichen Anlagen zur Erhaltung und Gestaltung des Ortsbildes, insbesondere zur Begrünung von Gebäuden,
2. über das Verbot der Errichtung von Werbeanlagen aus ortsgestalterischen Gründen,
3. über die Pflicht, bei der Errichtung von Gebäuden mit mehr als fünf Wohnungen einen Spielplatz angemessener Größe und Ausstattung zu errichten, auszustatten und zu unterhalten, sowie die Lage des Spielplatzes, die Art der Erfüllung einschließlich der Ablöse dieser Pflicht; soweit die Pflicht auch für Gebäude gilt, die dem Wohnen von Senioren und Studenten bestimmt sind, ist ein Recht des Bauherrn auf Ablöse dieser Pflicht vorzusehen, wobei der Ablösebetrag 5 000 € je abzulösenden Spielplatz nicht übersteigen darf; mit der Ablöse vereinnahmte Geldbeträge hat die Gemeinde für die Herstellung oder Unterhaltung örtlicher Kinder- oder Jugendfreizeiteinrichtungen zu verwenden,
4. über
   a) die Pflicht, Stellplätze oder Fahrradabstellplätze bei der Errichtung von Anlagen herzustellen, bei denen ein Zu- oder Abfahrtsverkehr zu erwarten ist,
   b) die Pflicht, Stellplätze oder Fahrradabstellplätze bei der Änderung oder Nutzungsänderung von Anlagen herzustellen, wenn dadurch zusätzlicher Zu- oder Abfahrtsverkehr zu erwarten ist; ausgenommen sind, wenn sie zu Wohnzwecken erfolgen, Nutzungsänderungen, der Ausbau von Dachgeschossen, der Einbau weiterer Wohnungen in bestehende Wohngebäude und die Aufstockung von Wohngebäuden,
   c) eine im Sinne von Art. 47 Abs. 2 Satz 2 geringere Zahl von Stellplätzen sowie die Erfüllung der Stellplatzpflicht durch Herstellung der Stellplätze auf einem geeigneten Grundstück in der Nähe des Baugrundstücks oder die Übernahme der Kosten für die Herstellung der Stellplätze durch den Bauherrn gegenüber der Gemeinde (Ablösevertrag); im Fall der Stellplatzablöse hat die Gemeinde den Geldbetrag zu verwenden für die Herstellung zusätzlicher oder die Instandhaltung, die Instandsetzung

Zu Art. 81
Örtliche Bauvorschriften

Wichtige Änderung
Zu Art. 81 Abs. 1 Nr. 3
Die neue Nr. 3 ist der Überrest der früheren Spielplatzpflicht, die sich vor Oktober 2025 aus der Bauordnung selbst ergab und nicht aus gemeindlichen Satzungen. Nunmehr obliegt es der Gemeinde zu entscheiden, ob und in welchem Umfang ein Spielplatz errichtet werden muss.

Wichtige Änderung
Zu Art. 81 Abs. 1 Nr. 4
Die neue Nummer 4 ist der Überrest der früheren Stellplatzpflicht, die sich vor Oktober 2025 aus der Bauordnung selbst ergab und nicht aus gemeindlichen Satzungen. Nunmehr obliegt es der Gemeinde zu entscheiden, ob und in welchem Umfang Stellplätze errichtet werden müssen. Ausgenommen sind davon alle maßvollen Erweiterungen um Wohnraum (Aufstockung; Erweiterung in bestehenden Gebäuden; Dachgeschossausbau).

oder die Modernisierung bestehender Parkeinrichtungen einschließlich der Ausstattung mit Elektroladestationen, für den Bau und die Einrichtung von innerörtlichen Radverkehrsanlagen, für die Schaffung von öffentlichen Fahrradabstellplätzen und gemeindlichen Mietfahrradanlagen einschließlich der Ausstattung mit Elektroladestationen oder für sonstige Maßnahmen zur Entlastung der Straßen vom ruhenden Verkehr einschließlich investiver Maßnahmen des öffentlichen Personennahverkehrs

5. über das Verbot von Bodenversiegelung, nicht begrünten Steingärten sowie ähnlich eintönigen Flächennutzungen mit hoher thermischer oder hydrologischer Last oder erheblich unterdurchschnittlichem ökologischem oder wohnklimatischem Wert,

6. über von Art. 6 abweichende Maße der Abstandsflächentiefe,

   a) eine Erhöhung auf bis zu 1,0 H, mindestens 3 m, insbesondere, wenn dies die Erhaltung des Ortsbildes im Gemeindegebiet oder in Teilen des Gemeindegebiets bezweckt oder der Verbesserung oder Erhaltung der Wohnqualität dient,

   b) eine Verkürzung auf bis zu 0,4 H, mindestens 3 m, in Gemeinden mit mehr als 250 000 Einwohnern, wenn eine ausreichende Belichtung und Belüftung sowie der Brandschutz gewährleistet sind.

Zu Art. 81 Abs. 1 Nr. 6
Die Regelung stellt klar, dass die Ermächtigung zum Erlass einer örtlichen Bauvorschrift lediglich eine abweichende Abstandsflächentiefe gestattet, nicht jedoch die Einführung eines von Art. 6 abweichenden Abstandsflächensystems.
Die nunmehr eingeführte Differenzierung hinsichtlich Erhöhungen (Buchstabe a) und Verkürzungen (Buchstabe b) der Abstandsflächentiefe schafft ebenso wie wie die vorher nicht existente Begrenzung mehr Rechtsklarheit. Während eine Erhöhung der Tiefe (Buchstabe a) mit Blick auf die Schutzgründe von Abstandsflächen generell unproblematisch ist, ist eine Verkürzung (Buchstabe b) nur zulässig, wenn die Schutzziele weiterhin gewährleistet sind.

Art. 81 (2) [1]Örtliche Bauvorschriften können auch durch Bebauungsplan oder, soweit das Baugesetzbuch dies vorsieht, durch andere Satzungen nach den Vorschriften des Baugesetzbuchs erlassen werden. [2]In diesen Fällen sind, soweit das Baugesetzbuch kein abweichendes Verfahren regelt, die Vorschriften des Ersten und des Dritten Abschnitts des Ersten Teils, des Ersten Abschnitts des Zweiten Teils des Ersten Kapitels, die §§ 13, 13a, 13b, 30, 31, 33, 36, 214 und 215 BauGB entsprechend anzuwenden.

Art. 81 (3) [1]Anforderungen nach den Abs. 1 und 2 können in der Satzung auch zeichnerisch gestellt werden. [2]Die zeichnerischen Darstellungen können auch dadurch bekannt gemacht werden, dass sie bei der erlassenden Behörde zur Einsicht ausgelegt werden. [3]Hierauf ist in der Satzung hinzuweisen.

Art. 81 (4) Satzungen nach den Abs. 1 bis 3 finden keine Anwendung auf bauliche Anlagen öffentlicher Stellen auf Militärgelände.

Art. 81 (5) Örtliche Bauvorschriften stehen einem Bauvorhaben nach Art. 57 Abs. 1 Nr. 18 nicht entgegen.

Art. 81a
Technische Baubestimmungen

Art. 81a (1) [1]Die vom Staatsministerium für Wohnen, Bau und Verkehr öffentlich bekanntgemachten Technischen Baubestimmungen sind zu beachten. [2]Von den Technischen Baubestimmungen kann abgewichen werden, wenn mit einer anderen Lösung in gleichem Maße die allgemeinen Anforderungen des Art. 3 Satz 1 erfüllt werden und in der Technischen Baubestimmung eine Abweichung nicht ausgeschlossen ist; Art. 15 Abs. 2 und Art. 17 bleiben unberührt. [3]Werden die allgemein anerkannten Regeln der Baukunst und Technik beachtet, gelten die entsprechenden bauaufsichtlichen Anforderungen dieses Gesetzes und der auf Grund dieses Gesetzes erlassenen Vorschriften als eingehalten.

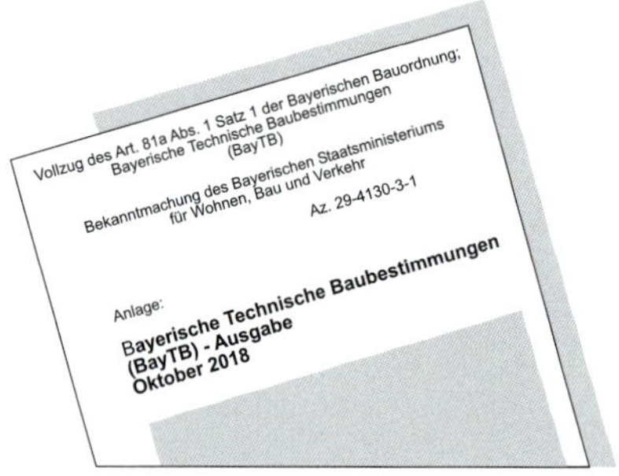

Zu Art. 81a
Bayerische Technische Baubestimmungen bauaufsichtlich eingeführt

Zu Art. 81a
Die BayTB enthalten konkrete Anforderungen an bauliche Anlagen, Bauprodukte und Einrichtungen. Diese Anforderungen sind mit den dort beschriebenen Anlagen anzuwenden. Sie umfassen vorrangig DIN-Normen, bauaufsichtliche Richtlinien und Richtlinien von Fachgremien. Alle Technischen Baubestimmungen der Länder basieren auf der Muster-Verwaltungsvorschrift Technische Baubestimmungen (MVV TB), die vom DIBt im Einvernehmen mit den obersten Baurechtsbehörden der Länder veröffentlicht wurde.

Art. 81a (2) Zur Sicherstellung der Anforderungen nach Art. 3 Satz 1, Art. 15 Abs. 1 und Art. 16 Abs. 2 Satz 1 können im Rahmen der Technischen Baubestimmungen im erforderlichen Umfang Regelungen getroffen werden in Bezug auf

1. bestimmte bauliche Anlagen oder ihre Teile,
2. die Planung, Bemessung und Ausführung baulicher Anlagen und ihrer Teile,
3. die Leistung von Bauprodukten in bestimmten baulichen Anlagen oder ihren Teilen, insbesondere
   a) Planung, Bemessung und Ausführung baulicher Anlagen bei Einbau eines Bauprodukts,
   b) Merkmale von Bauprodukten, die sich für einen Verwendungszweck auf die Erfüllung der Anforderungen nach Art. 3 Satz 1 auswirken,
   c) Verfahren für die Feststellung der Leistung eines Bauproduktes im Hinblick auf Merkmale, die sich für einen Verwendungszweck auf die Erfüllung der Anforderungen nach Art. 3 Satz 1 auswirken,
   d) zulässige oder unzulässige besondere Verwendungszwecke,
   e) die Festlegung von Klassen und Stufen in Bezug auf bestimmte Verwendungszwecke,

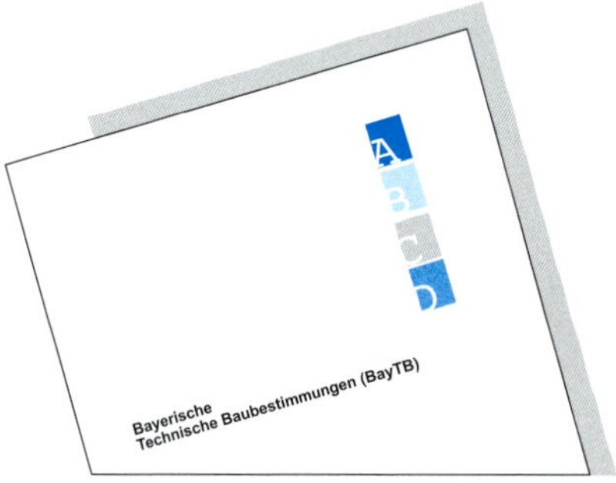

Zu Art. 81a
Bayerische Technische Baubestimmungen (BayTB) beachten

Die BayTB ist in vier Teile gegliedert. Diese beschreiben im Wesentlichen:
Teil A: Baubestimmungen, die bei der Erfüllung der Grundanforderungen an Bauwerke zu beachten sind. Die Gliederung von Teil A erfolgt gemäß EU-BauPVO in:

- A1 – Mechanische Festigkeit und Standsicherheit
- A2 – Brandschutz
- A3 – Hygiene, Gesundheit und Umweltschutz
- A4 – Sicherheit und Barrierefreiheit bei der Nutzung
- A5 – Schallschutz
- A6 – Wärmeschutz

Teil B: Zusätzliche Beachtung von Baubestimmungen bei Sonderkonstruktionen (z. B. Fliegende Bauten) und Bauteilen (z. B. Unterdeckenkonstruktionen)

Teil C: Baubestimmungen für Bauprodukte, die nicht das CE-Kennzeichen tragen, und Baubestimmungen für Bauarten. Hier werden die bisher getroffenen Regelungen gemäß Bauregelliste A fortgeführt.

Teil D: Enthält eine Liste von Bauprodukten, die keinen Verwendbarkeitsnachweis benötigen. Hier werden die bisher getroffenen Regelungen zu „sonstige Bauprodukte" fortgeführt.

Die BayTB können auf der Homepage des Bayerischen Staatsministeriums für Wohnen, Bau und Verkehr abgerufen werden.

f) die für einen bestimmten Verwendungszweck anzugebende oder erforderliche und anzugebende Leistung in Bezug auf ein Merkmal, das sich für einen Verwendungszweck auf die Erfüllung der Anforderungen nach Art. 3 Satz 1 auswirkt, soweit vorgesehen in Klassen und Stufen,

4. die Bauprodukte, die keines Verwendbarkeitsnachweises nach Art. 17 bedürfen,

5. die Bauarten und die Bauprodukte, die nur eines allgemeinen bauaufsichtlichen Prüfzeugnisses nach allgemein anerkannten Prüfverfahren nach Art. 15 Abs. 3 oder Art. 19 bedürfen,

6. Voraussetzungen zur Abgabe der Übereinstimmungserklärung für ein Bauprodukt nach Art. 21,

7. die Art, den Inhalt und die Form technischer Dokumentation.

Siebter Teil
Ausführungsbestimmungen zum Baugesetzbuch

Art. 82
Windenergie und Nutzungsänderung ehemaliger landwirtschaftlicher Gebäude

Art. 82 (1) § 35 Abs. 1 Nr. 5 BauGB findet auf Vorhaben, die der Erforschung, Entwicklung oder Nutzung der Windenergie dienen, nur Anwendung, wenn diese Vorhaben einen Mindestabstand vom 10-fachen ihrer Höhe zu Wohngebäuden in Gebieten mit Bebauungsplänen (§ 30 BauGB), innerhalb im Zusammenhang bebauter Ortsteile (§ 34 BauGB) – sofern in diesen Gebieten Wohngebäude nicht nur ausnahmsweise zulässig sind – und im Geltungsbereich von Satzungen nach § 35 Abs. 6 BauGB einhalten.

Art. 82 (2) [1]Höhe im Sinn des Abs. 1 ist die Nabenhöhe zuzüglich Radius des Rotors. [2]Der Abstand bemisst sich von der Mitte des Mastfußes bis zum nächstgelegenen Wohngebäude, das im jeweiligen Gebiet im Sinn des Abs. 1 zulässigerweise errichtet wurde bzw. errichtet werden kann.

Art. 82 (3) Soll auf einem gemeindefreien Gebiet ein Vorhaben nach Abs. 1, das nicht unter Absatz 5 fällt, errichtet werden und würde der in Abs. 1 beschriebene Mindestabstand auch entsprechende Wohngebäude auf dem Gebiet einer Nachbargemeinde einschließen, gilt hinsichtlich dieser Gebäude der Schutz der Abs. 1 und 2, solange und soweit die Gemeinde nichts anderes in einem ortsüblich bekannt gemachten Beschluss feststellt.

Art. 82 (4) Abs. 1 und 2 finden keine Anwendung,

1. wenn in einem Flächennutzungsplan für Vorhaben der in Abs. 1 beschriebenen Art vor dem 21. November 2014 eine Darstellung für die Zwecke des § 35 Abs. 3 Satz 3 BauGB erfolgt ist,

2. soweit und sobald die Gemeinde der Fortgeltung der Darstellung nicht bis einschließlich 21. Mai 2015 in einem ortsüblich bekannt gemachten Beschluss widerspricht und

3. soweit und sobald auch eine betroffene Nachbargemeinde der Fortgeltung der Darstellung nicht bis einschließlich 21. Mai 2015 in einem ortsüblich bekannt gemachten Beschluss widerspricht; als betroffen gilt dabei eine Nachbargemeinde, deren Wohngebäude in Gebieten im Sinn des Abs. 1 in einem geringeren Abstand als dem 10-fachen der Höhe der Windkraftanlagen, sofern der Flächennutzungsplan jedoch keine Regelung enthält, maximal in einem Abstand von 2 000 m, stehen.

Art. 82 (5) Die Abs. 1 und 2 finden ferner keine Anwendung auf Vorhaben, die der Erforschung, Entwicklung oder Nutzung der Windenergie dienen, welche

1. in Vorrang- und Vorbehaltsgebieten für Windkraft im Sinn des Art. 14 Abs. 2 Satz 1 Nr. 1 und 2 des Bayerischen Landesplanungsgesetzes oder auf Sonderbauflächen oder in Sondergebieten für Windkraft, die durch Flächennutzungsplan festgesetzt sind, errichtet werden,

2. in einem Abstand von höchstens 2 000 m zu einem Gewerbe- oder Industriegebiet errichtet werden und bei denen der erzeugte Strom überwiegend zur Versorgung der in dem Gewerbe- oder Industriegebiet liegenden Gewerbe- und Industriebetriebe bestimmt ist,

3. längs von Haupteisenbahnstrecken im Sinn des § 47b Nr. 4 BImSchG, Bundesautobahnen oder vier- oder mehrstreifigen Bundesstraßen in einer Entfernung von bis zu 500 m errichtet werden; die in § 9 des Bundesfernstraßengesetzes geregelten Anbauverbots- und Anbaubeschränkungszonen, sich aus anderen öffentlich-rechtlichen Vorschriften ergebende gesetzliche Mindestabstände sowie im Einzelfall darüber hinaus erforderliche Sicherheitsabstände sind hinzuzurechnen,

4. die Voraussetzungen des § 16b Abs. 1 und 2 BImSchG in der am 31. August 2021 geltenden Fassung erfüllen,

5. auf militärischem Übungsgelände errichtet werden oder

6. im Wald im Sinn des Art. 2 Abs. 1 und 2 des Bayerischen Waldgesetzes errichtet werden, wenn von der Mitte des Mastfußes zum Waldrand mindestens ein Abstand in Höhe des Radius des Rotors eingehalten wird; Voraussetzung ist, dass der Wald bereits am 16. November 2022 bestanden hat.

Art. 82 (6) Die Frist nach § 35 Abs. 4 Satz 1 Nr. 1 Buchst. c BauGB ist nicht anzuwenden.

Art. 82a
Feste Abstandsvorschriften für Windenergieanlagen

Art. 82a § 35 Abs. 1 Nr. 5 BauGB findet auf Vorhaben, die der Erforschung, Entwicklung oder Nutzung der Windenergie dienen, in den in Art. 82 Abs. 5 Nr. 1 bis 6 genannten Fällen nur Anwendung, wenn diese Vorhaben einen Mindestabstand von 1.000 m zu Wohngebäuden in Gebieten mit Bebauungsplänen (§ 30 BauGB), innerhalb im Zusammenhang bebauter Ortsteile (§ 34 BauGB) – sofern in diesen Gebieten Wohngebäude nicht nur ausnahmsweise zulässig sind – und im Geltungsbereich von Satzungen nach § 35 Abs. 6 BauGB einhalten. Art. 82 Abs. 2 Satz 2 gilt entsprechend. Im Fall des Art. 82 Abs. 4 findet Satz 1 keine Anwendung.

Zu Art. 82a

Die Regelung wirft Fragen des Verhältnisses von Bundesrecht zu Landesrecht auf. Denn aus normhierarchischen Gründen kann im föderalen Bundesstaat eine landesrechtliche Vorschrift die Nichtanwendung von Bundesrecht eigentlich nicht vorschreiben, es sei denn, dies ist durch Bundesrecht selbst zugelassen. Diese Zulassung im Bundesrecht findet sich in § 249 Absatz 3 BauGB.

Art. 82b
Windenergiegebiete

Art. 82b Die Mindestabstände nach Art. 82 und 82a finden keine Anwendung auf Flächen in Windenergiegebieten gemäß § 2 Nr. 1 des Windenergieflächenbedarfsgesetzes.

Zu Art. 82b

Gesetz zur Festlegung von Flächenbedarfen für Windenergieanlagen an Land (Windenergieflächenbedarfsgesetz – WindBG)

Achter Teil
Übergangs- und Schlussvorschriften

Art. 83
Übergangsvorschriften

Art. 83 (1) Art. 82 Abs. 1 und 2 findet keine Anwendung auf Anlagen zur Erforschung, Entwicklung oder Nutzung der Windenergie, soweit

1. vor Ablauf des 4. Februar 2014 bei der zuständigen Behörde ein vollständiger Antrag auf Genehmigung eingegangen ist, oder
2. die Anlage am selben Standort mit gleicher, geringfügig höherer oder niedrigerer Höhe statt einer anderen Anlage errichtet wurde, die mit Ablauf des 20. November 2014 zwar noch nicht errichtet aber entweder bereits genehmigt oder nach Nr. 1 genehmigungsfähig war.

Art. 83 (2) Bis zum Ablauf des 31. August 2018 für Bauarten erteilte allgemeine bauaufsichtliche Zulassungen oder Zustimmungen im Einzelfall gelten als Bauartgenehmigung fort.

Art. 83 (3) Als Tragwerksplaner im Sinn des Art. 62 Abs. 1 gelten die im Sinn des Art. 68 Abs. 7 Satz 2 in der bis zum 31. Dezember 2007 geltenden Fassung Nachweisberechtigten.

Auszug aus: Art. 68 Abs. 7 Satz 2 in der bis zum 31. Dezember 2007 geltenden Fassung der BayBO vom 4. September 1997

„Bei Vorhaben geringer Schwierigkeit dürfen die Nachweise für die Standsicherheit einschließlich der Feuerwiderstandsdauer tragender Bauteile nur erstellen

1. *Architekten und Bauingenieure mit mindestens drei Jahren zusammenhängender Berufserfahrung, die in einer von der Bayerischen Architektenkammer oder der Bayerischen Ingenieurekammer-Bau geführten Liste eingetragen sind,*
2. *staatlich geprüfte Techniker der Fachrichtung Bautechnik und Handwerksmeister des Bau- und Zimmererfachs, wenn sie mindestens drei Jahre zusammenhängende Berufserfahrung nachweisen und die durch Rechtsverordnung gemäß Art. 90 Abs. 11 näher bestimmte Zusatzqualifikation besitzen,*
3. *Bauvorlageberechtigte im Sinn des Absatzes 4 Nr. 5."*

Art. 83 (4) Als Brandschutzplaner im Sinn des Art. 62b Abs. 1 gelten die im Sinn des Art. 68 Abs. 7 Satz 3 in der bis zum 31. Dezember 2007 geltenden Fassung Nachweisberechtigten sowie die auf der Grundlage der Rechtsverordnung nach Art. 90 Abs. 9 in der bis zum 31. Dezember 2007 geltenden Fassung anerkannten verantwortlichen Sachverständigen für vorbeugenden Brandschutz.

Auszug aus: Art. 68 Abs. 7 Satz 3 in der bis zum 31. Dezember 2007 geltenden Fassung der BayBO vom 4. September 1997

„Bei Vorhaben mittlerer Schwierigkeit dürfen die Nachweise für den vorbeugenden Brandschutz nur erstellen Bauvorlageberechtigte nach Absatz 2 und Absatz 4 Nrn. 2 bis 4, die

1. entweder
   a) eine mindestens zehnjährige zusammenhängende Berufserfahrung oder
   b) die erforderlichen Kenntnisse des vorbeugenden Brandschutzes durch eine mit einem Leistungsnachweis abzuschließende Fortbildungsmaßnahme der Bayerischen Architektenkammer nachweisen und
2. in einer von der Bayerischen Architektenkammer oder der Bayerischen Ingenieurekammer-Bau geführten Liste eingetragen sind."

Art. 83 (5) [1]Satzungen, die auf Grundlage von Art. 91 Abs. 2 Nr. 4 in einer der bis zum 31. Dezember 2007 geltenden Fassung sowie auf Grundlage von Art. 81 Abs. 1 Nr. 5, mit Ausnahme von Satzungen, die die Notwendigkeit, Art, Gestaltung und Höhe von Einfriedungen regeln, und Art. 81 Abs. 1 Nr. 7 jeweils in einer bis einschließlich 30. September 2025 geltenden Fassung erlassen worden sind, treten mit Ablauf des 30. September 2025 außer Kraft. [2]Satzungen, die auf Grundlage von Art. 81 Abs. 1 Nr. 4 in einer bis einschließlich 30. September 2025 geltenden Fassung erlassen worden sind, gelten fort, wenn sie die in der Anlage zur Garagen- und Stellplatzverordnung festgelegten Höchstzahlen nicht überschreiten oder durch Bebauungsplan oder eine andere Satzung nach den Vorschriften des Baugesetzbuchs nach Art. 81 Abs. 2 erlassen worden sind. [3]Im Übrigen treten Satzungen, die auf Grundlage von Art. 81 Abs. 1 Nr. 4 in einer bis einschließlich 30. September 2025 geltenden Fassung erlassen worden sind, mit Ablauf des 30. September 2025 außer Kraft.

Art. 83 (6) Soweit § 20 Abs. 1 BauNVO zur Begriffsbestimmung des Vollgeschosses auf Landesrecht verweist, gilt insoweit Art. 2 Abs. 5 in der bis zum 31. Dezember 2007 geltenden Fassung fort.

Auszug aus: Art. 2 Abs. 5 in der bis zum 31. Dezember 2007 geltenden Fassung der BayBO vom 4. September 1997

„(5) [1]Vollgeschosse sind Geschosse, die vollständig über der natürlichen oder festgelegten Geländeoberfläche liegen und über mindestens zwei Drittel ihrer Grundfläche eine Höhe von mindestens 2,30 m haben. [2]Als Vollgeschosse gelten Kellergeschosse, deren Deckenunterkante im Mittel mindestens 1,20 m höher liegt als die natürliche oder festgelegte Geländeoberfläche."

10. Aufstellflächen rechtwinklig zu Außenwänden
Für rechtwinklig oder annähernd im rechten Winkel auf die anzuleiternde Außenwand zugeführte Aufstellflächen muss zusätzlich zur Mindestbreite von 3,50 m beidseitig ein mindestens 1,25 m breiter hindernisfreier Geländestreifen vorhanden sein; die Geländestreifen müssen mindestens 11 m lang sein. Die Aufstellflächen dürfen keinen größeren Abstand als 1 m zur Außenwand haben. Die Entfernung zwischen der Außenseite der Aufstellflächen und der entferntesten seitlichen Begrenzung der zum Anleitern bestimmten Stellen darf 9 m und bei Brüstungshöhe von mehr als 18 m 6 m nicht überschreiten.

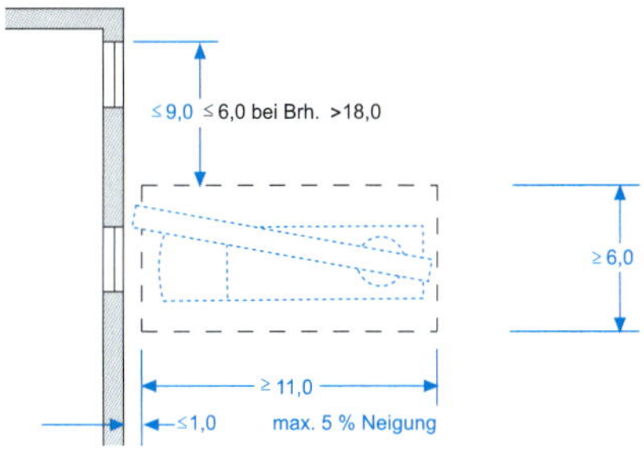

Zu Richtlinien Feuerwehrflächen 10.
Aufstellflächen rechtwinklig zur Außenwand

11. Freihalten des Anleiterbereiches
Zwischen der anzuleiternden Außenwand und den Aufstellflächen dürfen sich keine den Einsatz von Hubrettungsfahrzeugen erschwerenden Hindernisse wie bauliche Anlagen oder Bäume befinden.

12. Neigung von Aufstellflächen
Aufstellflächen dürfen nicht mehr als 5 v. H. geneigt sein.

13. Bewegungsflächen
Bewegungsflächen müssen für jedes Fahrzeug mindestens 7 x 12 m groß sein. Zufahrten sind keine Bewegungsflächen. Vor und hinter Bewegungsflächen an weiterführenden Zufahrten sind mindestens 4 m lange Übergangsbereiche anzuordnen.

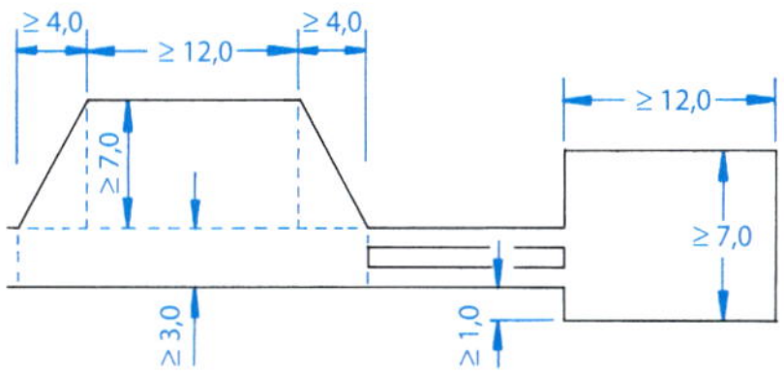

Zu Richtlinien Feuerwehrflächen 13.
Bewegungsflächen

Zu Richtlinien Feuerwehrflächen 13.
Die Bewegungsflächen können sowohl auf dem Grundstück als auch auf öffentlichen Verkehrsflächen nachgewiesen werden.

14. Zu- oder Durchgänge
Zu- oder Durchgänge für die Feuerwehr sind geradlinig und mindestens 1,25 m breit auszubilden. Für Türöffnungen und andere geringfügige Einengungen in diesen Zu- oder Durchgängen genügt eine lichte Breite von 1 m.

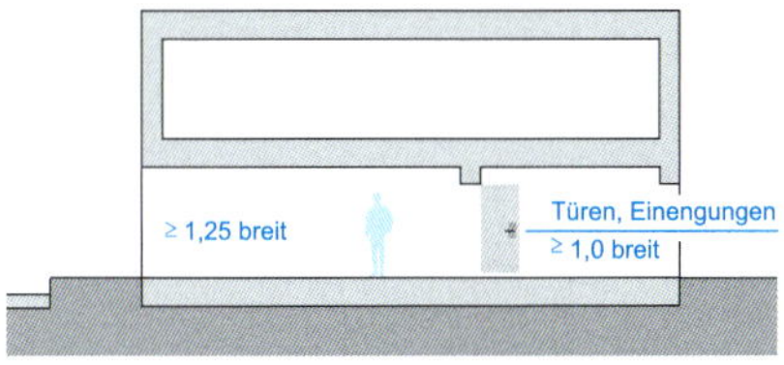

Zu Richtlinien Feuerwehrflächen 14.
Türöffnungen

Auszug aus: BayTB, Anlage A 2.2.1.1/1 in der Ausgabe Oktober 2018

„Zur Richtlinie über Flächen für die Feuerwehr

Bei der Anwendung der technischen Regel ist Folgendes zu beachten:

1 Zu Abschnitt 1
Zufahrten, Aufstell- und Bewegungsflächen sind entsprechend der Straßen-Bauklasse VI (Richtlinie für Standardisierung des Oberbaues von Verkehrsflächen – RStO 01) zu befestigen. Anstelle von DIN 1055-3:2006-03 ist DIN EN 1991-1-1:2010-12 in Verbindung mit DIN EN 1991-1-1/NA:2010-12 anzuwenden.
Sofern durch geeignete Unterhaltung der Neuaufbau von Humus vermieden wird, sind auch Pflasterrasendecken, Rasengittersteine oder Einfachbauweisen entsprechender Tragfähigkeit zulässig, ausgenommen Schotterrasen.

Zu BayTB 1
Die Ausführung von Schotterrasen erfüllt nicht die Anforderungen an die oberste Deckschicht von Zufahrten, Aufstell- und Bewegungsflächen.

2 Hinweisschilder
2.1 Hinweisschilder für Zu- oder Durchfahrten haben die Aufschrift „Feuerwehrzufahrt", die Schilder für Aufstell- oder Bewegungsflächen die Aufschrift „Flächen für die Feuerwehr".
Die Hinweisschilder für Flächen für die Feuerwehr müssen der DIN 4066 entsprechen; die Hinweisschilder „Feuerwehrzufahrt" müssen eine Größe von mindestens B/H = 594/210 mm haben und von der öffentlichen Verkehrsfläche aus erkennbar sein. Flächen für die Feuerwehr müssen eine jederzeit deutlich sichtbare Randbegrenzung haben.

Zu BayTB 2.1
Feuerwehrflächen auf Privatgrund sollen stets deutlich erkennbar sein. Dies kann durch Pfosten, Bepflanzung, Zäune, Steine o. Ä., die max. 0,8 m hoch sind, erreicht werden.

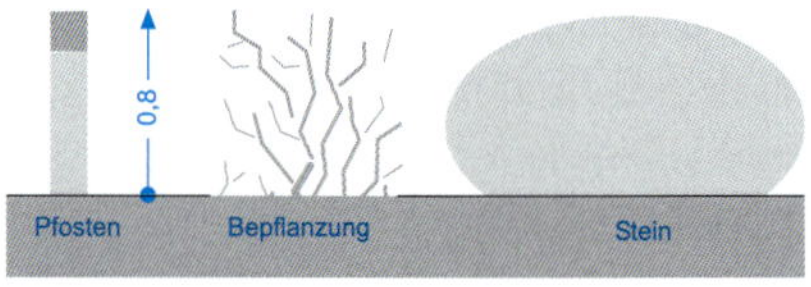

Zu BayTB 2.1
Randbegrenzung von Feuerwehrflächen auf Privatgrund

2.2 Nach § 12 Abs. 1 Nr. 8 StVO ist das Halten vor und in Feuerwehrzufahrten unzulässig, wenn diese Zufahrten amtlich gekennzeichnet sind.
Ist die Anordnung eines Halteverbots nach StVO im öffentlichen Verkehrsraum im Bereich der Feuerwehrzufahrt notwendig, so muss das Hinweisschild „Feuerwehrzufahrt" von der zuständigen Behörde gekennzeichnet sein (amtliches Hinweisschild).
Anstelle des amtlichen Hinweisschildes „Feuerwehrzufahrt" kann die zuständige Behörde die Aufstellung des Verkehrszeichens 283 (Halteverbot) nach StVO mit dem Zusatzschild „Feuerwehrzufahrt" anordnen (Schutzzone im Sinne von § 45 Abs. 1 Satz 2 Nr. 5 StVO)."

Zu BayTB 2.2
Erst durch eine amtliche Siegelung wird das Hinweisschild zu einem Verkehrszeichen im Sinne der Straßenverkehrsordnung (StVO).

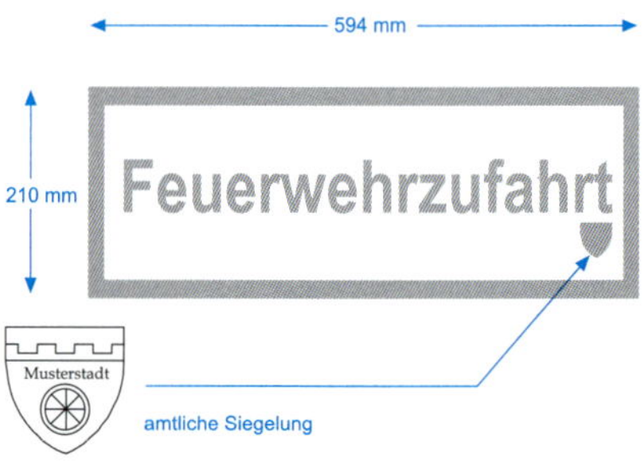

Zu BayTB 2.2
Erkennbarkeit von Feuerwehrflächen auf Privatgrund

Verordnung über den Bau und Betrieb von Garagen sowie über die Zahl der notwendigen Stellplätze (Garagen- und Stellplatzverordnung – GaStellV) – Auszug

vom 30. November 1993, zuletzt geändert am 23. Dezember 2024

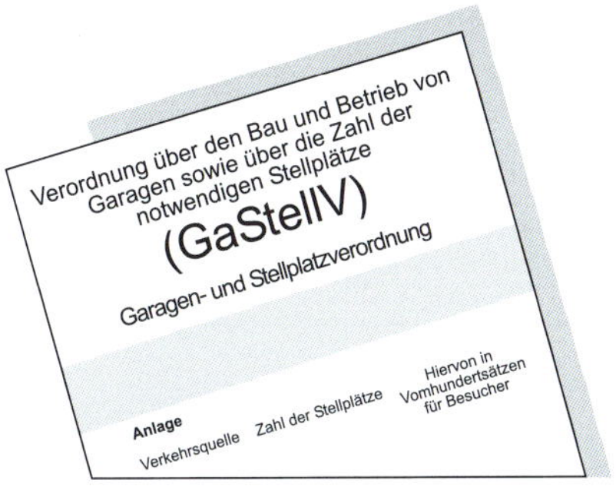

Zur Garagen- und Stellplatzverordnung Hinweise zur Zahl von notwendigen Stellplätzen liefert die GaStellV

Zur Garagen- und Stellplatzverordnung
Existiert im kommunalen Gebiet weder eine örtliche Bauvorschrift noch eine städtebauliche Satzung, welche Regelungen zu Stellplätzen trifft, ist subsidiär die Verordnung über den Bau und Betrieb von Garagen sowie über die Zahl der notwendigen Stellplätze (GaStellV) anzuwenden.

Teil V

§ 20
Notwendige Stellplätze

§ 20 [1]Die Zahl der notwendigen Stellplätze im Sinn des Art. 47 Abs. 1 Satz 1, Abs. 2 Satz 1 BayBO bemisst sich nach der Anlage. [2]Ist eine Nutzung nicht in der Anlage aufgeführt, ist die Zahl der notwendigen Stellplätze in Anlehnung an eine oder mehrere vergleichbare Nutzungen zu ermitteln.

Wichtige Änderung
Die komplette Anlage zur GaStellV wurde zum 1. Oktober 2025 neu gefasst.

Anlage

Nr.	Verkehrsquelle	Zahl der Stellplätze	hiervon für Besucher in %
1.	**Wohngebäude**		
1.1	Gebäude mit Wohnungen	2 Stellplätze je Wohnung, bei Mietwohnungen, für die eine Bindung nach dem Bayerischen Wohnraumförderungsgesetz besteht, 0,5 Stellplätze	–
1.2	Kinder-, Schüler- und Jugendwohnheime	1 Stellplatz je 20 Betten, mindestens 2 Stellplätze	75
1.3	Studentenwohnheime	1 Stellplatz je 5 Betten	10
1.4	Schwestern-/Pflegerwohnheime, Arbeitnehmerwohnheime u. ä.	1 Stellplatz je 4 Betten	10

Nr.	Verkehrsquelle	Zahl der Stellplätze	hiervon für Besucher in %
1.5	Altenwohnheime, Altenheime, Langzeit- und Kurzzeitpflegeheime, Tagespflegeeinrichtungen u. ä.	1 Stellplatz je 15 Betten bzw. Pflegeplätze, mindestens 2 Stellplätze	50
1.6	Obdachlosenheime, Gemeinschaftsunterkünfte für Leistungsberechtigte nach dem Asylbewerberleistungsgesetz	1 Stellplatz je 30 Betten, mindestens 2 Stellplätze	10
2.	**Gebäude mit Büro-, Verwaltungs- und Praxisräumen**		
2.1	Büro- und Verwaltungsräume allgemein	1 Stellplatz je 40 m^2 NUF[1)]	20
2.2	Räume mit erheblichem Besucherverkehr (Schalter-, Abfertigungs- oder Beratungsräume, Arztpraxen und dergl.)	1 Stellplatz, je 30 m^2 NUF[1)], mindestens 3 Stellplätze	75
3.	**Verkaufsstätten**		
3.1	Läden	1 Stellplatz je 40 m^2 Verkaufsfläche für den Kundenverkehr, mindestens 2 Stellplätze je Laden	75
3.2	Waren- und Geschäftshäuser (einschließlich Einkaufszentren, großflächigen Einzelhandelsbetrieben)	1 Stellplatz je 40 m^2 Verkaufsfläche für den Kundenverkehr	75
4.	**Versammlungsstätten (außer Sportstätten), Kirchen**		
4.1	Versammlungsstätten von überörtlicher Bedeutung (z. B. Theater, Konzerthäuser, Mehrzweckhallen)	1 Stellplatz je 5 Sitzplätze	90
4.2	Sonstige Versammlungsstätten (z.B. Lichtspieltheater, Schulaulen, Vortragssäle)	1 Stellplatz je 10 Sitzplätze	90
4.3	Kirchen	1 Stellplatz je 30 Sitzplätze	90
5.	**Sportstätten**		
5.1	Sportplätze ohne Besucherplätze (z.B. Trainingsplätze)	1 Stellplatz je 300 m^2 Sportfläche	–
5.2	Sportplätze und Sportstadien mit Besucherplätzen	1 Stellplatz je 300 m^2 Sportfläche, zusätzlich 1 Stellplatz je 15 Besucherplätze	–

1) [Amtl. Anm.:] NUF = Nutzfläche nach DIN 277

Nr.	Verkehrsquelle	Zahl der Stellplätze	hiervon für Besucher in %
5.3	Turn- und Sporthallen ohne Besucherplätze	1 Stellplatz je 50 m^2 Hallenflächen	–
5.4	Turn- und Sporthallen mit Besucherplätzen	1 Stellplatz je 50 m^2 Hallenfläche, zusätzlich 1 Stellplatz je 15 Besucherplätze	–
5.5	Freibäder und Freiluftbäder	1 Stellplatz je 300 m^2 Grundstücksfläche	–
5.6	Hallenbäder ohne Besucherplätze	1 Stellplatz je 10 Kleiderablagen	–
5.7	Hallenbäder mit Besucherplätzen	1 Stellplatz je 10 Kleiderablagen, zusätzlich 1 Stellplatz je 15 Besucherplätze	–
5.8	Tennisplätze, Squashanlagen o. ä. ohne Besucherplätze	2 Stellplätze je Spielfeld	–
5.9	Tennisplätze, Squashanlagen o. ä. mit Besucherplätzen	2 Stellplätze je Spielfeld, zusätzlich 1 Stellplatz je 15 Besucherplätze	–
5.10	Minigolfplätze	6 Stellplätze je Minigolfanlage	–
5.11	Kegel- und Bowlingbahnen	4 Stellplätze je Bahn	–
5.12	Bootshäuser und Bootsliegeplätze	1 Stellplatz je 5 Boote	–
5.13	Fitnesscenter	1 Stellplatz je 40 m^2 Sportfläche	–
6.	**Gaststätten und Beherbergungsbetriebe**		
6.1	Gaststätten	1 Stellplatz je 10 m^2 Gastfläche	75
6.2	Spiel- und Automatenhallen, Billard-Salons, sonst. Vergnügungsstätten	1 Stellplatz je 20 m^2 NUF[1], mindestens 3 Stellplätze	90
6.3	Hotels, Pensionen, Kurheime und andere Beherbergungsbetriebe	1 Stellplatz je 6 Betten, bei Restaurationsbetrieb Zuschlag nach den Nrn. 6.1 oder 6.2	75
6.4	Jugendherbergen	1 Stellplatz je 15 Betten	75
7.	**Krankenanstalten**		
7.1	Krankenanstalten von überörtlicher Bedeutung	1 Stellplatz je 4 Betten	60
7.2	Krankenanstalten von örtlicher Bedeutung	1 Stellplatz je 6 Betten	60
7.3	Sanatorien, Kuranstalten, Anstalten für langfristig Kranke	1 Stellplatz je 4 Betten	25

[1] [Amtl. Anm.:] NUF = Nutzfläche nach DIN 277

Nr.	Verkehrsquelle	Zahl der Stellplätze	hiervon für Besucher in %
7.4	Ambulanzen	1 Stellplatz je 30 m² NUF[1], mindestens 3 Stellplätze	75
8.	**Schulen, Einrichtungen der Jugendförderung**		
8.1	Schulen, Berufsschulen, Berufsfachschulen	1 Stellplatz je Klasse, zusätzlich 1 Stellplatz je 10 Schüler über 18 Jahre	10
8.2	Hochschulen	1 Stellplatz je 10 Studierende	–
8.3	Tageseinrichtungen für mehr als 12 Kinder	1 Stellplatz je 30 Kinder, mindestens 2 Stellplätze	–
8.4	Tageseinrichtungen bis zu 12 Kinder	1 Stellplatz	–
8.5	Jugendfreizeitheime und dergl.	1 Stellplatz je 15 Besucherplätze	–
8.6	Berufsbildungswerke, Ausbildungswerkstätten und dergl.	1 Stellplatz je 10 Auszubildende	–
9.	**Gewerbliche Anlagen**		
9.1	Handwerks- und Industriebetriebe	1 Stellplatz je 70 m² NUF[1] oder je 3 Beschäftigte	10
9.2	Lagerräume, -plätze, Ausstellungs-, Verkaufsplätze	1 Stellplatz je 100 m² NUF[1] oder je 3 Beschäftigte	–
9.3	Kraftfahrzeugwerkstätten	6 Stellplätze je Wartungs- oder Reparaturstand	–
9.4	Tankstellen	Bei Einkaufsmöglichkeit über Tankstellenbedarf hinaus: Zuschlag nach Nr. 3.1 (ohne Besucheranteil)	–
9.5	Automatische Kfz-Waschanlagen	5 Stellplätze je Waschanlage[2]	–
10.	**Verschiedenes**		
10.1	Kleingartenanlagen	1 Stellplatz je 3 Kleingärten	–
10.2	Friedhöfe	1 Stellplatz je 100 m² Grundstücksfläche, jedoch mindestens 10 Stellplätze	–

[1] [Amtl. Anm.:] NUF = Nutzfläche nach DIN 277

[2] [Amtl. Anm.:] Zusätzlich muss ein Stauraum für mindestens 10 Kraftfahrzeuge vorhanden sein.

Verordnung über Bauvorlagen und bauaufsichtliche Anzeigen (Bauvorlagenverordnung – BauVorlV)

vom 10. November 2007, zuletzt geändert am 23. Dezember 2024

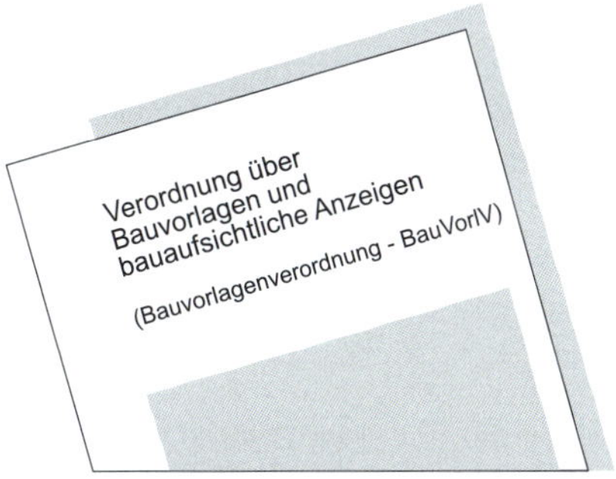

Zur Bauvorlagenverordnung
Die Bauvorlagenverordnung (BauVorlV) mit ihren Anhängen ist zu beachten!

Zur Bauvorlagenverordnung

Die Bauvorlagenverordnung (BauVorlV) regelt, in welcher Form Unterlagen einem Antrag auf Bewilligung eines Bauvorhabens (Bauantrag) eingereicht werden müssen.

Die Verordnung ist in 6 Teile gegliedert und enthält 2 Anlagen. Die Teile mit ihren wesentlichen Inhalten sind:

1. **Teil – Allgemeines**
   Begriffe; Beschaffenheit und Anzahl der Bauvorlagen.
2. **Teil – Vorzulegende Bauvorlagen**
   für bauliche Anlagen, Werbeanlagen, Vorbescheid und die Beseitigung von Anlagen
3. **Teil – Inhalt der Bauvorlagen**
   Katasterunterlagen, Darstellung in den Bauzeichnungen, Baubeschreibung, erforderliche Angaben zu den bautechnischen Nachweisen und das Übereinstimmungsgebot der eingereichten Unterlagen
4. **Teil – Abgrabungsplan**
5. **Teil – Bauzustandsanzeigen**
   Baubeginnsanzeige und Anzeige der beabsichtigten Nutzungsaufnahme
6. **Teil – Inkrafttreten, Außerkrafttreten**

Anlage 1
Zeichen und Farben für Bauvorlagen

Anlage 2
Kriterienkatalog nach § 15 Abs. 3 bzgl. Standsicherheitsnachweis

Verordnung über Bauvorlagen und bauaufsichtliche Anzeigen (Bauvorlagenverordnung – BauVorlV) Vom 10. November 2007 (GVBl. S. 792) BayRS 2132-1-2-B

Vollzitat nach RedR: Bauvorlagenverordnung (BauVorlV) vom 10. November 2007 (GVBl. S. 792, BayRS 2132-1-2-B), die zuletzt durch § 1 Abs. 157 der Verordnung vom 26. März 2019 (GVBl. S. 98) geändert worden ist

Auf Grund von Art. 80 Abs. 4 der Bayerischen Bauordnung (BayBO) in der Fassung der Bekanntmachung vom 14. August 2007 (GVBl S. 588, BayRS 2132-1-I) und Art. 7 Abs. 2 des Bayerischen Abgrabungsgesetzes (BayAbgrG) vom 27. Dezember 1999 (GVBl S. 532, 535, BayRS 2132-2-I) erlässt das Bayerische Staatsministerium des Innern folgende Verordnung:

Erster Teil
Allgemeines

§ 1 Begriff, Beschaffenheit

§ 1 (1) [1]Bauvorlagen sind die einzureichenden Unterlagen, die für die Beurteilung des Bauvorhabens und die Bearbeitung des Bauantrags (Art. 64 Abs. 2 Satz 1 BayBO), für die Anzeige der beabsichtigten Beseitigung (Art. 57 Abs. 5 Satz 2 BayBO) oder für die Genehmigungsfreistellung (Art. 58 Abs. 3 Satz 1 Halbsatz 1 BayBO) erforderlich sind. [2]Bautechnische Nachweise gelten auch dann als Bauvorlagen im Sinn dieser Verordnung, wenn sie der Bauaufsichtsbehörde nicht vorzulegen sind.

(2) [1]Bauvorlagen müssen aus alterungsbeständigem Papier oder gleichwertigem Material lichtbeständig hergestellt sein und dem Format DIN A4 entsprechen oder auf diese Größe gefaltet sein. [2]Art. 3a des Bayerischen Verwaltungsverfahrensgesetzes (BayVwVfG) bleibt unberührt.

(3) Hat das Staatsministerium für Wohnen, Bau und Verkehr Vordrucke öffentlich bekannt gemacht, sind diese zu verwenden.

(4) Die Bauaufsichtsbehörde darf ein Modell oder weitere Nachweise verlangen, wenn dies zur Beurteilung des Bauvorhabens erforderlich ist.

(5) Die Bauaufsichtsbehörde soll auf Bauvorlagen nach dem Zweiten Teil und einzelne Angaben in den Bauvorlagen sowie auf bautechnische Nachweise einschließlich deren Prüfung und deren Bescheinigung durch Prüfsachverständige verzichten, soweit diese zur Beurteilung der Genehmigungsfähigkeit des Bauvorhabens nicht erforderlich sind.

§ 2 Anzahl

§ 2 [1]Bauvorlagen sind dreifach, ist die Gemeinde zugleich Bauaufsichtsbehörde, zweifach einzureichen. [2]Die Bauaufsichtsbehörde kann Mehrfertigungen verlangen, soweit dies zur Beteiligung von Stellen nach Art. 65 Abs. 2 Satz 1 Halbsatz 1 BayBO (Sternverfahren) erforderlich ist; die Mehrfertigungen müssen nicht nach Art. 51 Abs. 2 Satz 2, Art. 64 Abs. 4 Sätze 1 und 2 BayBO unterschrieben sein. [3]Im Fall der Errichtung, Änderung oder Nutzungsänderung einer baulichen Anlage mit Arbeitsstätten mit einem höheren Gefährdungspotential ist eine weitere Ausfertigung vorzulegen, die die Bauaufsichtsbehörde an das Gewerbeaufsichtsamt der zuständigen Regierung weiterleitet; ein höheres Gefährdungspotential liegt in der Regel nicht vor bei

1. Schulen, Hochschulen und ähnlichen Einrichtungen,
2. Gesundheitseinrichtungen, ausgenommen Krankenhäuser,
3. Heimen und sonstigen Einrichtungen zur Unterbringung oder Pflege von Personen sowie Tageseinrichtungen für Kinder, behinderte und alte Menschen, ausgenommen Werkstätten für Menschen mit Behinderung,
4. Gast- und Beherbergungsstätten und Lagereinrichtungen mit voraussichtlich weniger als 20 Beschäftigten,
5. Büro- und Verwaltungsgebäuden,
6. Anlagen des Dienstleistungs- sowie des Verlags- und Mediengewerbes, ausgenommen Anlagen des Druckgewerbes,
7. Anlagen des Bau- und Elektroinstallationsgewerbes,
8. Verkaufsstätten mit einer Fläche von weniger als 2.000 m^2,
9. Anlagen der Land- und Forstwirtschaft sowie der Fischerei,
10. Anlagen von Verkehrsbetrieben, ausgenommen Anlagen zum Güterumschlag,
11. Anlagen von Versorgungsbetrieben, ausgenommen Anlagen zum Güterumschlag.

Zweiter Teil
Vorzulegende Bauvorlagen

§ 3 Bauliche Anlagen

§ 3 Vorzulegen sind:

1. ein aktueller Auszug aus dem Katasterwerk und, soweit es sich nicht um Änderungen baulicher Anlagen handelt, bei denen Außenwände und Dächer sowie die Nutzung nicht verändert werden, der Lageplan (§ 7),
2. die Bauzeichnungen (§ 8),
3. die Baubeschreibung (§ 9),
4. bei Sonderbauten der Nachweis der Standsicherheit (§ 10), soweit er bauaufsichtlich geprüft wird, andernfalls die Erklärung des Tragwerksplaners nach Maßgabe des Kriterienkatalogs der Anlage 2,
5. der Nachweis des Brandschutzes (§ 11), soweit er bauaufsichtlich geprüft wird und nicht bereits in den übrigen Bauvorlagen enthalten ist,
6. die erforderlichen Angaben über die gesicherte Erschließung hinsichtlich der Versorgung mit Wasser und Energie sowie der Entsorgung von Abwasser und der verkehrsmäßigen Erschließung, soweit das Bauvorhaben nicht an eine öffentliche Wasser- oder Energieversorgung oder eine öffentliche Abwasserentsorgungsanlage angeschlossen werden kann oder nicht in ausreichender Breite an einer öffentlichen Verkehrsfläche liegt,
7. bei Bauvorhaben im Geltungsbereich eines Bebauungsplans, der Festsetzungen darüber enthält, eine Berechnung des zulässigen, des vorhandenen und des geplanten Maßes der baulichen Nutzung,
8. soweit erforderlich, die Erklärung der Übernahme einer Abstandsfläche nach Art. 6 Abs. 2 Satz 3 Halbsatz 1 BayBO,
9. erforderliche Abweichungsanträge (Art. 63 BayBO).

§ 4 Werbeanlagen

§ 4 (1) Vorzulegen sind:

1. ein aktueller Auszug aus dem Katasterwerk mit Einzeichnung des Standorts,
2. eine Zeichnung (Abs. 2) und Beschreibung (Abs. 3) oder eine andere geeignete Darstellung der Werbeanlage, wie ein farbiges Lichtbild oder eine farbige Lichtbildmontage,
3. bei Sonderbauten der Nachweis der Standsicherheit (§ 10), soweit er bauaufsichtlich geprüft wird, andernfalls die Erklärung des Tragwerksplaners nach Maßgabe des Kriterienkatalogs der Anlage 2.

§ 4 (2) Die Zeichnung muss die Darstellung der Werbeanlage und ihre Maße, auch bezogen auf den Standort und auf Anlagen, an denen die Werbeanlage angebracht oder in deren Nähe sie aufgestellt werden soll, sowie Angaben über die Farbgestaltung enthalten.

(3) In der Beschreibung sind die Art und die Beschaffenheit der Werbeanlage, sowie, soweit erforderlich, die Abstände zu öffentlichen Verkehrsflächen sowie zu benachbarten Signalanlagen und Verkehrszeichen anzugeben.

§ 5 Vorbescheid

§ 5 Vorzulegen sind diejenigen Bauvorlagen, die zur Beurteilung der durch den Vorbescheid zu entscheidenden Fragen des Bauvorhabens erforderlich sind.

§ 6 Beseitigung von Anlagen

§ 6 Vorzulegen sind:

1. ein Lageplan, der die Lage der zu beseitigenden Anlagen unter Bezeichnung des Grundstücks nach Katasterwerk sowie nach Straße und Hausnummer darstellt (§ 7),
2. in den Fällen des Art. 57 Abs. 5 Satz 3 Halbsatz 1 BayBO die Erklärung des Tragwerksplaners über die Standsicherheit angebauter Gebäude.

Dritter Teil
Inhalt der Bauvorlagen

§ 7 Auszug aus dem Katasterwerk, Lageplan

§ 7 (1) [1]Der Auszug aus dem Katasterwerk (Ausschnitt aus der Flurkarte) muss das Baugrundstück und die benachbarten Grundstücke im Umkreis von mindestens 50 m darstellen. [2]Das Baugrundstück ist zu kennzeichnen. [3]Der Auszug ist mit dem Namen des Bauherrn, der Bezeichnung des Bauvorhabens und dem Datum des dazugehörigen Bauantrags oder der Unterlagen nach Art. 58 Abs. 3 Satz 1 Halbsatz 2 BayBO zu beschriften.

(2) [1]Der Lageplan ist auf der Grundlage des Auszugs aus dem Katasterwerk zu erstellen. [2]Dabei ist ein Maßstab nicht kleiner als 1 : 1.000 zu verwenden. [3]Ein größerer Maßstab ist zu wählen, wenn es für die Beurteilung des Bauvorhabens erforderlich ist. [4]Der Auszug muss jeweils von der katasterführenden Behörde (Art. 12 Abs. 4 des Vermessungs- und Katastergesetzes – VermKatG) beglaubigt oder durch ein automatisiertes Abrufverfahren gemäß Art. 11 Abs. 2 VermKatG zum Zweck der Bauvorlage abgerufen worden sein.

§ 7 (3) Der Lageplan muss, soweit dies zur Beurteilung des Bauvorhabens erforderlich ist, enthalten:

1. den Maßstab und die Nordrichtung,
2. die katastermäßigen Flächen, Flurstücksnummern und die Flurstücksgrenzen des Baugrundstücks und der benachbarten Grundstücke,
3. die im Grundbuch geführte Bezeichnung des Baugrundstücks und der benachbarten Grundstücke mit den jeweiligen Eigentümerangaben,
4. die vorhandenen baulichen Anlagen auf dem Baugrundstück und den benachbarten Grundstücken mit Angabe ihrer Nutzung, First- und Außenwandhöhe, Dachform und der Art der Außenwände und der Bedachung,
5. Baudenkmäler einschließlich Ensembles sowie geschützte Teile von Natur und Landschaft auf dem Baugrundstück und auf den Nachbargrundstücken,
6. Leitungen, die der öffentlichen Versorgung mit Wasser, Gas, Elektrizität, Wärme, der öffentlichen Abwasserentsorgung oder der Telekommunikation und Rohrleitungen, die dem Ferntransport von Stoffen dienen, sowie deren Abstände zu der geplanten baulichen Anlage,
7. die angrenzenden öffentlichen Verkehrsflächen mit Angabe der Breite, der Straßenklasse und der Höhenlage mit Bezug auf das Höhenbezugssystem,
8. Hydranten und andere Wasserentnahmestellen für die Feuerwehr,
9. die Festsetzungen eines Bebauungsplans für das Baugrundstück über die überbaubaren und die nicht überbaubaren Grundstücksflächen,
10. die geplante bauliche Anlage unter Angabe der Außenmaße, der Dachform und der Höhenlage des Erdgeschossfußbodens zur Straße,
11. die Höhenlage der Eckpunkte des Baugrundstücks und der Eckpunkte der geplanten baulichen Anlage mit Bezug auf das Höhenbezugssystem,
12. die Aufteilung der nicht überbauten Flächen unter Angabe der Lage und Breite der Zu- und Abfahrten, der Anzahl, Lage und Größe der Kinderspielplätze, der Stellplätze und der Flächen für die Feuerwehr,
13. die Abstände der geplanten baulichen Anlage zu anderen baulichen Anlagen auf dem Baugrundstück und auf den benachbarten Grundstücken, zu den Nachbargrenzen sowie die Abstandsflächen der geplanten baulichen Anlagen und der bestehenden Anlagen auf dem Baugrundstück und den Nachbargrundstücken,
14. die Abstände der geplanten baulichen Anlage zu oberirdischen Gewässern,
15. geschützten Baumbestand.

§ 7 (4) Der Inhalt des Lageplans nach Abs. 3 ist auf besonderen Blättern in geeignetem Maßstab darzustellen, wenn der Lageplan sonst unübersichtlich würde.

(5) [1]Im Lageplan sind die Zeichen oder Farben der Anlage 1 zu verwenden; im Übrigen ist die Planzeichenverordnung 1990 entsprechend anzuwenden. [2]Sonstige Darstellungen sind zu erläutern.

§ 8 Bauzeichnungen

§ 8 (1) [1]Für die Bauzeichnungen ist ein Maßstab von 1 : 100 zu verwenden. [2]Ein größerer Maßstab ist zu wählen, wenn er zur Darstellung der erforderlichen Eintragung notwendig ist; ein kleinerer Maßstab kann gewählt werden, wenn er dafür ausreicht.

§8 (2) In den Bauzeichnungen sind darzustellen:

1. die Grundrisse aller Geschosse mit Angabe der vorgesehenen Nutzung der Räume und mit Einzeichnung der
   a) Treppen,
   b) lichten Durchgangsmaße der Türen sowie deren Art, Anordnung und Aufschlagrichtung an und in Rettungswegen,
   c) Abgasanlagen,
   d) Räume für die Aufstellung von Feuerstätten unter Angabe der Nennleistung sowie der Räume für die Brennstofflagerung unter Angabe der vorgesehenen Art und Menge des Brennstoffes,
   e) Aufzugsschächte, Aufzüge und der nutzbaren Grundflächen der Fahrkörbe von Personenaufzügen,
   f) Installationsschächte, -kanäle und Lüftungsleitungen, soweit sie raumabschließende Bauteile durchdringen,
   g) Räume für die Aufstellung von Lüftungsanlagen,
2. die Schnitte, aus denen folgende Punkte ersichtlich sind:
   a) die Gründung der geplanten baulichen Anlage und, soweit erforderlich, die Gründungen anderer baulicher Anlagen,
   b) der Anschnitt der vorhandenen und der geplanten Geländeoberfläche,
   c) die Höhenlage des Erdgeschossfußbodens mit Bezug auf das Höhenbezugssystem,
   d) die Höhe der Fußbodenoberkante des höchstgelegenen Geschosses, in dem ein Aufenthaltsraum möglich ist, über der geplanten Geländeoberfläche,
   e) die lichten Raumhöhen,
   f) der Verlauf der Treppen und Rampen mit ihrem Steigungsverhältnis,
   g) die Wandhöhe im Sinn des Art. 6 Abs. 4 BayBO,
   h) die Dachhöhen und Dachneigungen,
3. die Ansichten der geplanten baulichen Anlage mit dem Anschluss an Nachbargebäude unter Angabe von Baustoffen und Farben, der vorhandenen und geplanten Geländeoberfläche sowie des Straßengefälles.

§8 (3) In den Bauzeichnungen sind anzugeben:

1. der Maßstab und die Maße,
2. die wesentlichen Bauprodukte und Bauarten,
3. die Rohbaumaße der Fensteröffnungen in Aufenthaltsräumen,
4. bei Änderung baulicher Anlagen die zu beseitigenden und die geplanten Bauteile.

(4) In den Bauzeichnungen sind die Zeichen oder Farben der Anlage 1 zu verwenden.

§ 9 Baubeschreibung

§9 [1]In der Baubeschreibung sind das Bauvorhaben und seine Nutzung zu erläutern, soweit dies zur Beurteilung erforderlich ist und die notwendigen Angaben nicht im Lageplan und den Bauzeichnungen enthalten sind. [2]Die Gebäudeklasse und die Höhe im Sinn des Art. 2 Abs. 3 Satz 2 BayBO sind anzugeben. [3]Die Baukosten der baulichen Anlagen einschließlich der dazugehörenden Wasserversorgungsanlagen auf dem Baugrundstück sind anzugeben.

§ 10 Standsicherheitsnachweis

§10 (1) Für den Nachweis der Standsicherheit tragender Bauteile einschließlich ihrer Feuerwiderstandsfähigkeit nach § 11 Abs. 1 Satz 1 Nr. 1 sind eine Darstellung des gesamten statischen Systems sowie die erforderlichen Konstruktionszeichnungen, Berechnungen und Beschreibungen vorzulegen.

(2) [1]Die statischen Berechnungen müssen die Standsicherheit der baulichen Anlagen und ihrer Teile nachweisen. [2]Die Beschaffenheit des Baugrunds und seine Tragfähigkeit sind anzugeben. [3]Soweit erforderlich, ist nachzuweisen, dass die Standsicherheit anderer baulicher Anlagen und die Tragfähigkeit des Baugrunds der Nachbargrundstücke nicht gefährdet werden.

(3) Die Standsicherheit kann auf andere Weise als durch statische Berechnungen nachgewiesen werden, wenn hierdurch die Anforderungen an einen Standsicherheitsnachweis in gleichem Maße erfüllt werden.

§ 11 Brandschutznachweis

§ 11 (1) Für den Nachweis des Brandschutzes sind im Lageplan, in den Bauzeichnungen und in der Baubeschreibung, soweit erforderlich, anzugeben:

1. das Brandverhalten der Baustoffe (Baustoffklasse) und die Feuerwiderstandsfähigkeit der Bauteile (Feuerwiderstandsklasse) entsprechend den Benennungen nach Art. 24 BayBO oder entsprechend den Klassifizierungen nach den Anlagen zur Bauregelliste A Teil 1,
2. die Bauteile, Einrichtungen und Vorkehrungen, an die Anforderungen hinsichtlich des Brandschutzes gestellt werden, wie Brandwände und Decken, Trennwände, Unterdecken, Installationsschächte und -kanäle, Lüftungsanlagen, Feuerschutzabschlüsse und Rauchschutztüren, Öffnungen zur Rauchableitung, einschließlich der Fenster nach Art. 33 Abs. 8 Satz 2 BayBO,
3. die Nutzungseinheiten, die Brand- und Rauchabschnitte,
4. die aus Gründen des Brandschutzes erforderlichen Abstände innerhalb und außerhalb des Gebäudes,
5. der erste und zweite Rettungsweg nach Art. 31 BayBO, insbesondere notwendige Treppenräume, Ausgänge, notwendige Flure, mit Rettungsgeräten der Feuerwehr erreichbare Stellen einschließlich der Fenster, die als Rettungswege nach Art. 31 Abs. 2 Satz 2 BayBO dienen, unter Angabe der lichten Maße und Brüstungshöhen,
6. die Flächen für die Feuerwehr, Zu- und Durchgänge, Zu- und Durchfahrten, Bewegungsflächen und die Aufstellflächen für Hubrettungsfahrzeuge,
7. die Löschwasserversorgung.

§ 11 (2) [1]Bei Sonderbauten, Mittel- und Großgaragen müssen, soweit es für die Beurteilung erforderlich ist, zusätzlich Angaben gemacht werden, insbesondere über:

1. brandschutzrelevante Einzelheiten der Nutzung, insbesondere auch die Anzahl und Art der die bauliche Anlage nutzenden Personen sowie Explosions- oder erhöhte Brandgefahren, Brandlasten, Gefahrstoffe und Risikoanalysen,
2. Rettungswegbreiten und -längen, Einzelheiten der Rettungswegführung und -ausbildung einschließlich Sicherheitsbeleuchtung und -kennzeichnung,
3. technische Anlagen und Einrichtungen zum Brandschutz, wie Branderkennung, Brandmeldung, Alarmierung, Brandbekämpfung, Rauchableitung, Rauchfreihaltung,
4. die Sicherheitsstromversorgung,
5. die Bemessung der Löschwasserversorgung, Einrichtungen zur Löschwasserentnahme sowie die Löschwasserrückhaltung,
6. betriebliche und organisatorische Maßnahmen zur Brandverhütung, Brandbekämpfung und Rettung von Menschen und Tieren wie Feuerwehrplan, Brandschutzordnung, Werkfeuerwehr, Bestellung von Brandschutzbeauftragten und Selbsthilfekräften.

[2]Anzugeben ist auch, weshalb es der Einhaltung von Vorschriften wegen der besonderen Art oder Nutzung baulicher Anlagen oder Räume oder wegen besonderer Anforderungen nicht bedarf (Art. 54 Abs. 3 Satz 2 BayBO). [3]Der Brandschutznachweis kann auch gesondert in Form eines objektbezogenen Brandschutzkonzepts dargestellt werden.

§ 12 Nachweise für Schall- und Erschütterungsschutz

§ 12 Die Berechnungen müssen den nach bauordnungsrechtlichen Vorschriften geforderten Schall- und Erschütterungsschutz nachweisen.

§ 13 Übereinstimmungsgebot

§ 13 Die Bauzeichnungen, Baubeschreibungen, Berechnungen und Konstruktionszeichnungen sowie sonstige Zeichnungen und Beschreibungen, die den bautechnischen Nachweisen zugrunde liegen, müssen miteinander übereinstimmen und gleiche Positionsangaben haben.

Vierter Teil Abgrabungsplan

§ 14 Abgrabungsplan

§ 14 [1]Für den Abgrabungsplan (Art. 7 Abs. 1 Satz 1 BayAbgrG) gelten die Vorschriften des Ersten bis Dritten Teils entsprechend. [2]In den Fällen des Art. 8 BayAbgrG bleiben weitergehende Anforderungen nach Abschnitt III des Fünften Teils BayVwVfG unberührt.

Fünfter Teil Bauzustandsanzeigen

§ 15 Baubeginnsanzeige

§ 15 (1) [1]Soweit bautechnische Nachweise nicht bauaufsichtlich geprüft und nicht durch einen Prüfsachverständigen bescheinigt werden, ist eine Erklärung des jeweiligen Nachweiserstellers nach den Art. 62 Abs. 1 Satz 2 und 3, Art. 62a Abs. 1 und Art. 62b Abs. 1 BayBO über die Erstellung des bautechnischen Nachweises spätestens mit der Baubeginnsanzeige (Art. 68 Abs. 7, Art. 58 Abs. 5 Satz 2 BayBO) vorzulegen. [2]Wird das Bauvorhaben abschnittsweise ausgeführt, muss die Erklärung spätestens bei Beginn der Ausführung des jeweiligen Bauabschnitts vorliegen.

(2) Für die nach Art. 68 Abs. 5 Nr. 2 BayBO vorzulegenden Bescheinigungen nach den Art. 62a Abs. 2, Art. 62b Abs. 2 BayBO gilt Abs. 1 Satz 2 entsprechend.

(3) [1]Muss der Standsicherheitsnachweis bei Bauvorhaben nach Art. 62a Abs. 2 Satz 1 Nr. 2 BayBO nicht bauaufsichtlich geprüft und nicht durch einen Prüfsachverständigen bescheinigt werden, ist spätestens mit der Baubeginnsanzeige eine Erklärung des Tragwerksplaners hierüber nach Maßgabe des Kriterienkatalogs der Anlage 2 vorzulegen. [2]Dies gilt nicht für Bauvorhaben nach Art. 62a Abs. 2 Satz 3 Nr. 1 BayBO.

§ 16 Anzeige der beabsichtigten Nutzungsaufnahme

§ 16 Sind bei einem Bauvorhaben wiederkehrende bauaufsichtliche Prüfungen durch Rechtsverordnung nach Art. 80 Abs. 1 Satz 1 Nr. 4 oder 5 BayBO oder im Einzelfall vorgeschrieben, ist mit der Anzeige nach Art. 78 Abs. 2 Satz 1 BayBO über die in Art. 78 Abs. 2 Satz 2 BayBO genannten Bescheinigungen und Bestätigungen hinaus der Brandschutznachweis (§ 11) vorzulegen, soweit er nicht bauaufsichtlich geprüft ist.

Sechster Teil Inkrafttreten, Außerkrafttreten

§ 17 Inkrafttreten

§ 17 Diese Verordnung tritt am 1. Januar 2008 in Kraft.

München, den 10. November 2007
Bayerisches Staatsministerium des Innern
Joachim Herrmann, Staatsminister

Anlage 1
Zeichen und Farben für Bauvorlagen (zu § 7 Abs. 5 und § 8 Abs. 4)

	Zeichen:	Farbe:
1. Grenzen der Grundstücks	— — — — —	Violett
2. vorhandene bauliche Anlagen oder Bauteile	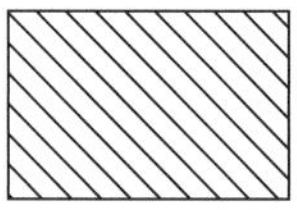	Grau
3. geplante bauliche Anlagen oder Bauteile	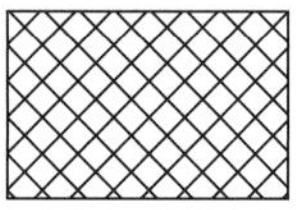	Rot
4. zu beseitigende bauliche Anlagen oder Bauteile	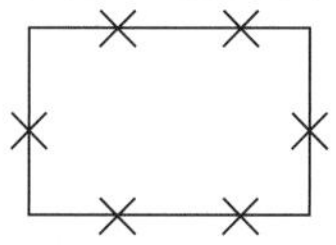	Gelb
5. Flächen, auf denen Abstandsflächen nach Art. 6 Abs. 2 Satz 3 BayBO übernommen sind	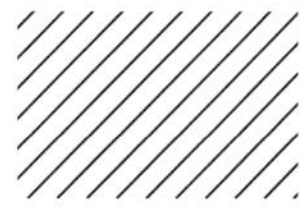	Braun

Anlage 2
Kriterienkatalog nach § 15 Abs. 3

Sind die nachfolgenden Kriterien ausnahmslos erfüllt, ist eine Prüfung des Standsicherheitsnachweises nicht erforderlich:

1. Die Baugrundverhältnisse sind eindeutig und erlauben eine übliche Flachgründung entsprechend DIN 1054. Ausgenommen sind Gründungen auf setzungsempfindlichem Baugrund.

2. Bei erddruckbelasteten Gebäuden beträgt die Höhendifferenz zwischen Gründungssohle und Erdoberfläche maximal 4 m. Einwirkungen aus Wasserdruck müssen rechnerisch nicht berücksichtigt werden.

3. Angrenzende bauliche Anlagen oder öffentliche Verkehrsflächen werden nicht beeinträchtigt. Nachzuweisende Unterfangungen oder Baugrubensicherungen sind nicht erforderlich.

4. Die tragenden und aussteifenden Bauteile gehen im Wesentlichen bis zu den Fundamenten unversetzt durch. Ein rechnerischer Nachweis der Gebäudeaussteifung, auch für Teilbereiche, ist nicht erforderlich.

5. Die Geschossdecken sind linienförmig gelagert und dürfen für gleichmäßig verteilte Lasten (kN/m^2) und Linienlasten aus nichttragenden Wänden (kN/m) bemessen werden. Geschossdecken ohne ausreichende Querverteilung erhalten keine Einzellasten.

6. Die Bauteile der baulichen Anlage oder die bauliche Anlage selbst können mit einfachen Verfahren der Baustatik berechnet oder konstruktiv festgelegt werden. Räumliche Tragstrukturen müssen rechnerisch nicht nachgewiesen werden. Besondere Stabilitäts-, Verformungs- und Schwingungsuntersuchungen sind nicht erforderlich.

7. Außergewöhnliche sowie dynamische Einwirkungen sind nicht vorhanden. Beanspruchungen aus Erdbeben müssen rechnerisch nicht verfolgt werden.

8. Besondere Bauarten wie Spannbetonbau, Verbundbau, Leimholzbau und geschweißte Aluminiumkonstruktionen werden nicht angewendet.

Glossar

Nützliche Hinweise für das Verständnis von Gesetzen und behördlichen Schreiben

Verb	Form	Bedeutung
darf/kann/muss nicht	Erlaubnis	Das Gesetz eröffnet eine Möglichkeit, die ergriffen werden kann, aber nicht ergriffen werden muss.
darf nicht/kann nicht	Verbot	Das Gesetz stellt ein zwingendes Verbot auf, bei dessen Nichtbeachtung ein rechtswidriger Zustand herrscht.
muss	Gebot	Das Gesetz stellt eine Anforderung auf, die – wenn sie nicht erfüllt worden ist – zur Rechtswidrigkeit führt.
soll/soll nicht	Regel (sog. intendiertes Ermessen)	Das Gesetz stellt einen Regelfall auf: In den meisten Fällen ist dieser wie bei einem Gebot als zwingende Anforderung zu beachten. Lediglich in Ausnahmefällen, die nicht vom Gesetz erfasst werden sollen, ist ein Nichterfüllen der Anforderung erlaubt. Hierfür muss das Gesetz ausgelegt werden; insofern kommt es insbesondere auf dessen Zweck an.

Bauaufsichtliche Begriffe sowie neue und historische Fachausdrücke

Begrifflichkeit	Erläuterung
Abrissverfügung	Abrissverfügungen enthalten das verbindliche Gebot, eine – nicht notwendigerweise fertiggebaute – Anlage zu beseitigen.
abschließende Aufzählung	Das Gesetz stellt häufig Kataloge von Fallgruppen auf. Ist der Katalog abschließend, gibt es über die aufgelisteten Fälle hinaus keine Konstellationen mehr, die zur Beachtung des Gesetzes führen können. ⟶ nicht abschließende Aufzählung
Abstand	Bauliche Anlagen haben Abstand zu benachbarten Anlagen zu halten. Dieser Mindestabstand wird grundsätzlich durch sog. Abstandsflächen ermittelt. Auf die Beachtung des Abstandes hat auch der Nachbar ein klageweise durchsetzbares eigenes Recht.
allgemeine bauaufsichtliche Zulassung (abZ)	Durch ein abZ können Bauprodukte oder Bauarten für jede und jeden zur Verwendung beim Bau zugelassen werden, wenn sie nicht in der Bauregelliste enthalten sind (sog. ungeregelte Bauprodukte und Bauarten). ⟶ Zustimmung im Einzelfall
allgemeines bauaufsichtliches Prüfzeugnis (abP)	Durch ein abP werden (wie beim abZ) ungeregelte Bauprodukte und Bauarten zur Verwendung beim Bau zugelassen. Voraussetzung ist jedoch, dass – anders als beim abZ – Regelwerke zur Beurteilung vorliegen und die Verwendung nicht der Erfüllung erheblicher Anforderungen an die Sicherheit baulicher Anlagen dient. ⟶ Zustimmung im Einzelfall
Angrenzer	Angrenzer ist der unmittelbare Nachbar (gemeinsame Grenzlinie). ⟶ Nachbar
Bauantrag	Der (kostenverursachende) Bauantrag leitet das Baugenehmigungsverfahren ein. Nur aufgrund eines Bauantrags kann ein Bauvorbescheid oder eine Baugenehmigung erteilt werden. Mit dem Bauantrag müssen alle notwendigen Unterlagen eingereicht werden. Ein Bauvorhaben, für das keine Baugenehmigung erforderlich ist, muss der Bauaufsichtsbehörde dennoch angezeigt werden.
Baugenehmigung	Die kostenpflichtige Baugenehmigung ist ein begünstigender Verwaltungsakt, mit welchem dem Betroffenen bescheinigt wird, dass der geplante Bau vollends im Einklang mit der Rechtsordnung steht und daher errichtet werden darf. In Bayern kommt der Baugenehmigung keine Konzentrationswirkung zu, d. h. die Baugenehmigung umfasst nicht auch noch solche Genehmigungen, die etwaig aufgrund spezieller Fachgesetze für das Vorhaben ebenfalls benötigt werden (z. B. Atomgesetz beim Bau von Nuklearkraftwerken). Widerspricht der geplante Bau keiner Rechtsnorm, besteht ein Anspruch auf Erteilung der Baugenehmigung.
Baugesuch	Baugesuch lautete früher die Bezeichnung für einen Bauantrag.

Bauordnungsverfügung	Bauordnungsverfügungen sind rechtlich verbindliche Verwaltungsakte, die dem Betroffenen eine Handlungspflicht auferlegen. Typische Ordnungsverfügungen sind: Baustopp, Nutzungsuntersagung, Abrissverfügung.
Baupolizei	Die Polizeibehörde war beispielsweise in Preußen ab dem 19. Jahrhundert für das Baurecht zuständig. Die Abwehr der Gefahren für die öffentliche Sicherheit und Ordnung ist heutzutage den Bauordnungsbehörden zugeordnet. Diese können Ordnungsverfügungen erlassen, um geordnete Zustände durchzusetzen.
Baustopp	Der Baustopp ist ein belastender Verwaltungsakt, mit welchem dem Betroffenen aufgegeben wird, umgehend die Arbeiten am Bau einzustellen.
Bauvorbescheid	Der Bauvorbescheid ist als „kleine Baugenehmigung" ein begünstigender Verwaltungsakt, mit dem der Einzelne spezifische Fragen vor Erteilung der Baugenehmigung separat und verbindlich klären lassen kann. Der Vorbescheid ist aufgrund seines eingeschränkten Prüfumfangs kostengünstiger als die komplette Baugenehmigung und bietet sich bei komplexen Bauvorhaben an.
Bauwich	Bauwich ist die veraltete Bezeichnung für Abstandsfläche.
Bebauungsplan	Der Bebauungsplan ist eine Rechtsnorm in Form einer kommunalen Satzung, mit der eine Kommune ihr planerisches Gestaltungsermessen ausübt. Die am Bau Beteiligten müssen ihn beachten.
Bestandsschutz	Der Bestandsschutz sichert die Rechtmäßigkeit der baulichen Anlage und ihre Unempfindlichkeit für Bauordnungsverfügungen auch für zukünftige Rechtsänderungen. Bestandsschutz genießt indes nur ein Bau, der in Gänze formell und materiell mit der zur Zeit seiner Errichtung maßgeblichen Rechtslage vollends im Einklang stand. Existiert eine Baugenehmigung, muss der Bau komplett nach dem genehmigten Konzept errichtet werden. Jedwede Abweichung oder künftige Veränderung am Bau (auch Nutzungsänderung oder -aufgabe) führen zum Erlöschen des Bestandsschutzes.
Bewohner	Bewohner ist jener, der sich dauerhaft am Bauvorhaben aufhält (anders bei Hotels) und dort insbesondere übernachtet.
Fluchtlinie	Fluchtlinie lautete früher die Bezeichnung für die Baulinie/Baugrenze.
formelle Illegalität	Formell illegal ist ein Bau, wenn eine erforderliche Genehmigung oder Zustimmung nicht eingeholt wurde. ⟶ materielle Illegalität
formelles Recht	Zum formellen Recht zählen all jene Anforderungen an das Bauvorhaben, die sich mit dem Bauverfahren, den behördlichen Zuständigkeiten und der Form des Bauantrages sowie sonstigen Erklärungen auseinandersetzen. ⟶ materielles Recht
materielle Illegalität	Materiell illegal ist ein Bau, wenn er von einer materiellen Norm, also einer nicht lediglich verfahrensrechtlichen Norm, abweicht. ⟶ formelle Illegalität
materielles Recht	Zum materiellen Recht zählen all jene Anforderungen an das Bauvorhaben, die nicht lediglich formelles Recht sind und somit den Bau als solchen betreffen. Beispiele sind Abstandsflächen, Brandschutz und Nachbarrechte. ⟶ formelles Recht
Musterbauordnung (MBO)	Die MBO wurde erstmals 1960 veröffentlicht. Die MBO dient den Bundesländern als Erstellungsvorlage für ihre Landesbauordnungen, die auf eigene Besonderheiten eingehen. Die MBO wird in der Bauministerkonferenz (ArGeBau) länderübergreifend überarbeitet. Als Vorläufer der Bauordnungen gelten folgende Meilensteine: • die Brandschutzregelungen in diversen Kommunen seit dem Mittelalter • die Einführung einer Baupolizei in Köln (1814) • das Preußische Fluchtliniengesetz (1875) • die Preußische Einheitsbauordnung (1919)
nicht abschließende Aufzählung	Das Gesetz stellt häufig Kataloge von Fallgruppen auf. Ist der Katalog nicht abschließend, gibt es über die aufgelisteten Fälle hinaus noch Konstellationen, die zur Beachtung des Gesetzes führen können. Insofern muss das Gesetz, insbesondere nach seinem Zweck, ausgelegt werden. ⟶ abschließende Aufzählung

Norm (rechtliche)	Rechtliche Normen (auch: Gesetze) sind Verhaltensregeln, die zu beachten sind. Es wird zwischen formellen und materiellen Gesetzen unterschieden. Formelle Gesetze sind solche, die im Rahmen des Gesetzgebungsverfahrens vom Parlament verabschiedet werden. Materielle Gesetze sind alle Normen, die eine Rechtswirkung für den Einzelnen nach außen entfalten. Es gibt nur formelle Gesetze (z. B. Haushaltsgesetz), nur materielle Gesetze (alle Normen mit Außenwirkungen unter dem Rang eines Parlamentsgesetzes, (z. B. Verordnungen) und Normen, die sowohl formelle als auch materielle Gesetze sind (z. B. BauGB, BayBO). Die Normen haben eine unterschiedliche Rangfolge, die sich pyramidenartig darstellen lässt. Im Konfliktfall bricht eine höhere Norm die untere. EU-Recht bricht deutsches Recht. Bundesrecht bricht Landesrecht. Die sich daraus ergebende Rangfolge lautet: 1. Europäisches Recht (Vertrag über die Europäische Union [EUV]/Vertrag über die Arbeitsweise der Europäischen Union [AEUV]/Grundrechtecharta) 2. Deutsches Bundesrecht a. Verfassungsrecht (Grundgesetz) b. Parlamentsgesetze (z. B. BauGB), c. Rechtsverordnungen (z. B. BauNVO) d. Erlasse/Verwaltungsvorschriften/Richtlinien/Satzungen 3. Landesrecht (z. B. Bayern) a. Verfassungsrecht (Landesverfassung) b. Parlamentsgesetze (z. B. BayBO) c. Rechtsverordnungen d. Erlasse/Verwaltungsvorschriften/Richtlinien/Satzungen
Nutzungsaufgabe	Die Nutzungsaufgabe ist die faktische Beendigung der Nutzung einer Anlage. Sie führt zum Erlöschen des Bestandsschutzes. An die Nutzungsaufgabe werden in der Bauordnung keine besonderen Anforderungen gestellt.
Nutzungsuntersagung	Die Nutzungsuntersagung ist ein belastender Verwaltungsakt, mit welchem den Betroffenen aufgegeben wird, jegliche oder nur eine bestimmte Nutzung des – nicht notwendigerweise fertiggestellten – Baus umgehend einzustellen.
Technische Baubestimmungen	Die Bayerischen Technische Baubestimmungen (BayTB) enthalten technische Regeln für Planung, Bemessung und Konstruktion baulicher Anlagen und ihrer Teile. Sie ist aufgrund ihrer Regelung in der Bauordnung (Art. 81a) wie eine Rechtsnorm verbindlich.
Vertrauensschutz	→ Bestandsschutz
Verwaltungsakt	Verwaltungsakte sind Anordnungen im Einzelfall, die für die oder den Betroffenen konkrete Rechte oder Pflichten begründen, aufheben, übertragen oder inhaltlich ändern (siehe § 35 Satz 1 des Verwaltungsverfahrensgesetzes). Sie sind grundsätzlich verbindlich und können durch die Betroffenen nur im förmlichen Verfahren erstritten bzw. angegriffen werden. Typische Verwaltungsakte im Baurecht sind die Baugenehmigung, der Bauvorbescheid und die Bauordnungsverfügungen.
wesentliche Änderung	Jede Änderung einer baulichen Anlage, die nicht unwesentlich ist, bedarf grundsätzlich einer Baugenehmigung. Wesentlich sind in jedem Fall Nutzungsänderungen, Vergrößerungen des Volumens einer Anlage oder die Änderung und Abweichung von bereits genehmigten Anlagen oder Konzepten (z. B. des Brandschutzkonzeptes).
Zustimmung im Einzelfall (ZiE)	Durch eine ZiE können für ein spezifisches Bauvorhaben bestimmte Bauarten oder Bauprodukte zugelassen werden. Mit Beendigung des Baus erlischt die ZiE.

Begleitende Vorschriften

+

Die nachfolgend aufgeführten begleitenden Vorschriften zur Bayerischen Bauordnung stehen exklusiv für Buchkäufer zum Download bereit.

Öffnen Sie dazu unsere Internetseite **www.baurecht-im-bild.de.**

In der rechten Spalte finden Sie unter Service für Buchkäufer einen Link zum Downloadbereich.

Ihr persönlicher Zugangs-Code lautet: **Y38t&7sT**

Begleitende Vorschriften:

- Bayerische Technische Baubestimmungen (BayTB)
- Kriterienkatalog für die Erklärung des Tragwerksplaner
- Richtlinie über brandschutztechnische Anforderungen an hochfeuerhemmende Bauteile in Holzbauweise (HFHHolzR)
- Richtlinie über brandschutztechnische Anforderungen an Leitungsanlagen (Leitungsanlagen-Richtlinie – LAR)
- Richtlinie über brandschutztechnische Anforderungen an Lüftungsanlagen (Lüftungsanlagen-Richtlinie – LüAR)
- Richtlinie über die Lüftung fensterloser Küchen, Bäder und Toilettenräume in Wohnungen
- Verordnung über Bauvorlagen und bauaufsichtliche Anzeigen (Bauvorlagenverordnung – BauVorlV)
- Feuerungsverordnung (FeuV)
- Verordnung über den Bau und Betrieb von Garagen sowie über die Zahl der notwendigen Stellplätze (Garagen- und Stellplatzverordnung – GaStellV)
- Verordnung über den Bau und Betrieb von Verkaufsstätten (Bayerische Verkaufsstättenverordnung – BayVkV)
- Verordnung über den Bau und Betrieb von Versammlungsstätten (Versammlungsstättenverordnung – VStättV)
- Verordnung über die Prüfingenieure, Prüfämter und Prüfsachverständigen im Bauwesen (Prüfsachverständigenverordnung – PrüfVBau)
- Verordnung über Sicherheit und Gesundheitsschutz auf Baustellen (Baustellenverordnung – BaustellV)

Stichwortverzeichnis

zur Bayerischen Bauordnung (BayBO)

Z